刑法分论：理论与实务

陈志英　编著

群言出版社

QUNYAN PRESS

·北京·

图书在版编目（CIP）数据

刑法分论．理论与实务 / 陈志英编著．-- 北京：
群言出版社，2024.9. -- ISBN 978-7-5193-1003-5

Ⅰ. D924.04

中国国家版本馆 CIP 数据核字第 2024SA6666 号

责任编辑：孙平平　孙华硕
封面设计：利宏博识

出版发行：群言出版社
地　　址：北京市东城区东厂胡同北巷 1 号（100006）
网　　址：www.qypublish.com（官网书城）
电子信箱：qunyancbs@126.com
联系电话：010-65267783　65263836
法律顾问：北京法政安邦律师事务所
经　　销：全国新华书店

印　　刷：北京尚丞印刷科技有限公司
版　　次：2024 年 9 月第 1 版
版　　次：2024 年 9 月第 1 版印刷
开　　本：710mm×1000mm　1/16
印　　张：14.75
字　　数：225 千字
书　　号：ISBN 978-7-5193-1003-5
定　　价：79.00 元

目 录

第一章 概 述

【导学】

刑法是中国特色社会主义法律体系的重要组成部分，我们要坚定走中国特色社会主义法治道路的理想和信念。

第一章 概述

> 明晰罪刑法定，认知我国刑事立法的基本精神，理解刑法不断适应国家治理现代化的要求所进行的修改完善。

> 《中华人民共和国刑法》：刑法是国家的基本法律，在中国特色社会主义法律体系中居于基础性、保障性地位，对于打击犯罪，维护国家安全、社会稳定和保护人民群众生命财产安全具有重要意义。
> 《中华人民共和国刑法修正案（十二）》，自 2024 年 3 月 1 日起施行。

> 理论：刑法分论的研究对象和体系，刑法分论与刑法总论的关系，刑法分则条文的构成。
> 实务：推荐阅读。

第一节 刑法分论的研究对象和体系

刑法是法学本科专业教学质量国家标准所确定的专业核心课程。① 刑法

---

① 2018 年教育部发布 92 个本科专业类国家标准。法学类教学质量国家标准明确专业核心课程采取"10+X"模式，2021 年教育部组织修订法学专业类国标，采用"1+10+X"模式，刑法是法学专业核心课程"10"之一。

分论作为刑法学的组成部分，是法学专业学生必须完成的专业必修课之一。

刑法学理论和实践结合，以刑法及其所规定的犯罪、刑事责任和刑罚为研究对象，分为刑法总论和刑法分论。刑法总论抽象和概括分则不同犯罪问题，研究刑法和刑法总则规范的一般原理、原则问题。刑法分论研究刑法分则具体犯罪的构成和刑罚适用，结合总论原理和规范研究犯罪特殊、具体、个性的问题。刑法总论和刑法分论密切联系，缺一不可。

一、刑法分论的研究对象

刑法分论，又称刑法各论，是刑法学的组成部分。它的研究对象主要是我国刑法典的分则部分，也包括单行刑法、附属刑法中的分则性规范。

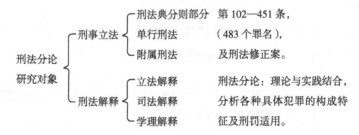

《中华人民共和国刑法》由总则、分则两编，另加一条附则组成。第二编分则是刑法分论的研究对象。编下面为章，分则十章规定了十类犯罪，其中只有第三章破坏社会主义市场经济秩序罪、第六章妨害社会管理秩序罪，章下面设了节。章节下面都是条，条是表达刑法规范的基本单位。刑法分则，是从第102—451条，规定了各种犯罪的具体要件和对该种犯罪的法定刑。

关于单行刑法，是指除刑法典以外的以规定具体犯罪及其刑事责任为主要内容的单行刑事规范。它是对刑法规定进行部分补充、修改或废除部分刑法规定的单行规范性法律文件。目前生效的单行刑法，是1998年的《关于惩治骗购外汇、逃汇和非法买卖外汇犯罪的决定》。

关于附属刑法，即附带规定于民法、行政法、经济法等非刑事法律中的罪刑规范。目前我国没有典型的附属刑法。

此处，需要注意一下刑法修正案。刑法作为规定犯罪和刑罚的法律，要适应社会发展和打击犯罪形势变化的需要，及时完善，将不再适应社会发展要求的有关条文进行修改、补充。刑法修正案是对刑法条文的具体修改、补充，与现行刑法具有同等法律效力，是中国特色社会主义刑法体系的重要组成部分。我国从1999年开始，以刑法修正案的形式对刑法进行修改、补充。截至目前最近的刑法修正案是《刑法修正案（十二）》，自2024年3月1日起施行。

注意：我国刑法典在1997年系统修订后，到目前为止又进行了13次修改和补充，修订的内容主要是集中在刑法分则，而且其中有12次是以刑法修正案的方式进行的。

对刑法分则的学习研究，还需要注意刑法解释。

一是立法解释，即最高立法机关对刑法的含义所做的解释。比如：全国人民代表大会常务委员会关于《刑法》第384条第1款的解释，解释了本条款中挪用公款"归个人使用"的含义问题。这种解释具有与立法相同的法律效力。自2000年4月29日开始，全国人民代表大会常务委员会共做出13个立法解释。

二是司法解释，即最高司法机关对刑法的含义所做的解释，包括最高人民法院对法院审判工作中具体应用法律、法令问题的解释，最高人民检察院关于检察工作中具体应用法律、法令问题的解释。司法解释具有普遍适用的效力。在对具体犯罪的学习中，离不开相关的司法解释。

三是学理解释，是国家宣传机构、社会组织、教学科研单位或者专家学者从学理上对刑法含义所做的解释，属于理论探讨研究的范畴，在法律上没有约束力。

二、刑法分论和刑法总论的关系

刑法包括刑法总则和刑法分则两个不可分割的部分。刑法总则是对犯罪、刑事责任和刑罚做出的一般性规定。刑法分则是对各类、各种犯罪的刑事责任和刑罚做出的具体规定。总则是分则内容的抽象、概括，分则是刑法总则的具体化。作为专门研究刑法的学科，刑法学相应地分为刑法总论和刑法分论两部分。刑法总论研究犯罪、刑事责任和刑罚的一般原理、原则，是对各种各样的犯罪问题进行科学的抽象和概括，并以此来指导刑法分论的研究。刑法分论是对各种具体犯罪的构成特征及刑罚适用的研究。

刑法分论通过研究具体犯罪的构成要件、罪与非罪的界限、此罪与彼罪的区别，使刑法总论所阐述的抽象理论落到实处。后面关于刑法分论具体犯罪知识内容的学习，就是按照总论的犯罪客体、客观方面、主体、主观方面四个构成要件理论进行的。刑法分论对具体犯罪的研究有利于深化对刑法总论的理解，推进刑事立法理论和刑法解释理论的发展。

总之，刑法总论和和刑法分论之间是密切联系、缺一不可、相互作用的关系，因其研究对象，展现出来的是一般与特殊、抽象与具体、共性与个性的关系。

三、刑法分则体系

本书的章节体系，除了概述部分以外，基本上是按刑法分则体系来设计的。刑法分则体系是指刑法分则对各种犯罪以一定的标准进行分类，并按一定的次序进行排列而形成的有机整体。我国刑法分则将具体犯罪分为十类，以十章规定，依次排列为：危害国家安全罪，危害公共安全罪，破坏社会主义市场经济秩序罪，侵犯公民人身权利、民主权利罪，侵犯财产罪，妨害社会管理秩序罪，危害国防利益罪，贪污贿赂罪，渎职罪，军人违反职责罪。

我国刑法分则体系体现出以下三个特点：

1. 在分类上，我国刑法分则原则上以犯罪的同类客体为标准。分则的十章犯罪，每一章都是根据本类犯罪侵犯的同类客体确定的。犯罪的同类客体是某一类犯罪所共同侵犯的客体以及刑法所保护的社会关系的某一部分，或者某一方面。

2. 在排列上，我国刑法分则大体上依据犯罪的危害程度的大小，以及犯罪之间的内在联系，对各类犯罪中的具体犯罪由重到轻依次排列。不同类型的犯罪侵犯的社会关系的性质不同，因而其社会危害程度也就不同。刑法将最严重的犯罪放在首位。比如刑法分则第一章是危害国家安全罪，第一个具体的罪名是背叛国家罪，也就是说这一章的犯罪在刑法分则体系中社会危害性是最严重的，背叛国家罪是危害国家安全罪中社会危害性最大的。但是具体个罪的排列，除了要考虑社会危害性大小之外，还要考虑具体犯罪之间的内在联系。比如侵犯公民人身权利、民主权利罪中，故意杀人罪排在本章犯罪之首，是社会危害最严重的犯罪之一，紧接其后的是过失致人死亡罪，而社会危害性显然大于过失致人死亡罪的故意伤害罪、绑架罪等却排它在后面，这是因为故意杀人罪和过失致人死亡罪都是侵犯公民生命权利的犯罪，两者之间存在内在的密切联系。

3. 在归类上，我国刑法分则基本上以犯罪侵犯的主要客体为依据。刑法分则的具体犯罪是根据其侵犯的客体归为某一类犯罪，也就是归为某一章节。但是当一种犯罪侵犯了两种以上的社会关系即侵犯了复杂客体时，怎么归类？应当根据犯罪的主要客体予以归类，比如抢劫罪同时侵犯人身权利和财产权利，在归类上按照主要客体，把它归为侵犯财产罪。

在学习刑法分论内容时，要注意：刑法分论具有很强的实践性，学习研究时除坚持以刑法总论的有关原理原则为指导外，还应当跟踪立法发展与司法实践，及时地了解和研究刑事立法对刑法分则内容的修改、补充以及最高立法机关、最高司法机关对刑法的解释，突出重点、难点，主要掌握各种犯罪的构成要件，划清罪与非罪、此罪与彼罪的界限。

第二节　刑法分则条文的构成

刑法分则条文通常由罪状与法定刑构成。如《刑法》第 133 条之二第 1 款规定，"对行驶中的公共交通工具的驾驶人员使用暴力或者抢控驾驶操纵装置，干扰公共交通工具正常行驶，危及公共安全的，处一年以下有期徒刑、拘役或者管制，并处或者单处罚金"。此条款中，"处"之前的内容是罪状，之后的是法定刑。罪名包含在罪状中。

一、罪状

罪状是刑法分则条文对具体犯罪的构成特征的描述。罪状只存在于刑法分则之中。在理论上，罪状可以根据不同的标准进行分类。

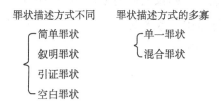

（一）罪状可分为简单罪状、叙明罪状、引证罪状和空白罪状

简单罪状，即在刑法分则条文中只简单规定罪名，或者简单描述犯罪的构成特征的罪状。如《刑法》第232条："故意杀人的，处……"简单罪状的特点是文字简练概括，但同时也为刑法解释留下了较大的空间，不宜多用。

叙明罪状，即在分则条文中比较具体、详细地对具体犯罪的构成特征加以描述的罪状。比如《刑法》第133条之二第1款的规定，对妨害安全驾驶的罪状进行了较为详细的描述。叙明罪状的特点是通过罪状可以明确具体犯罪的构成要件，避免歧义，有助于人们对具体犯罪的认定。我国刑法分则所规定的多数条文都采用了叙明罪状。

引证罪状，即引用同一法律中的其他条款来说明和确定某一犯罪的构成特征的罪状。比如，《刑法》第115条第2款，"过失犯前款罪的"。我国刑法关于引证罪状的规定，除了引用同条前款的规定外，还存在引用刑法其他条文来确定具体犯罪的构成特征。采用引证罪状的方式描述，是为了避免条款间文字上的重复。

空白罪状，又称参见罪状，在刑法分则的条文中指明，要参照其他法律法规的规定来确定某一犯罪的构成特征的罪状。比如，《刑法》第133条，"违反交通运输管理法规"。那么要确定本条犯罪的构成特征，必须参照交通运输管理法规的内容。空白罪状特点是参照其他法规，避免刑法条文的复杂表述。

（二）罪状可分为单一罪状、混合罪状

根据分则条文对罪状描述方式的多寡，分为以下两种：

单一罪状，即某一分则条文，仅采用简单罪状、叙明罪状、引证罪状和空白罪状四种罪状方式中的一种，对犯罪的构成特征进行描述。刑法条文中的绝大多数罪状属于单一罪状。

混合罪状，即某一分则条文同时采用两种或两种以上罪状方式，对某一犯罪构成特征进行描述。像《刑法》第133条的罪状，除了空白罪状外，"因而发生重大事故，致人重伤、死亡或者使公私财产遭受重大损失的"，是叙明罪状的描述方式——同一条文中，包括空白罪状和叙明罪状两种描述方式。

二、罪名

罪名包含在罪状之中，以罪状为基础。罪名是对具体犯罪本质特征的简明概括。罪名具有概括功能、个别化功能、评价功能、威慑功能。注意：此处的罪名是指具体个罪的罪名，不包括章罪名、节罪名。根据不同的标准，可以对罪名进行不同分类。

（一）立法罪名、司法罪名与学理罪名

此种分类是根据确定罪名的主体及罪名的法律效力进行的分类。

立法罪名是国家立法机关在刑法分则条文中明确规定的罪名。如《刑法》第 382 条定义了贪污罪的含义。立法罪名具有普遍适用的法律效力。

司法罪名是国家最高司法机关通过司法解释所确定的罪名。《刑法修正案（十一）》通过后，最高人民法院、最高人民检察院规定了《关于执行〈中华人民共和国刑法〉确定罪名的补充规定（七）》，确定了补充、修改后的相关罪名。司法罪名对司法机关办理刑事案件具有法律约束力。目前最新修改确定的罪名是"徇私舞弊低价折股、出售公司、企业资产罪"，自 2024 年 3 月 1 日起施行，是最高人民法院、最高人民检察院《关于执行〈中华人民共和国刑法〉确定罪名的补充规定（八）》确定的。

学理罪名是刑法理论根据刑法分则条文规定的内容，对犯罪所概括出的罪名。学理罪名没有法律效力，但对司法罪名的确定具有指导和参考作用。

（二）单一罪名、选择罪名与概括罪名

据罪状所含罪名个数进行的分类。

单一罪名是罪状所包含的具体犯罪构成的内容单一，只能反映一个犯罪行为的罪名。如，故意杀人罪。我国刑法分则的大部分罪名是单一罪名。

选择罪名是罪状所包含的具体犯罪构成的内容比较复杂，反映出多种犯罪行为，既可以概括使用，也可以分解使用的罪名。例如，拐卖妇女、儿童罪，可以根据拐卖对象的不同，确定罪名。对象是妇女，即拐卖妇女罪。是妇女和儿童呢？即拐卖妇女、儿童罪，是一罪。

概括罪名是罪状包含的具体犯罪构成内容复杂，反映出多种犯罪行为，但只能概括使用，不能分解使用的罪名。例如信用卡诈骗罪，包括使用伪

造的、使用作废的、冒用他人的、恶意透支四种行为。不管行为人实施一种还是数种行为，都定信用卡诈骗罪。

三、法定刑

（一）法定刑及其分类

法定刑是刑法分则条文所确定的适用于具体犯罪的刑种和刑度。对犯罪人判处刑罚时，除其具备法定的减轻情节外，必须在法定刑的范围内进行。

理论上，通常根据法定刑的刑种、刑度是否确定为标准，进行区分。我国刑法中存在少数绝对确定的法定刑，不存在绝对不确定的法定刑，绝大多数为相对确定的法定刑。

相对确定的法定刑，指分则条文中对某种犯罪规定了相对具体的刑种和刑度，并明确规定了最高刑和最低刑。其表现方式有以下几种：

1. 明确规定法定刑的最高限度，其最低限度由刑法总则规定。例如《刑法》第233条规定，过失致人死亡，情节较轻的，处三年以下有期徒刑。

2. 明确规定法定刑的最低限度，其最高限度由刑法总则规定。《刑法》第133条规定，违反交通运输管理法规，因逃逸致人死亡的，处七年以上有期徒刑。

3. 同时规定法定刑的最高限度和最低限度。例如，《刑法》第232条规定，故意杀人、情节较轻的，处三年以上、十年以下有期徒刑。

4. 规定两种以上的主刑或者规定两种以上的主刑并规定附加刑。刑法分则大多数条文采用了这种结构的法定刑。例如，《刑法》第266条规定："诈骗公私财物，数额较大的，处三年以下有期徒刑、拘役或者管制，并处或者单处罚金。"

5. 规定对某罪援引其他条文或同一条文其他款的法定刑。例如，《刑法》第267条规定，携带凶器抢夺的，依照本法第263条的规定定罪处罚。

6. 浮动法定刑，是指法定刑的具体期限或者具体数量不确定，而是根据一定的标准升降。浮动法定刑只见于罚金刑。

（二）法定刑与宣告刑、执行刑

宣告刑是审判机关对具体犯罪依法判处并宣告的应当执行的刑罚。法定刑是宣告刑的基础，宣告刑是法定刑的实际适用。执行刑即对犯罪分子实际执行的刑罚。执行刑以宣告刑为依据，没有宣告刑则不涉及执行刑，执行刑不能超出宣告刑。但是，执行刑又不完全等同于宣告刑。因为执行中存在减刑、假释等情形。

总之，罪状是犯罪构成的载体，只有通过对罪状的剖析，才能掌握各种犯罪的构成特征，明确区分罪与非罪、此罪与彼罪的界限。罪名是定罪的依据，正确确定罪名，对于区分此罪与彼罪以及适当量刑都具有重要意义。法定刑是审判机关对犯罪人适用刑罚的依据。因而我们学习具体犯罪时，一般是按照犯罪概念的构成特征、认定、处罚的框架展开。

刑法是国家的基本法律，在中国特色社会主义法律体系中居于基础性、保障性地位，对于打击犯罪，维护国家安全、社会稳定和保护人民群众生命财产安全具有重要意义。刑法分论的学习，有助于我们知法、懂法、守法、用法，信仰法治、坚守法治。

———— 推荐阅读 ————

1. 中共中国法学会党组：《用习近平法治思想引领法治中国建设》，《人民日报》，2020 年 12 月 25 日。

2. 高铭暄，孙道萃：《总体国家安全观下的中国刑法之路》，《东南大学学报（哲学社会科学版）》，2021 年第 23 卷第 2 期。

3. 张明楷：《刑法修正案与刑法法典化》，《政法论坛》，2021 年第 39 卷第 4 期。

第二章　危害国家安全罪

【导学】

国家安全是我国各族人民在中国共产党的领导下经过长期艰苦卓绝的奋斗取得的胜利成果，是各族人民的根本利益所在。

	国家安全法治体系是中国特色社会主义法治体系的重要组成部分。理解刑法关于危害国家安全罪的规定。
危害国家安全罪	理论：间谍罪，为境外窃取、刺探、收买、非法提供国家秘密、情报罪，本章其他罪名。 实务：案例分析。

第一节　间谍罪

间谍罪是危害国家安全罪中的一个罪名，规定在《刑法》第110条。间谍听起来离我们很遥远，其实不然，随着我们国家综合国力的不断增强和国际战略格局的深刻变化，境外间谍情报机关不断加大对我间谍情报活动的力度，向我们生活的方方面面渗透。对间谍行为要加大打击和惩治力度。

一、间谍罪的概念与构成

（一）间谍罪

间谍罪是指参加间谍组织，接受间谍组织及其代理人的任务，或者为敌人指示轰击目标，危害国家安全的行为。

（二）间谍罪构成要件

1. 间谍罪侵犯的客体是中华人民共和国的国家安全。国家安全是指国家政权、主权、统一和领土完整、人民福祉、经济社会可持续发展和国家其他重大利益相对处于没有危险和不受内外威胁的状态，以及保障持续安全状态的能力。①

国家安全是我国各族人民在中国共产党的领导下经过长期艰苦卓绝的奋斗取得的胜利成果，是各族人民的根本利益所在。党的十八大以来，以习近平同志为核心的党中央高度重视国家安全工作，成立中央国家安全委员会，提出总体国家安全观，明确国家安全战略方针和总体部署。间谍罪侵害国家安全，给我国的国家利益造成了重大损害或者构成了严重威胁，其严重的社会危害性显而易见。

2. 间谍罪的客观方面表现为法定的三种行为方式。

第一种行为方式是参加间谍组织。此处我们需要明确"参加"的含义，间谍组织的含义。间谍组织主要是外国政府或者境外的敌对势力建立起来的组织，其成立的意义是收集情报或者国家秘密，有组织地进行间谍活动和秘密进行颠覆破坏等活动。"参加"的含义，需要注意既包括行为人主动申请加入，成为间谍组织的成员，也包括行为人被邀请加入间谍组织，行为人同意加入的行为。参加，可以是行为人履行了正式的加入手续，也可以是行为人通过间谍组织的代理人单线发展而没有履行正式的加入手续。因此参加间谍组织的行为方式是加入间谍组织，成为其成员。行为人加入了间谍组织，尚未从事间谍活动的，是否成立本罪呢？当然是成立的，因为参加间谍组织，就构成本罪，它不以接受间谍组织的任务、实施具体的危害行为为本罪的成立要求。

第二种行为方式是接受间谍组织及其代理人的任务。这里是指行为人虽然没有加入间谍组织，但是接受了间谍组织及其代理人所交给的任务的行为。也就是说行为人的任务来源包括间谍组织，也包括间谍组织的代理人。怎么理解间谍组织的代理人呢？它是指受间谍组织或者其成员的指使、

---

① 《中华人民共和国国家安全法》第 2 条。

委托、资助，进行或者授意、指使他人进行危害中华人民共和国国家安全活动的组织和个人。高铭暄和马克昌教授主编的刑法学教材中，认为应对间谍组织的代理人做广义的理解，即包括间谍组织授权布置任务的人，也包括没有得到间谍组织授权而临时布置任务的间谍组织成员。[①] 任务的内容可以是窃取、刺探我国秘密或者情报，建立间谍组织或者网络，或者进行颠覆破坏活动等等危害我国国家安全的行为。此种行为方式要求只要行为人接受间谍组织及其代理人的任务，就成立本罪。无论其是否在组织上参加间谍组织，是否成为间谍组织的成员，均不影响犯罪的成立。

第三种行为方式是为敌人指示轰击目标的行为。这里所说的敌人主要是指战时或者宣布进入紧急状态时，与我方交战的敌方，也包括平时采用轰击方式袭击我方目标的敌方。"指示"的含义是用各种手段向敌人明示所要轰击的目标，像发电报、点火堆、放信号弹、报告目标的地理方位数据等等，以使敌人能够准确地打击我方目标。轰击包括各类武器爆炸、炮击、导弹袭击、轰炸等。注意：只要为敌人指示轰击目标，不管轰击是否得逞，也不管行为人是否参加间谍组织或者接受间谍组织及其代理人的任务，都构成本罪。

以上三种行为方式，只要行为人实施了其中一种，就可构成间谍罪。此处注意，刑法规定的间谍罪，其行为方式是上述三种。我国反间谍法所称的间谍行为包括五种。[②]

[①] 高铭暄，马克昌主编：《刑法学》，北京：北京大学出版社、高等教育出版社，2022年，第330页。

[②]《中华人民共和国反间谍法》第4条规定："本法所称间谍行为，是指下列行为：（一）间谍组织及其代理人实施或者指使、资助他人实施，或者境内外机构、组织、个人与其相勾结实施的危害中华人民共和国国家安全的活动；（二）参加间谍组织或者接受间谍组织及其代理人的任务，或者投靠间谍组织及其代理人；（三）间谍组织及其代理人以外的其他境外机构、组织、个人实施或者指使、资助他人实施，或者境内机构、组织、个人与其相勾结实施的窃取、刺探、收买、非法提供国家秘密、情报以及其他关系国家安全和利益的文件、数据、资料、物品，或者策动、引诱、胁迫、收买国家工作人员叛变的活动；（四）间谍组织及其代理人实施或者指使、资助他人实施，或者境内外机构、组织、个人与其相勾结实施针对国家机关、涉密单位或者关键信息基础设施等的网络攻击、侵入、干扰、控制、破坏等活动；（五）为敌人指示攻击目标；（六）进行其他间谍活动。"

3. 间谍罪的主体是一般主体，也就是年满 16 周岁、具有刑事责任能力的人，均可成为本罪的主体。且本罪的主体不限于中国公民。

4. 本罪的主观方面是故意。因而理解客观方面行为的时候，需要明确是行为人明知是间谍组织而参加，或者明知是间谍组织及其代理人的任务而予以接受，或者明知是敌人而为其指示轰击目标。不论行为人采取哪一种行为方式，都是明知自己的行为会发生危害国家安全的结果，并且希望或者放任这种结果发生。

二、间谍罪的认定

（一）罪与非罪的界限

在区分本罪与非罪的界限时，需要明确本罪不以事实上发生危害结果作为成立要件，区分的关键是看行为人有无犯罪的故意。因而行为人不知是间谍组织而参加，在知情后退出间谍组织或者不知是间谍组织及其代理人的任务而接受，在知情后拒绝执行间谍组织及其代理人的任务的，就不构成本罪。

（二）既遂的认定

本罪是行为犯，只要行为人实施了法定的三种行为之一，就构成犯罪既遂。至于行为人参加间谍组织后，是否实施了进一步的间谍活动；接受间谍组织或者代理人派遣的任务后，是否完成了任务；为敌人指示轰击目标的行为是否导致目标被炸毁，都不影响犯罪既遂的成立。

（三）罪数问题

本罪的罪数问题，讨论的主要是行为人在参加间谍组织或者接受间谍组织及其代理人的任务后，进一步实施了其他危害国家安全的犯罪的，怎么来认定的问题。比如说行为人参加间谍组织就构成本罪，那参加后又为境外实施刺探、窃取、收买我国国家秘密或情报的，怎么来认定？注意，应当以间谍罪一罪论处。那接着问一下，在接受间谍组织及其代理人派遣的任务后又为实施刺探、窃取、收买我国国家秘密或情报的，如何认定？也是间谍罪一罪。那为敌人指示轰击目标造成重大人身伤亡或财产损失的，是一罪还是数罪？还是间谍罪一罪。也就是行为人在参加间谍组织或者接受间谍组织及其代理人的任务后，进一步实施了其他危害国家安全的犯罪的，以间谍罪一罪论处，包括进一步实施完成任务的行为又触犯了其他罪名的情形。那行为人实施间谍行为过程中，如果又实施了其他超出间谍组织及其代理人任务之外的其他犯罪活动呢？应以本罪和其他犯罪实行数罪并罚。

三、间谍罪的处罚

间谍罪的法定刑，《刑法》第110条规定的量刑档次是：犯本罪的，处十年以上有期徒刑或者无期徒刑；情节较轻的，处三年以上、十年以下有期徒刑。那间谍罪的最高法定刑是无期徒刑吗？《刑法》第113条的规定，犯本罪的，对国家和人民危害特别严重、情节特别恶劣的，可以判处死刑，可以并处没收财产。也就是说本罪的最高法定刑是死刑。还需要注意刑法总则第56条规定，犯本罪的应当附加剥夺政治权利。此外，拓展阅读《中华人民共和国反间谍法》第27条第2款、第28条的相关内容。

国家安全法治体系是中国特色社会主义法治体系的重要组成部分。每年4月15日是全民国家安全教育日。要牢记维护国家安全，才能保护人民的根本利益。

第二节　为境外窃取、刺探、收买、非法提供
国家秘密、情报罪

本罪是选择罪名，既是行为选择又是对象选择。规定在《刑法》第111条。

一、概念与犯罪构成

（一）概念
本罪是指为境外的机构、组织、人员窃取、刺探、收买、非法提供国家秘密、情报的行为。

（二）犯罪构成要件
从其四个构成要件来看本罪的犯罪构成。
1. 本罪侵犯的客体是中华人民共和国的国家安全。关于国家安全的界

定，在间谍罪当中已经学过。国家安全是安邦定国的重要基石，维护国家安全是全国各族人民根本利益所在。2014 年 4 月 15 日，习近平总书记在中央国家安全委员会第一次全体会议上首次正式提出"总体国家安全观"。党的十九大将坚持总体国家安全观纳入新时代坚持和发展中国特色社会主义基本方略，并写入党章。坚持总体国家安全观，是习近平新时代中国特色社会主义思想的重要组成部分。

2. 本罪的客观方面表现为境外的机构、组织、人员窃取、刺探、收买、非法提供国家秘密情报的行为，可从以下三个方面来进行理解。一是为境外的机构、组织、人员实施的上述行为。法律没有对境外的机构、组织、人员的性质进行限制。因此只要是为境外的机构、组织、人员窃取、刺探、收买、非法提供国家秘密或者情报，不管该机构、组织、人员是否与我国为敌，都不影响犯罪的情节成立。要注意，境外的机构、组织、人员，既包括设置在境外的机构、组织和居住在境外的人员，也包括境外机构组织设置在境内的分支机构和居住在境内的人员。二是行为的方式有窃取、刺探、收买、非法提供四种。窃取是指采取偷拍、偷录、盗窃等秘密手段，取得国家秘密或情报的行为。刺探是指通过各种渠道、使用各种手段探知国家秘密或情报的行为。收买是指以提供财物或者其他利益换取国家秘密或者情报的行为。非法提供是指国家秘密的持有人、知悉人将自己知悉、管理、持有的国家秘密或情报非法出售、交付、告知其他不应知悉该国家秘密或情报的人的行为。这四种行为方式，行为人可以采取其中的一种，也可以是多种。例如黄某某为境外刺探、非法提供国家秘密案，黄某某通过 QQ 与一位境外人员结识，后多次按照对方要求到军港附近进行观测，采取用望远镜观看、手机拍摄等方式，搜集军港内军舰信息，整编后传送给对方，以获取报酬。既符合刺探的行为要求，也符合非法提供的行为要求。三是行为的对象是国家的秘密或者情报。国家秘密是指关系国家安全和利益，依照法定程序确定的，在一定时间内只限于一定范围内的人员知悉的事项。这些事项涉及国家安全和利益，泄露后可能损害国家在政治、经济、国防、外交等领域的安全和利益。国家秘密包括国家事务重大决策中的、国防建设和武装力量活动中的、外交和外事活动中的以及对外承担保密义务的、国民经济和社会发展中的、科学技术中的、维护国家安全活动和追查刑事犯罪中的秘密事项以及经国家保密行政管理部门确定的其他秘密事项。①政党的秘密事项中符合这些规定的，也属于国家秘密。国家秘密分为绝密、秘密、机密三个等级，三个密级的国家秘密均能成为本罪的对象。如果需要对有关事项是否属于国家秘密以及属于何种密级进行鉴定的，由国家保密工作部门或者省、自治区、直辖市保密工作部门鉴定。本罪中的情报是指关系国家安全和利益尚未公开或者依照有关规定不应公开的事项。上述三个方面共同构成了本罪的客观方面的表现。

3. 本罪的主体是一般主体，年满16周岁、具有刑事责任能力的人均能成为犯罪的主体。

4. 本罪的主观方面是故意，即明知是国家秘密或者情报，而故意为境外的机构组织人员窃取、刺探、收买或者非法提供。

同时符合上述构成要件就成立本罪。行为人涉嫌本罪的具体罪名，就根据其具体行为方式和对象来确定。比如说行为人实施了窃取的行为方式，针对的是国家秘密，那他的罪名就是为境外窃取国家秘密罪。那如果采用了刺探、收买的方式，针对的是国家秘密和情报，那其罪名就是为境外刺探、收买国家秘密、情报罪。

二、为境外窃取、刺探、收买、非法提供国家秘密、情报罪认定

（一）罪与非罪

在罪与非罪的认定当中，本罪的成立要求行为人具备对国家秘密或者情报和境外的机构、组织和人员的明知。本罪要求窃取、刺探、收买、非法提供的对象是国家秘密或情报，如果不属于国家秘密或者情报，不是关系到国家安全与利益的信息资料，因为不危害国家安全就不构成本罪。如果行为人主观上并不明知是国家秘密或者情报，或者不明确对方是境外机构、组织和人员，而误将国家秘密或者情报，非法提供给境外机构、组织、人员的，不构成本罪。而且，此处的明知是知道或者是应当知道，如果行为人为境外窃取、刺探、收买、非法提供国家秘密或情报时，知道或者应当知道是关系国家安全和利益的事项，该事项即使没有表明密级，但仍然

---

① 国家秘密的界定、内容依据《中华人民共和国保守国家秘密法》第2条、第13条的规定。

以本罪定罪处罚。

另外，通过互联网将国家秘密或者情报非法发送给境外的机构、组织、个人的，依照本罪定罪处罚。如邱某某向境外非法提供国家秘密案，境外人员通过邮箱联系到邱某某，称如果邱某某可以提供他们需要的材料，就可以获得丰厚的酬劳。邱某某利用职务之便，通过复印、翻拍等方式，向对方提供了一批该县县委宣传部的内部文件资料，并收取报酬共计人民币11000多元。

（二）与非法获取国家秘密罪等的界限

本罪在认定过程当中需要注意与非法获取国家秘密罪的界限。一是犯罪对象不同。二是犯罪目的不同。本罪的犯罪对象是国家秘密或者情报。非法获取国家秘密罪的对象，仅限于国家秘密。本罪的犯罪目的是为境外的机构、组织、人员窃取资产、收买国家秘密或者情报。非法获取国家秘密罪，对犯罪目的没有特定要求。如果行为人窃取资产、收买国家秘密的行为是为了向境外提供而实施的，则构成本罪。

本罪与为境外窃取、刺探、收买、非法提供军事秘密罪等其他犯罪的界限，按照这个思路区分。

（三）罪数

本罪的罪数问题，主要在于本罪是选择性罪名。只要行为人实施了窃取、刺探、收买、非法提供四种行为之一，即构成本罪。实施上述两种或者两种以上行为的，前面我们已经讲过，就根据其具体的行为来确定罪名。四种行为方式和两种犯罪对象的组合，成立的是一罪，不实行数罪并罚。

最后，我们学习本罪的处罚。

三、为境外窃取、刺探、收买、非法提供国家秘密、情报罪的处罚

本罪的法定刑，根据《刑法》第111条规定，区分为三个量刑档次：犯本罪的，处五年以上、十年以下有期徒刑；情节特别严重的，处十年以上有期徒刑或者无期徒刑；情节较轻的，处五年以下有期徒刑、拘役、管制或者剥夺政治权利。本罪的量刑还要注意《刑法》第113条关于可以判处死刑、可以并处没收财产的规定，和第56条的关于应当附加剥夺政治权利，独立适用剥夺政治权利的规定。

实践中发生的此类案件，对人们的行为提出了警示，要保守国家秘密，维护国家安全，否则，会受到刑事法律的追究。因而我们把国家安全工作纳入法治化轨道，依法维护国家安全。

第三节 本章其他罪名

危害国家安全罪是故意危害中华人民共和国国家安全的行为。规定在《刑法》第102—112条，截至目前一共12个罪名。根据实施危害国家安全的行为方式的不同，可以分为危害国家、颠覆政权的犯罪，叛变、叛逃的犯罪，间谍、资敌的犯罪。

危害国家安全罪	危害国家、颠覆政权的犯罪	背叛国家罪，分裂国家罪，煽动分裂国家罪，武装叛乱、暴乱罪，颠覆国家政权罪，煽动颠覆国家政权罪，资助危害国家安全犯罪活动罪。
	叛变、叛逃的犯罪	投敌叛变罪，叛逃罪。
	间谍、资敌的犯罪	间谍罪，为境外窃取、刺探、收买、非法提供国家秘密、情报罪。

国泰民安是人民群众最基本、最普遍的愿望。实现中华民族伟大复兴的中国梦，保证人民安居乐业，国家安全是头等大事。要以设立全民国家安全教育日为契机，以总体国家安全观为指导，全面实施国家安全法，深入开展国家安全宣传教育，切实增强全民国家安全意识。[①]

———— **案例分析** ————

案例一

赵某某是一名航天领域的科研人员，在赴国外大学做访问学者期间，被境外间谍情报机关人员一步步拉拢策反，出卖科研进展情况，严重危害国家安全。起初，对方只是约他吃饭出游、赠送礼物。随着双方关系拉近，

———————

① 2016年4月15日，习近平总书记在首个全民国家安全教育日到来之际做出重要指示。

对方不时向他询问一些敏感问题，并支付不菲的咨询费用。赵某某临近回国前，对方向他亮明了间谍情报机关人员身份，将其策反。随后，该国间谍情报机关为赵某某配备了专用U盘和网站，用于下达任务指令和回传情报信息。赵某某访学结束回国后，在国内多地继续与该国间谍情报机关人员多次见面，通过当面交谈及专用网站传递等方式向对方提供了大量涉密资料，并以现金形式收受间谍经费。[①]

问题：

赵某某的行为如何定性？

参考观点：

本案中赵某某作为航天领域的科研人员，贪图利益，明知对方是间谍情报机关人员，仍然接受间谍情报机关下达的任务指令，通过当面交谈及专用网站传递等方式向对方提供了大量涉密资料，严重侵犯了我国国家安全。从犯罪构成的四要件分析，其行为构成间谍罪。

国家安全，人人有责。要警惕要求提供内部情况或文件、资料的情形，坚决拒绝。无论身在何处，维护国家安全都是每一个中国公民应尽的责任和义务。

案例二

成某是我国某稀土公司副总经理，工作中可以接触到我国稀土行业内部信息。在日常商业往来中，成某结识了境外某有色金属公司上海子公司员工叶某某。在某次我国稀土收储招标会议结束后，叶某某试探性地向成某索要招标会中标情况，没有遭到成某拒绝。在所供职境外公司外籍员工的指挥下，叶某某以提供金钱报酬为诱饵，多次私下向成某索要我国稀土收储明细、指令性计划等信息。通过向叶某某提供涉密信息，成某多次收取对方给予的巨额报酬。[②]

---

① "北京市通州区人民法院"微信公众号，《【京法巡回讲堂】全民国家安全教育日｜祖国安危在心 安全责任在身》，2024年4月17日。

② 央视新闻客户端，《窃取稀土领域国家秘密！几起危害我国国家安全典型案件公布》，2024年4月14日。

问题：

成某某、叶某某行为如何定性？

参考观点：

本案中成某是我国某稀土公司副总经理，是稀土行业涉密人员，明知稀土收储明细、指令性计划等信息涉及国家秘密，在金钱报酬的引诱下，向境外某有色金属公司上海子公司员工叶某某提供涉密信息，其行为涉及为境外非法提供国家秘密，从涉及本章犯罪的犯罪构成四要件分析，其行为构成为境外非法提供国家秘密罪。

叶某某接受所供职境外公司外籍员工的指挥，通过给予成某巨额报酬，多次从成某处非法获取我国稀土收储明细、指令性计划等信息，其行为一是非法收买，二是提供我国稀土相关国家秘密，构成为境外收买、非法提供国家秘密罪。

要增强国家安全意识，警惕危害国家安全行为，共同筑牢维护国家安全的坚固屏障。

第三章 危害公共安全罪

【导学】

公共安全是人民安居乐业、社会安定有序、国家长治久安的重要保障。

```
          ┌─ 刑法关于危害公共安全罪的规定。筑起公共安全保护屏障。
          │
危害公共 ──┤   理论：爆炸罪，以危险方法危害公共安全罪，破坏交通工具罪，交通
安全罪    └─  肇事罪，危险驾驶罪，本章其他罪名。
              实务：案例分析。
```

第一节 爆炸罪

爆炸罪属于我国刑法规定的危害公共安全罪中的一个罪名。危害公共安全类犯罪侵害的客体是公共安全，即不特定多数人的生命、健康和重大公私财产安全。它的本质特征表现为不特定性，这类犯罪对其侵害的对象和可能造成的危害后果，事前往往无法预料和控制。因此它是我国刑法规定的普通刑事犯罪中危害性极大的一类犯罪。

一、爆炸罪的概念与构成特征

（一）概念

爆炸罪是指故意使用爆炸的方法危害公共安全的行为。

（二）犯罪构成

1. 犯罪客体：公共安全，即不特定多数人的生命、健康或者重大公私财产的安全。爆炸罪侵害的对象包括工厂、矿场、港口、仓库、住宅、农场、牧场、公共建筑物等公共的场所或者其他公私财产，以及不特定的人、畜。

注意：如果行为人用爆炸的方法破坏火车、汽车、电车、船只、飞机等交通工具，或者破坏轨道、桥梁、隧道、公路、机场等交通设备，那么虽然使用的是爆炸的方法，也危害了公共安全，但由于破坏的是特定的对象，所以应当分别以破坏交通工具罪或破坏交通设施罪定罪处罚。

2. 客观方面：对公私财物或人身实施爆炸，危害公共安全的行为。爆炸物品，包括炸弹、手榴弹、地雷、炸药、雷管等起爆器材和各种自制的爆炸装置，比如炸药包、炸药瓶、炸药罐等。

实施爆炸的方式方法很多，有的在室内安装炸药包，在室内或者室外引爆；有的将爆炸物直接投入室内爆炸；有的利用技术手段，使锅炉、设备发生爆炸。实施爆炸地点主要是在人群集中或者财产集中的公共场所、交通线等处，如将爆炸物放在船只、飞机、汽车、火车上定时爆炸，在商场、车站、影剧院、街道、群众集会地方制造爆炸事件。

爆炸行为有作为和不作为两种基本方式。如直接点燃爆炸引发爆炸，就是积极的作为方式，而行为人负有防止爆炸发生的特定义务，并且有能力履行这种特定的义务而不履行，以致发爆炸，就构成不作为爆炸犯罪。

爆炸犯罪客观方面的本质特点是，爆炸行为危害或足以危害不特定多数人的生命、健康或重大公私财产的安全。所谓足以危害公共安全，就是指行为人实施的爆炸行为，由于主观和客观方面的原因，实际上并未造成危害公共安全的结果，比如行为人自动中止爆炸犯罪，炸药的破坏性没有行为人主观想象的那么大，炸药受潮失效，或者没有将爆炸物投掷到所要求的位置，爆炸物被他人发现而被拆除，等等，但如果排除这些原因，是可能造成危害公共安全的结果的。无论哪种原因存在，注意：爆炸罪的成立并不要求发生危害公共安全的实际后果，只要行为人实施了爆炸行为，足以危害公共安全的，就构成爆炸罪。

3. 犯罪主体：一般主体。达到法定刑事责任年龄、具有刑事责任能力的人，均可成为本罪的主体。爆炸罪严重危害公共安全，破坏社会秩序，所以法律规定这种犯罪处罚年龄的起点较低。根据我国《刑法》第17条第2款的规定，已满14周岁、不满16周岁的人犯爆炸罪，应当负刑事责任。

4. 主观方面：故意，包括直接故意和间接故意，即行为人明知其行为会引起爆炸，危害不特定多数人的生命、健康或重大公私财产的安全，并且希望或者放任这种危害结果的发生。犯本罪的动机多种多样，如出于报复、嫉妒、怨恨、诬陷等，但犯罪动机如何不影响本罪的成立。注意：因过失爆炸致人重伤、死亡或者使公私财产遭受重大损失的，不成立爆炸罪，但成立过失爆炸罪。

二、爆炸罪的认定

（一）爆炸罪既遂与未遂的界限

爆炸罪既遂与未遂的界限，以是否符合法定构成要件为标准。根据《刑法》第114条的规定，只要行为人实施爆炸，危害公共安全，尽管尚未造成严重后果，但具备爆炸罪全部构成要件，即为既遂。如果致人重伤、死亡或者使公私财产遭受重大损失，应按《刑法》第115条作为爆炸罪的结果加重犯处罚。当刚着手引爆或者在引爆过程中，被人发现夺下炸药，使爆炸未能得逞等情况，则属于爆炸罪的未遂。

（二）爆炸罪与以爆炸方法实施的故意杀人罪、故意伤害罪的界限

这两类犯罪，使用的手段和危害后果都有相同之处，但两者的区别主要是：

1. 侵犯的客体不同。爆炸罪侵犯的是公共安全，即不特定多数人的生命、健康和重大公私财产的安全；而故意杀人罪、故意伤害罪侵犯的是特定公民的人身权利。

2. 客观方面不同。爆炸犯罪行为人引发爆炸物或以其他方法制造爆炸，造成或足以造成不特定多数人的伤亡或重大公私财产的毁损，其危害结果是难以预料和难以控制的。故意杀人罪、故意伤害罪的犯罪行为人虽也使用爆炸的方法，但还可以使用其他方法，其行为所造成的危害后果是特定的某个人或某几个人的伤亡，而且一般只造成人身伤亡，不造成财产毁损。因此，行为人针对特定的对象实施爆炸行为，选择的作案环境和条

件只能杀伤特定的某个人或某几个人，而不危及公共安全的，分别按故意杀人罪或故意伤害罪论处。如果爆炸行为虽然指向特定的对象，但行为人预见其爆炸行为会危害公共安全而仍实施爆炸行为，危害公共安全，应以爆炸罪论处。

（三）爆炸罪与危险物品肇事罪的界限

危险物品肇事罪，是指违反爆炸性、易燃性、放射性、毒害性、腐蚀性物品的管理规定，在生产、储存、运输、使用中发生重大事故，造成严重后果的行为。这种犯罪只能由过失构成，而爆炸罪，在客观方面不仅限于上述情况，在主观方面由故意构成。例如，某县公社农场大队非法生产硝铵炸药。因设备陈旧，厂房也不符合炸药生产规定，又没有安全措施，该县公安局曾几次正式通知他们停止生产。但该大队拒不执行，继续生产，以致在生产中发生爆炸，造成六人当场被炸死、整个车间（十间房子）被夷为平地的严重后果。本案就属于危险物品肇事罪。

（四）爆炸罪与使用爆炸方法破坏交通工具、交通设施、电力设备、易燃易爆设备等犯罪的界限

从行为方式、侵犯客体、危害后果来看，使用爆炸方法破坏交通工具、交通设施、电力设备、易燃易爆设备等犯罪与爆炸罪在犯罪构成要件上有很多相同之处。但是，刑法对此类行为有专门规定，因此，如果行为人使用爆炸方法破坏交通工具、交通设施、电力设备、易燃易爆设备，应按照特别法条优于普通法条的原则，以破坏交通工具罪、破坏交通设施罪、破坏电力设备罪、破坏易燃易爆设备罪论处。

三、处罚

依照《刑法》第114条的规定，犯爆炸罪，尚未造成严重后果的，处三年以上、十年以下有期徒刑。这里的严重后果，是指致人重伤、死亡或者使公私财产遭受重大损失。犯爆炸罪虽然已经造成一定的危害结果，但未达到上述严重程度，仍应依照本条处罚。

根据《刑法》第115条的规定，犯爆炸罪，致人重伤、死亡或者使公私财产遭受重大损失的，为结果加重犯，处十年以上有期徒刑、无期徒刑或者死刑。

如在广受关注的四川夹江公交车爆炸案中，被告人卢某无视国家法律，以爆炸方法危害公共安全，自制炸弹在公交车上实施爆炸，造成一人重伤二级、一人轻伤一级、七人轻伤二级、七人轻微伤，其余多名乘客一定程度受伤，公交车严重受损，公私财产遭受重大损失的严重后果，其行为构成爆炸罪。

公共安全是人民安居乐业、社会安定有序、国家长治久安的重要保障。刑事法律维护公共秩序，保障公共安全，侵害公共安全的行为必然受到法律的严惩。本案中，法院最终依法判处卢某死刑，缓期二年执行，剥夺政治权利终身，并限制减刑。

第二节　以危险方法危害公共安全罪

一、概念和构成特征

（一）概念

以危险方法危害公共安全罪是我国1997年《刑法》修改后第114条、第115条规定的一个具体罪名，该罪是一种社会危害性严重的犯罪，是指故意使用放火、决水、爆炸、投放危险物质以外的危险方法危害公共安全的行为。

（二）犯罪构成

1. 犯罪客体：公共安全，即不特定多数人的生命、健康或者重大公私财产的安全。如果行为人用危险方法侵害了特定的对象，对不特定的多数人的生命、健康或重大公私财产的安全并无危害即不危害公共安全，就不构成该罪。

2. 客观方面：以其他危险方法危害公共安全的行为。其他危险方法是指放火、决水、爆炸以及投放危险物质以外的，但与上述危险方法相当的危害公共安全的犯罪方法。

如何确定以与放火、决水、爆炸、投放危险物质等危险性相当的其他危险方法危害公共安全行为的标准？在司法实践中形成共识的做法是从以下方面把握：①其他危险方法是指放火、决水、爆炸、投放危险物质以外的危险方法，是不包括放火、决水、爆炸、投放危险物质的危险方法。②
同类解释的原则：与放火、决水、爆炸、投放危险物质等犯罪性质具有同
质性和危险性程度具有相当性的危险方法。这里的"相当"就是明显接近
于、等于甚至大于。现实中危险方法有很多，有的危险方法社会危害性很
大，有的危险方法社会危害性相对要小些，有的方法虽然具有危险性但并
不具有危害性。本罪是重罪，入本罪的标准宜严不宜宽。③其他危险方法
会直接给不特定多数人的人身权或者重大公私财产权造成足以侵害的危险，
即足以危害公共安全。

其他危险方法：在开放式场所私拉电网的方法，在公共场所驾驶机动
车撞人的方法，破坏井下通风设备的方法，等等作为其他危险方法的具体
表现形式。新近几年，出现了一些新型的其他危险方法，如故意传播突发
传染病病原体，危害公共安全的危险方法；以肉体炸弹自爆危害公共安全
的危险方法；殴打正在运行中速度快、运载能力强的交通工具驾驶人员，
危害公共安全的危险方法。

另外，近几年的司法意见中也规定了几种以危险方法危害公共安全的
犯罪行为：如乘客在公共交通工具行驶过程中，抢夺方向盘、变速杆等操
纵装置，殴打、拉拽驾驶人员，或者有其他妨害安全驾驶行为，危害公共
安全的；驾驶人员在公共交通工具行驶过程中，与乘客发生纷争后违规操
作或者擅离职守，与乘客厮打、互殴，危害公共安全的①；故意高空抛物，
危害公共安全的②。注意，2021 年 3 月 1 日施行的《刑法修正案（十一）》
新增了妨害安全驾驶罪、高空抛物罪等罪名。《刑法》第 133 条之二规定明
确了对行驶中的公共交通工具的驾驶人员使用暴力、抢控驾驶操纵装置的
人员（一般是乘客）或者公共交通工具的驾驶人，实施了危害公共安全行
为，依照妨害安全驾驶罪定罪处罚；同时构成其他犯罪的，依照处罚较重
的规定定罪处罚。《刑法》第 291 条之二规定，从建筑物或者其他高空抛掷
物品，情节严重的，依照高空抛物罪定罪处罚；有前款行为，同时构成其

---

① 最高人民法院、最高人民检察院、公安部《关于依法惩治妨害公共交通工具安全驾驶违法
犯罪行为的指导意见》（公通字〔2019〕1 号）。

② 最高人民法院《关于依法妥善审理高空抛物、坠物案件的意见》（法发〔2019〕25 号）。

他犯罪的，依照处罚较重的规定定罪处罚。因此，要注意相关行为的定罪量刑。

在司法实践中，以与放火、决水、爆炸、投放危险物质等危险性相当的其他危险方法危害公共安全的行为的表现形式是多种多样的。所以刑法典无法以立法规范的方式将这些行为一一列举，只能做出概括性的条文规定，但这种立法模式并不意味着"其他危险方法"是刑法分则第二章中的兜底条款，在实践中，适用以危险方法危害公共安全罪应从严把握。

以危险方法危害公共安全的行为可以是作为的，例如故意私拉电网的行为；也可以是不作为的，例如负有特定义务的维修工人，故意不维修井下通风设备的行为。不管用什么方法，只要足以危害公共安全，就符合本罪的客观方面要求。本罪是危险犯，行为人只要实施了足以危害公共安全，尚未造成严重后果的以危险方法危害公共安全的行为就可以构成本罪。

3. 犯罪主体：已满16周岁并具有刑事责任能力的自然人。需要注意的是：该犯罪主体的刑事责任年龄与放火罪、爆炸罪、投放危险物质罪的法律规定有所不同。这是因为在已满14周岁、不满16周岁这个年龄段的行为人完全有能力也易于实施放火、爆炸、投放危险物质这些具有严重社会危害性的犯罪行为，实践中这个年龄段的行为人实施这类犯罪的现象也不鲜见，完全有必要用立法确定已满14周岁、不满16周岁的自然人对实施的放火、爆炸、投放危险物质罪行为负刑事责任。然而，已满14周岁、不满16周岁的自然人从其智力能力和技术能力看，要实施放火、爆炸、决水、投放危险物质以外的其他危险方法，危害公共安全的行为有一定的难度，在实践中这个年龄段实施其他危险方法危害公共安全的行为也实为罕见，对此也就没有规定这个年龄段负刑事责任的必要性。根据《刑法》第17条第2款规定，已满14周岁、不满16周岁的人实施了以危险方法危害公共安全的行为，不负刑事责任。

4. 犯罪主观方面：故意，即行为人明知所实施的以危险方法危害公共安全的行为会造成危害公共安全的后果，并且希望或者放任这种危害后果发生的心理态度，包括直接故意和间接故意。犯罪故意是本罪成立的必要要件，过失不构成本罪。以危险方法危害公共安全罪的犯罪动机和犯罪目的可以是多种多样的，如出于仇视社会、报复泄愤、陷害他人、制造恐怖气氛等等，但犯罪动机、犯罪目的都不是本罪成立的要件，不影响本罪的成立。

三、处罚

《刑法》第114条、第115条第1款明确规定了本罪在两种情形下的刑罚种类和量刑幅度：

第一种情形是犯本罪，尚未造成严重后果的，处三年以上、十年以下有期徒刑。这里的"尚未造成严重后果"说明本罪为危险犯，同时还包括了本罪处于的状态可以是犯罪的未遂也可以是犯罪既遂但尚未造成严重后果的情形。

第二种情形是犯本罪致人重伤、死亡或者使公私财产遭受重大损失的，处十年以上有期徒刑、无期徒刑或者死刑。这里的"重伤、死亡或者使公私财产遭受重大损失"是本罪的结果加重情形，也是出现严重后果的情形，自然其刑罚幅度和种类也比第114条规定的要严厉。

第三节　破坏交通工具罪

破坏交通工具罪是危害公共安全罪中破坏公用工具、设施危害公共安全犯罪的一种。

一、破坏交通工具罪的概念与构成特征

（一）概念

破坏交通工具罪，是指破坏火车、汽车、电车、船只、航空器，足以使火车、汽车、电车、船只、航空器发生颠覆、毁坏危险，尚未造成严重后果或者已经造成严重后果的行为。规定在《刑法》第116条、119条。

（二）犯罪构成

1. 本罪侵犯的客体是公共交通运输安全。侵犯对象是正在使用中的火车、汽车（含运输拖拉机）、电车、船只、航空器等机动交通工具，即行为

人的行为会导致不特定的多人轻重伤、死亡或重大公私财产损害的交通工具。"正在使用中的"交通工具是指正在行驶或者飞行中，待用、备用的交通工具。

2. 本罪客观方面是破坏正在使用中的以上五种交通工具，已经造成或足以造成交通工具倾覆、毁坏危险的行为。注意：本罪客观方面的行为要求破坏是足以或者已经危害公共安全的行为，要求使交通工具整体或者重要部件的损毁或者是其丧失应有性能。破坏可以是有形破坏，也可能是外表完整无损，但损坏其功能。认定破坏交通工具的程度，以是否足以使交通工具发生倾覆、毁坏危险为根据，不应以给工具、设施本身造成损失的价值大小为标准。

3. 本罪主观方面：故意才能构成本罪，包括直接故意和间接故意。明知自己的行为会使交通工具发生倾覆毁坏危险，并且希望或者放任这种危险结果发生。

4. 本罪主体，一般主体，年满 16 周岁、具有刑事责任能力的自然人。

二、破坏交通工具罪的认定

（一）本罪与破坏交通设施罪的界限

主要是行为对象不同。本罪的犯罪对象是火车、汽车、电车、船只、航空器，破坏交通设施罪的犯罪对象是轨道、桥梁、隧道、公路、机场、航道、灯塔、标志。破坏交通工具罪的实行行为要求破坏的是交通工具本身，使得交通工具的安全性受到影响，进而危害公共安全。

（二）本罪与故意毁坏财物罪的界限

两罪的区别主要在于破坏、毁坏行为是否足以危害公共安全。故意毁坏交通工具，没有危及公共安全，但应当追究刑事责任的，按照故意毁坏财物罪处理。注意：如果盗窃方式故意毁坏交通工具，危害公共安全，但不构成盗窃的，以破坏交通工具罪定罪处罚；同时构成盗窃罪和本罪的，依照刑罚处罚较重的规定定罪处罚。

三、处罚

《刑法》第 116 条规定，犯本罪，尚未造成严重后果的，处三年以上、十年以下有期徒刑；第119条规定，犯本罪，造成严重后果的，处十年以上有期徒刑、无期徒刑或者死刑。

破坏交通工具罪不仅是对交通工具的损坏，关键是造成公共交通工具足以倾覆、毁坏的危险。破坏交通工具罪必须受到法律的严惩。

第四节　交通肇事罪

一、交通肇事罪的概念和特征

（一）概念

交通肇事罪是违反了交通运输管理法规，因而发生重大事故，致人重伤、死亡，或者使公私财产遭受重大损失的行为。

（二）犯罪构成

1. 犯罪客体：公共交通运输安全。公共交通运输与广大人民群众的生命安全紧密相连，一旦发生交通事故，就会危及不特定多数人的生命和财产安全，因此，交通肇事罪从本质上，属于危害公共安全犯罪中的一种，它必须发生在交通运输过程中，或者与正在进行的交通运输活动存在关联，否则肇事的行为无法危害公共安全，不能构成交通肇事罪。

公共道路是指公路、城市道路和虽在单位管辖范围但允许社会机动车通行的地方，包括广场、公共停车场等用于公众通行的场所。发生在公共道路范围内，才会构成交通肇事罪，在公共交通管理范围外，驾驶机动车辆或者使用其他交通工具致人伤亡，或者致使公共财产和他人财产遭受重大损失的时候，就不会构成交通肇事罪，而应当分别按以下情形处理：

①在公共交通管理的范围外，驾驶机动车辆或者使用其他交通工具进行生产、作业，因不服管理、违反生产劳动安全等规章制度，以及单位主管人员指使、强令他人驾驶机动车辆或者使用其他交通工具违章冒险作业，因而发生重大伤亡事故或者造成其他严重后果的，应当以重大责任事故罪定罪处罚。

②在公共交通管理的范围外，驾驶机动车辆或者使用其他交通工具进

行生产、作业，有安全隐患，经有关部门或者单位职工提出后，负责劳动安全设施的直接责任人员仍不采取措施，因而发生重大伤亡事故或者造成其他严重后果的，应当以重大劳动安全事故罪定罪处罚。

③在公共交通管理的范围外，驾驶机动车辆或者使用其他交通工具进行非生产、作业活动致人死亡的，以过失致人死亡罪定罪处罚；致人重伤的，以过失致人重伤罪定罪处罚；致使交通工具严重毁坏的，以过失损坏交通工具罪定罪处罚。

比如，行为人在城区或其他行人较多、有机动车来往的道路上违章骑三轮车，造成重大事故的，就具有危害公共安全的性质，应认定为交通肇事罪。但是，行为人在行人稀少、没有机动车来往的道路上违章骑三轮车致人重伤或死亡的，就不具有危害公共安全的性质，只能分别认定为过失致人重伤罪或过失致人死亡罪。

2. 客观方面：在交通运输活动中，违反交通运输管理法规，因而发生了重大事故，致人重伤、死亡，或者使公私财产遭受重大损失的行为。

（1）在交通运输中实施了违反交通运输管理法规的行为。这是发生交通事故的原因，也是承担刑事责任的法律基础。在实践中，行人违反交通法规的行为，既可以表现为积极作用的方式，比如说酒后开车，无证驾驶，闯红灯，超速，违章超车，等等，也可以表现为消极的不作为的方式，比如，拐弯时候不显示指示灯，通过岔路口不减速，等等行为。

（2）发生重大的事故，导致重伤、死亡或者公私财产遭受重大损失的严重后果。这也是构成交通肇事罪的必要客观要件之一。行为虽然违反交通运输管理法规，但没有发生重大交通事故的，不成立本罪。

（3）违反交通运输管理法规的行为与结果之间具有因果关系。换言之，即使行为人违反了交通运输管理法规，客观上也发生了危害结果，但如果危害结果与行为人违反交通运输管理法规的行为之间没有因果关系，则不能以本罪论处。比如禁止驾驶没有经过年检的车辆的目的，是为了防止因车辆故障导致交通事故。如果行为人驾驶没有年检的车辆，但该车并无故障，而是由于被害人横穿高速公路造成了交通事故，对行为人也不以交通肇事罪论处。

3. 犯罪主体：一般主体。已满16周岁、具备刑事责任能力的自然人均可成为本罪的犯罪主体，包括从事交通运输的人员及其他人员。非交通运输人员也能成为本罪主体。根据最高人民法院 2000 年发布的司法解释[①]中的规定，单位主管人员、机动车辆所有人或者机动车辆承包人指使、强令他人违章驾驶造成重大交通事故的，以交通肇事罪定罪处罚。

同时，注意：《刑法》第 131 条、第 132 条规定，对航空人员、铁路职工违反规章制度，致使发生重大飞行事故、铁路运营安全事故，分别构成重大飞行事故罪和铁路运营安全事故罪，所以本罪的主体也不包括上述两类人员。

4. 主观方面：过失，包括疏忽大意的过失和过于自信的过失。过失是指行为人对自己的违章行为可能造成的后果而言。行为人在违反规章制度上有可能是明知的，如酒后开车、超载、超速等，但对自己的行为造成的后果应当预见而因疏忽大意没有预见，或者虽已预见但轻信能够避免，以致造成了严重后果。

二、认定

注意以下几个方面：

（一）正确区分交通肇事罪与非罪的界限

（1）行为人虽然违反交通运输管理法规，但并没有造成重大交通事故的，不能认定为交通肇事罪。

（2）行为虽然造成了严重后果，但行为人主观上没有过失，而是由于不能抗拒或者不能预见的原因所引起的，不能认定为交通肇事罪。

（3）发生交通事故的原因往往比较复杂，在许多情况下，行为人与被害人均有责任，需要分清责任的主次；对于行为人负次要责任的行为，不能认定为交通肇事罪。

根据司法解释，从事交通运输人员或者非交通运输人员，违反交通运输管理法规发生重大交通事故，在分清事故责任的基础上，定罪处罚。

交通肇事具有下列情形之一的，以本罪论处。

---

① 最高人民法院《关于审理交通肇事刑事案件具体应用法律若干问题的解释》（法释〔2000〕33 号）。

事故责任		+ 事故后果
完全责任 主要责任	+ 结果情形 之一	（1）死亡一人以上； （2）重伤三人以上； （3）造成公共财产或者他人财产直接损失30万元以上并无力赔偿。
	+ 结果情形 + 特殊情形 之一	重伤一人并有下列情形之一的： （1）酒后、吸食毒品后驾驶机动车辆的； （2）无驾驶资格驾驶机动车辆的； （3）明知是安全装置不全或者安全机件失灵的机动车辆而驾驶的； （4）明知是无牌证或者已报废的机动车辆而驾驶的； （5）严重超载驾驶的； （6）为逃避法律追究逃离事故现场的。
同等责任	+ 结果情形	死亡三人以上。

（二）正确区分交通肇事罪与其他犯罪的界限

首先，应划清本罪与利用交通工具故意杀人或者伤害的界限。前者是过失致人重伤或者死亡，后者是故意伤害他人或者故意杀害他人。

其次，对于符合《刑法》第114条与第115条的以危险方法危害公共安全犯罪的行为，不能认定为交通肇事罪。比如，行为人明知酒后驾车违法、醉酒驾车会危害公共安全，却无视法律醉酒驾车，并在肇事后继续驾车冲撞，造成重大伤亡，说明行为人主观上对持续发生的危害结果持放任态度，具有危害公共安全的故意。对此类醉酒驾车造成重大伤亡的，应依法以以危险方法危害公共安全罪定罪。

三、处罚

根据《刑法》第133条的规定，对交通肇事罪三档处刑：犯交通肇事罪的，处三年以下有期徒刑或者拘役；交通运输肇事后逃逸或者有其他特别恶劣情节的，处三年以上、七年以下有期徒刑；因逃逸致人死亡的，处七年以上有期徒刑。根据司法解释，"交通运输肇事后逃逸"，是指行为人在发生了构成交通肇事罪的交通事故后，为逃避法律追究而逃跑的行为。"因逃逸致人死亡"，是指交通肇事后逃跑，致使被害人得不到救助而死亡。

需要注意的是"因逃逸致人死亡"仅限于过失，因此行为人在交通肇事后，将被害人带离事故现场后隐藏或者遗弃，致使被害人无法得到救助而死亡或者严重残疾的，应当分别以故意杀人罪或者故意伤害罪定罪处罚。

每年的 12 月 2 日是全国交通安全日。一定要牢记：遵守交通规则，人人有责！提高交通安全意识，养成文明行车、文明行走的良好习惯，自觉维护交通安全。

第五节　危险驾驶罪

近年来，随着我国经济社会快速发展，机动车辆数量和驾驶员人数猛增，无视交通管理法律法规，酒后乃至醉酒驾车的违法犯罪也日益增多，给人民群众的生命、财产安全及社会公共管理秩序造成严重危害。鉴于此，2011 年 2 月 25 日第十一届全国人大常委会第十九次会议表决通过的《刑法修正案（八）》中增加了"危险驾驶罪"，作为第 133 条之一。《刑法修正案（九）》对危险驾驶的客观行为进行完善，依法惩治醉驾、恶意强行别车、危险竞速飙车等犯罪行为，充分发挥刑罚功能，切实维护广大人民群众的生命、健康与出行安全。目前，本罪的发案量极大，因此，对其应当予以严格认定。

一、概念和构成特征

（一）概念

危险驾驶罪是指在道路上驾驶机动车，有《刑法》第 133 条之一规定的危险驾驶情形之一的行为。

（二）犯罪构成

1. 犯罪客体：公共交通安全，即危险驾驶的行为危及了公共交通安全，给公共交通安全带来了潜在的危险，即对不特定多数人的生命、身体或者财产的危险。

2. 客观方面：本罪在客观方面表现为四种情况。

（1）追逐竞驶，情节恶劣的。就是俗称的"飙车"行为。一般来说，追逐竞驶，是指行为人在道路上高速、超速行驶，随意追逐、超越其他车辆，频繁、突然并线，近距离驶入其他车辆之前的危险驾驶行为。追逐竞驶属于危害公共安全的危险犯，但刑法没有将本罪规定为具体的公共危险犯，而是以情节恶劣限制处罚范围。换句话说，只要追逐竞驶行为具有类型化的抽象危险，并且情节恶劣，就构成犯罪。需要注意的是：

①本罪行为不要求发生在公共道路（公路）上，只需要发生在道路上即可。比如在校园内、大型厂矿内的道路上，以及在人行道上追逐竞驶的，因为对不特定或者多数人的生命、身体产生了抽象的危险，依然可能成立本罪。

②追逐竞驶以具有抽象危险性的高速、超速驾驶为前提。因此，缓慢驾驶的行为不可能成立本罪。但是，单纯的高速驾驶或者超速驾驶，也并不直接成立本罪。也就是说，不能将本罪等同于国外的超速驾驶罪。

③追逐竞驶既可能是二人以上基于意思联络而实施，也可能是一人单独实施的。比如驾驶机动车针对救护车、消防车等车辆实施追逐竞驶行为的，也可能成立本罪。

④追逐竞驶行为要求情节恶劣。情节恶劣的基本判断标准是追逐竞驶行为的危险程度。在实践中，应当以道路上车辆与行人的多少、驾驶的路段与时间、驾驶的速度与方式、驾驶的次数等进行综合判断。大体可以肯定的是，如果发生了具体的公共危险，就能够得出情节恶劣的结论。也就是说，追逐竞驶虽未造成人员伤亡或财产损失，但综合考虑超过限速、闯红灯、强行超车、抗拒交通执法等严重违反《道路交通安全法》的行为，足以威胁他人生命、财产安全的，属于危险驾驶罪中"情节恶劣"的情形。相反，如果在没有其他车辆与行人的荒野道路上追逐竞驶，不应认定为情节恶劣。

（2）醉酒驾驶机动车的行为。醉酒驾驶，是指在醉酒状态下在道路上驾驶机动车的行为。根据2013年最高人民法院、最高人民检察院、公安部联合发布的《关于办理醉酒驾驶机动车刑事案件适用法律若干问题的意见》的规定，在道路上驾驶机动车，血液酒精含量达到80毫克/100毫升以上的，属于醉酒驾驶。除此之外，根据我国有关法律规定，不是只有驾驶员才能构成危险驾驶罪。车辆所有人明知驾驶人醉酒，仍将其所有的机动车交给驾驶人在道路上驾驶的，车辆所有人与驾驶人均构成危险驾驶罪。明知驾驶人必须驾车出行，仍极力劝酒、刺激驾驶人饮酒，且酒后不帮助驾驶人找代驾的行为，劝酒人也可能被定罪处罚。所以，劝阻别人酒后驾驶，是对他人的关心，也是对自己的负责。要谨记：开车不喝酒，喝酒不开车。

（3）校车或者旅客运输超员、超速行驶，是指从事校车业务或者旅客运输，严重超过额定乘员载客，或者严重超过规定时速行驶的行为。依照国务院《校车安全管理条例》的规定，"校车"是指用于接送接受义务教育的学生上下学的机动车。本罪中的校车既包括依照国家规定取得使用许可的校车，也包括没有取得使用许可的违章从事接送学生业务的校车。从事旅客运输的车辆，是指从事公路客运、公交客运、出租客运、旅游客运等旅客运输的车辆，既包括具有营运资格的车辆，也包括非法从事旅客运输的车辆。需要注意的是：一般超员、超速的行为不成立本罪，只有严重超员、超速的行为才成立本罪。同时，如果机动车所有人、管理人对严重超员、超速行驶负有直接责任的，也会构成危险驾驶罪。比如，机动车所有人、管理人强令、指使驾驶人员超员、超速行驶的，或者明知驾驶人员超员、超速行驶而放任的，应以本罪论处。

（4）违规运输危险化学品。违规运输危险化学品，是指违反安全管理规定运输危险化学品，危及公共安全的行为。危险化学品，是指具有毒害、腐蚀、爆炸、燃烧、助燃等性质，对人体、设施、环境具有危害的剧毒化学品和其他化学品。我国《危险化学品安全管理条例》对运输危险化学品进行了具体的要求和规定。例如从事危险化学品道路运输的，应当取得危险货物道路运输许可，并办理登记手续；运输危险化学品，应当根据危险化学品的危险特性采取相应的安全防护措施，并配备必要的防护用品和应急救援器材；通过道路运输危险化学品的，应当按照运输车辆的核定载质量装载危险化学品，不得超载；等等。违反上述规定，并且危及公共安全的，成立本罪。行为是否危及公共安全，要根据行为人所运输的危险化学品的种类、数量，运输的时间、路线，车辆的安全状况，发生实害事故的可能性程度等进行综合判断。同时，需要注意的是，同上一种情形一样，机动车所有人、管理人对上述违规行为负有直接责任的，也以本罪论处。

3. 犯罪主体：一般主体。凡已满16周岁且具有刑事责任能力的自然人均可以成为本罪主体。实践中主要是机动车驾驶员。

4. 主观方面：故意，即明知自己危险驾驶的行为危害到公共安全而希望或放任这种状态的发生。

二、认定

（一）醉酒驾驶的认定

自 2011 年醉驾入刑以来，我国依法惩治道路上的醉酒驾车行为，有力维护了人民群众生命财产安全和道路交通安全。2019 年危险驾驶罪成为检察院起诉人数最多的犯罪。[①] 为适应新形势新变化，依法惩治醉酒危险驾驶违法犯罪，"两高两部"制定《关于办理醉酒危险驾驶刑事案件的意见》，自 2023 年 12 月 28 日起施行。

关于危险驾驶罪立案标准，醉酒标准还是血液酒精含量达到 80 毫克 / 100 毫升，以血液酒精含量鉴定意见作为依据。同时规定了，以呼气酒精含量检测结果定案的情形、[②] 二次饮酒情形的认定处理，[③] 明确列举了情节显著轻微、危害不大的，不追究刑事责任情形，包括：

> （一）血液酒精含量不满 150 毫克 /100 毫升的；
> （二）出于急救伤病人员等紧急情况驾驶机动车，且不构成紧急避险的；
> （三）在居民小区、停车场等场所因挪车、停车入位等短距离驾驶机动车的；
> （四）由他人驾驶至居民小区、停车场等场所短距离接替驾驶停放机动车的，或者为了交由他人驾驶，自居民小区、停车场等场所短距离驶出的；
> （五）其他情节显著轻微的情形。

关于"道路"和"机动车"的认定，适用道路交通安全法有关"道路""机动车"的规定。关于单位等管辖内的路段认定，应当以其是否具有"公共性"，是否"允许社会机动车通行"作为判断标准。这里的"公共性"包含路段的开放性、车辆的不特定性等特征。[④]

---

① 最高人民检察院网上发布厅：2019 年全国检察机关主要办案数据，https://www.spp.gov.cn/spp/xwfbh/wsfbt/202006/t20200602_463796.shtml#1。

②《意见》第 4 条第 3 款规定：犯罪嫌疑人经呼气酒精含量检测，显示血液酒精含量达到 80 毫克 /100 毫升以上，在提取血液样本前脱逃或者找人顶替的，可以以呼气酒精含量检测结果作为认定其醉酒的依据。

③《意见》第 4 条第 4 款规定：犯罪嫌疑人在公安机关依法检查时或者发生道路交通事故后，为逃避法律追究，在呼气酒精含量检测或者提取血液样本前故意饮酒的，可以以查获后血液酒精含量鉴定意见作为认定其醉酒的依据。

④ 最高人民检察院第一检察厅副厅长曹红虹：《"两高两部"〈关于办理醉酒危险驾驶刑事案件的意见〉的理解与适用》。

（二）危险驾驶行为同时构成其他犯罪的认定

《刑法》第 133 条之一第 3 款：危险驾驶行为同时构成其他犯罪的，依照处罚较重的规定定罪处罚。例如，追逐竞驶或者醉酒驾驶行为，过失造成他人伤亡或者重大财产损失结果，构成交通肇事罪的，应以交通肇事罪论处（此时的交通肇事罪属于结果加重犯）。

但是，如果致人伤亡的交通事故不是由追逐竞驶或者醉酒驾驶行为引起，而是由其他违反交通运输管理法规的行为（如无视交通信号）所引起，则应对危险驾驶罪与交通肇事罪实行数罪并罚。

再如，违规运输危险化学品，发生重大事故，造成严重后果的，应以危险物品肇事罪论处（此时的危险物品肇事罪属于结果加重犯）。

但是，如果违规运输化学危险品，危及公共安全，又由于闯红灯而造成交通事故的，则应对危险驾驶罪与交通肇事罪实行数罪并罚。

当危险驾驶行为具有与放火、爆炸等相当的具体的公共危险，行为人对该具体的公共危险具有故意的，应当认定以危险方法危害公共安全罪。比如行为人明知酒后驾车违法、醉酒驾车会危害公共安全，却无视法律醉酒驾车，特别是在肇事后继续驾车冲撞，造成重大伤亡，说明行为人主观上对持续发生的危害结果持放任态度，具有危害公共安全的故意。对此类醉酒驾车造成重大伤亡的，应依法以以危险方法危害公共安全罪定罪。

如在最高人民法院发布的两起典型案例中，[①] 被告人黎某和被告人孙某都是在严重醉酒状态下驾车肇事，连续冲撞，造成重大伤亡。其中，黎某驾车肇事后，不顾伤者及劝阻他的众多村民的安危，继续驾车行驶，致 2 人死亡、1 人轻伤；孙某长期无证驾驶，多次违反交通法规，在醉酒驾车与其他车辆追尾后，为逃逸继续驾车超限速行驶，先后与 4 辆正常行驶的轿车相撞，造成 4 人死亡、1 人重伤。

被告人黎某和被告人孙某在醉酒驾车发生交通事故后，继续驾车冲撞行驶，其主观上对他人伤亡的危害结果明显持放任态度，具有危害公共安全的故意。两被告人的行为均已构成以危险方法危害公共安全罪。

---

① 最高人民法院《关于醉酒驾车犯罪法律适用问题的意见》，2009 年 9 月 11 日发布。

三、处罚

《刑法》第 133 条之一规定了该罪的法定刑，处拘役，并处罚金。有第 133 条之一前两款行为，同时构成其他犯罪的，依照处罚较重的规定定罪处罚。如醉酒驾车无目标冲撞人群的，醉酒驾驶机动车运输毒品的，醉酒驾驶机动车运输危险物质造成严重后果的，等等。

注意：醉驾尚不构成其他犯罪，从重处理的十五种情形。

（一）造成交通事故且负事故全部或者主要责任的；

（二）造成交通事故后逃逸的；

（三）未取得机动车驾驶证驾驶汽车的；

（四）严重超员、超载、超速驾驶的；

（五）服用国家规定管制的精神药品或者麻醉药品后驾驶的；

（六）驾驶机动车从事客运活动且载有乘客的；

（七）驾驶机动车从事校车业务且载有师生的；

（八）在高速公路上驾驶的；

（九）驾驶重型载货汽车的；

（十）运输危险化学品、危险货物的；

（十一）逃避、阻碍公安机关依法检查的；

（十二）实施威胁、打击报复、引诱、贿买证人、鉴定人等人员或者毁灭、伪造证据等妨害司法行为的；

（十三）二年内曾因饮酒后驾驶机动车被查获或者受过行政处罚的；

（十四）五年内曾因危险驾驶行为被判决有罪或者做相对不起诉的；

（十五）其他需要从重处理的情形。[①]

第六节　本章其他罪名

危害公共安全罪是故意或过失地实施危害不特定多数人的生命、健康

---

① 最高人民法院、最高人民检察院、公安部、司法部 2023 年《关于办理醉酒危险驾驶刑事案件的意见》第 10 条。

或者重大公私财产安全的行为。[①]规定在《刑法》第114—139条之一，截至目前一共54个罪名。

其中，妨害安全驾驶罪、危险作业罪是《刑法修正案（十一）》本章新增罪名，强令、组织他人违章冒险作业罪是本章法条修改的罪名。

按照危害公共安全行为的方式、对象等，一般分为以下五类，以危险方法危害公共安全的犯罪；破坏公用工具、设施危害公共安全的犯罪；实施恐怖、危险活动危害公共安全的犯罪；违反枪支、弹药管理规定危害公共安的犯罪；造成重大责任事故危害公共安全的犯罪。

具体罪名包括：

危害公共安全罪	以危险方法危害公共安全的犯罪	放火罪，决水罪，爆炸罪，投放危险物质罪，以危险方法危害公共安全罪；失火罪，过失决水罪，过失爆炸罪，过失投放危险物质罪，过失以危险方法危害公共安全罪。
	破坏公用工具、设施危害公共安全的犯罪	破坏交通工具罪，破坏交通设施罪，破坏电力设备罪，破坏易燃易爆设备罪，破坏广播电视设施、公用电信设施罪；过失损坏交通工具罪，过失损坏交通设施罪，过失损坏电力设备罪，过失损坏易燃易爆设备罪，过失损坏广播电视设施、公用电信设施罪。
	实施恐怖、危险活动危害公共安全的犯罪	组织、领导、参加恐怖活动组织罪，帮助恐怖活动罪，准备实施恐怖活动罪，宣扬恐怖主义、极端主义、煽动实施恐怖活动罪，利用极端主义破坏法律实施罪，强制穿戴宣扬恐怖主义、极端主义服饰、标志罪，非法持有宣扬恐怖主义、极端主义物品罪，劫持航空器罪，劫持船只、汽车罪，暴力危及飞行安全罪。
	违反枪支、弹药管理规定危害公共安的犯罪	非法制造、买卖、运输、邮寄、储存枪支、弹药、爆炸物罪，非法制造、买卖、运输、储存危险物质罪，非法制造、销售枪支罪，盗窃、抢夺枪支、弹药、爆炸物、危险物质罪，抢劫枪支、弹药、爆炸物、危险物质罪，非法持有、私藏枪支、弹药罪，非法出租、出借枪支罪，丢失枪支不报罪，非法携带枪支、弹药、管制刀具、危险物品危及公共安全罪。
	造成重大责任事故危害公共安全的犯罪	重大飞行事故罪，铁路运营安全事故罪，交通肇事罪，危险驾驶罪，妨害安全驾驶罪，重大责任事故罪，强令、组织他人违章冒险作业罪，危险作业罪，大型群众性活动重大安全事故罪，重大劳动安全事故罪，危险物品肇事罪，工程重大安全事故罪，教育设施重大安全事故罪，消防责任事故罪，不报、谎报安全事故罪。

[①] 刑法学编写组：《刑法学》（下册·各论），北京：高等教育出版社，2023年，第28页。

————— **案例分析** —————

案例一

李某在亲戚家的土地上种菜，而该地块早在数年前已被工业园合法补偿并征用。2020年下半年，工业园要清理土地搞建设时，李某拒不搬离，双方发生纠纷时，李某将一箱用礼花弹、钉子、汽油做的自制"炸药包"投向了对方工作人员。但因为火苗太小，箱子一落地火就熄灭，该"炸药包"未能爆炸。[①]

问题：

李某的行为是否构成爆炸罪既遂？

参考意见：

李某将一箱用礼花弹、钉子、汽油做的自制"炸药包"投向了对方工作人员，李某有用爆炸的方法危害不特定多数人安全的故意和行为。该罪是危险犯，成立不要求造成严重后果，尚未造成严重后果即尚未造成他人重伤、死亡或者公私财产重大损失等情况，不影响本罪的成立，因此本案中自制的"炸药包"未能爆炸，也成立本罪，构成爆炸罪既遂。

案例二

2008年5月开始，孙某某在未取得驾驶证的情况下长期驾驶购买的一辆别克轿车。同年12月14日中午，孙某某大量饮酒，当日17时许，孙某某驾驶其别克轿车行至四川省成都市成龙路"蓝谷地"路口时，从后面撞向与其同向行驶的车牌号为川A×××××的一辆比亚迪轿车尾部。肇事后，孙某某继续驾车超限速行驶，行至成龙路"卓锦城"路段时，越过中心黄色双实线，先后与对面车道正常行驶的4辆轿车相撞，造成4人死亡，1人重伤，以及公私财产损失5万余元。经鉴定，孙某某驾驶的车辆碰撞前

———————————

① 李珑：《扔出"炸药包"没炸也犯爆炸罪 菜农被判入狱一年半》，大众网，https://www.dzwww.com/shandong/sdnews/201604/t20160412_14134180.htm，2016年4月。

瞬间的行驶速度为 134~138 公里／小时。①

问题：

孙某某的行为如何定性？

首先，孙某某无证、酒后（案发时血液中的乙醇含量为 135.8 毫克／100 毫升）、超速驾车（车辆碰撞前瞬间的行驶速度为 134~138 公里／小时），发生了严重事故，造成 4 人死亡，1 人重伤。

其次，孙某某的主观方面认定是本案中的定性关键。孙某某在无证、酒后驾车撞向与其同向行驶的比亚迪轿车尾部后，无视交通法规和公共安全，继续驾车超限速行驶，与对面车道正常行驶的 4 辆车辆发生冲撞，造成伤亡的严重后果，说明其主观上虽然不希望、也不积极追求危害后果发生，但是对危害结果的发生持放任态度，具有危害公共安全的间接故意，综上，其行为已构成以危险方法危害公共安全罪。

案例三

2010 年 10 月 16 日晚，李某某在大量饮酒后，驾驶黑色大众迈腾汽车前往河北大学新校区接人，并顺路将与其共同饮酒的盖某某等人送回该校。李某某驾车驶入该校生活区南门后，停车让盖某某等人下车。因李某酒后驾驶，随后驾车到达的与其聚餐的孟某某提醒其慢速行驶，盖某某下车后又坐回到副驾驶位置，亦提醒其慢行。李某某称没事，继续驾车超速行驶（该校生活区内限速 5 公里／小时）。当日 21 时 30 分许，李某某驾车行至该校生活区易百超市门前时，将前面正在练习轮滑的陈某某撞到车前机盖上后落地，陈某某因颅脑损伤，经抢救无效死亡；将张晶晶撞倒在地，受轻伤。肇事后，李某某继续驾车行至该校馨清楼宿舍，接上其朋友杜某某，并催促盖某某下车。李某某驾车返回，途经事发地点仍未停车，行至生活区南门时被校保安人员拦停，后被带至公安机关。经鉴定，李某某所驾汽车碰撞前的行驶速度为 45~59 公里／小时，李某某血液酒精含量为 151 毫克／100 毫升，系醉酒超速驾驶。经交通管理部门认定，李某某负

---

① 最高人民法院《关于印发醉酒驾车犯罪法律适用问题指导意见及相关典型案例的通知》（法发〔2009〕47 号），附件有关醉酒驾车犯罪案例。

事故全部责任。[①]

问题：

李某某行为性质认定的关键？

参考意见：

李某某大量饮酒后驾车，血液酒精含量为 151 毫克 /100 毫升，是醉酒驾车；在大学生活区内限速 5 公里 / 小时的要求下，碰撞前的行驶速度为45~59 公里 / 小时，是超速驾驶；在大学生活区内醉酒超速行驶，致发生一人死亡、一人轻伤的严重后果，两者有因果关系，主观方面是过失。交通管理部门认定，李某某负事故全部责任。

该案发生在大学生活区内道路上，此处的道路是否属于在单位管辖范围但允许社会机动车通行的地方，就成为认定李某某是否构成交通肇事罪的关键。《道路交通安全法》第 119 条第 1 项规定："道路"，是指公路、城市道路和虽在单位管辖范围但允许社会机动车通行的地方，包括广场、公共停车场等用于公众通行的场所。本案发生在大学生活区内，是典型的单位管辖范围内，是否属于允许社会机动车通行的地方，存在争议。观点一认为，大学生活区是一处有围墙、大门的封闭场所，平时外单位车辆可由生活区南门出入，但一般要登记车号，北门禁止车辆进出。因此，生活区内的道路不属于《道路交通安全法》规定的"道路"，李某某的行为构成过失致人死亡罪。观点二认为，大学新校区生活区道路属于适用交通肇事罪的道路，河北大学管理委员会安保部出具证明称，该校新校区生活区允许社会公共车辆通行。经过调查，该生活区虽设有围墙、大门，相对封闭，但系开放式园区，社会车辆只需登记车号就可以进出生活区南门，门口也设有限速交通标志（限速 5 公里 / 小时），说明大学对其新校区生活区的路段是按照"道路"进行管理的。而且收集的证据显示，社会车辆实际上不经登记也可通行。因此认为该案符合交通肇事罪的构成要件。另外，李某某在交通肇事后逃逸，犯罪情节恶劣，后果严重。

---

① 《刑事审判参考》第 892 号。

案例四

2012 年 2 月 3 日 20 时 20 分许，张某某、金某相约驾驶摩托车出去享受大功率摩托车的刺激感，约定陆家浜路、河南南路路口是目的地，谁先到谁就等谁。随后，由张某某驾驶无牌的本田大功率二轮摩托车（经过改装），金某驾驶套牌的雅马哈大功率二轮摩托车（经过改装），按约定上路行驶，全程 28.5 公里。在行驶途中，两人驾车在密集车流中反复并线、曲折穿插、多次闯红灯、大幅度超速行驶。当行驶至陆家浜路、河南南路路口时，张某某、金某遇执勤民警检查，遂驾车沿河南南路经复兴东路隧道、张杨路逃离。

注：驾驶摩托车途中，在限速 60 公里 / 小时的立交桥上，张某某行驶速度 115 公里 / 小时、金某行驶速度 98 公里 / 小时；在限速 60 公里 / 小时的大桥桥面上，张某某行驶速度 108 公里 / 小时、金某行驶速度 108 公里 / 小时；在限速 60 公里 / 小时的隧道中，张某某行驶速度 102 公里 / 小时、金某行驶速度 99 公里 / 小时。①

问题：

本案应适用什么罪名进行刑法规制？

参考意见：

张某某、金某相约道路上驾驶摩托车，摩托车属于机动车；两人在驾驶摩托车途中，在密集车流中反复并线、曲折穿插、多次闯红灯、大幅度超速行驶。危险驾驶罪中的"追逐竞驶"，一般指行为人出于竞技、追求刺激、斗气或者其他动机，两人或两人以上分别驾驶机动车，违反道路交通安全规定，在道路上快速追赶行驶的行为。本案中，张某某、金某驾驶摩托车具有竞赛比拼的性质，属于追逐竞驶。

是否属于情节恶劣？情节恶劣与否，应从其追逐竞驶行为的具体表现、危害程度、造成的危害后果等方面，综合分析。首先，张某某驾驶改装大功率无牌摩托车，金某驾驶改装大功率套牌摩托车；其次，在道路上实施多次随意变道、闯红灯、大幅超速等严重违章行为；再次，从驾驶速度数

---

① 最高人民法院《关于发布第八批指导性案例的通知》（法〔2014〕327 号），指导案例第 32 号。

据看，两人驾驶速度很快，多处路段超速达 50% 以上；最后，从两人行驶路段看，交通流量较大，行驶距离较长（28.5公里），危险性高。虽然本案中未造成人员伤亡和财产损失，但综上，属于"情节恶劣"。在道路上驾驶摩托车，追逐竞驶，情节恶劣，构成危险驾驶罪。

第一节 人民法院、人民检察院和公安机关办理刑事案件，应当分工负责，互相配合，互相制约，以保证准确有效地执行法律。

第四章 破坏社会主义市场
经济秩序罪

【导学】

社会主义市场经济是信用经济、法治经济，应坚持推动经济发展在法治轨道上运行。

破坏社会主
义市场经济
秩序罪

> 明晰刑法关于破坏社会主义市场经济罪的规定，深入认识法治对发展社会主义市场经济的重要作用，理解刑法对经济社会生活的规范保障、引领推动作用。

> 理论：生产、销售伪劣产品罪，走私普通货物、物品罪，非国家工作人员受贿罪，信用卡诈骗罪，保险诈骗罪，逃税罪，假冒注册商标罪，非法经营罪，《刑法修正案（十二）》本章修改，本章其他罪名。
> 实务：案例分析。

第一节 生产、销售伪劣产品罪

一、概念和构成特征

（一）概念

生产者、销售者在产品中掺杂、掺假，以假充真，以次充好或者以不合格产品冒充合格产品，数额较大的行为。

（二）犯罪构成

1. 犯罪客体：复杂客体。既包括国家的产品质量管理制度和市场管理制度，又包括消费者的合法权益。为了加强对产品质量的监督管理，我国自20世纪80年代开始，相继颁布了《产品质量法》《标准化法》《工业产品质量责任条例》等法律法规，这标志着我国对产品质量的监督管理已经步入了法治监督的轨道。生产、销售伪劣产品的行为，不仅侵犯了国家对产品质量的管理制度，扰乱了产品质量监督管理秩序，而且严重侵害了广大消费者的合法权益。

2. 客观方面：违反产品质量管理制度，生产、销售伪劣产品，数额较大的行为。根据《刑法》第140条的规定，本罪在客观方面的行为表现可具体分为以下四种方式：（1）在产品中掺杂、掺假。这种行为方式是指行为人在产品的生产、销售过程中掺入杂物或假的物品，导致产品质量不符合国家法律、法规或者产品明示质量标准规定的质量要求，降低、失去应有使用性能。比如在芝麻中掺砂子，在磷肥中掺入颜色相同的泥土等。（2）以假充真。这是指行为人以伪造产品冒充真产品，表现为伪造或者冒用产品质量认证书及其认证标志进行生产或者销售的行为。比如将党参冒充人参、将猪皮鞋冒充牛皮鞋等。（3）以次充好。主要表现为以低等级、低档次产品冒充高等级、高档次产品，或者以残次、废旧零配件组合、拼装后冒充正品或者新产品。（4）以不合格产品冒充合格产品。什么是"不合格产品"呢？按照司法解释的规定，"不合格产品"是指不符合《产品质量法》第26条第2款的规定的产品。按照本条规定，产品质量应当符合下列要求：（一）不存在危及人身、财产安全的不合理的危险，有保障人体健康和人身、财产安全的国家标准、行业标准的，应当符合该标准；（二）具备产品应当具备的使用性能，但是，对产品存在使用性能的瑕疵做出说明的除外；（三）符合在产品或者其包装上注明采用的产品标准，符合以产品说明、实物样品等方式表明的质量状况。故行为人以不符合产品质量标准的产品假冒符合产品质量标准的产品的行为，即为我们这里讨论的以不合格产品冒充合格产品的生产、销售伪劣产品的行为。

注意：上述四种行为有时很难绝对地区分，也没有必要硬性区分某种行为属于哪一类。只要实施其中一种行为，便可能构成生产、销售伪劣产品罪，同时实施多种行为的，也只以一罪论处，不实行数罪并罚。

生产、销售伪劣产品的销售金额达到 5 万元以上，是构成本罪情节严重的数额要求。这里的"销售金额"，是指生产者、销售者出售伪劣产品后所得和应得的全部违法收入。货值金额以违法生产、销售伪劣产品的标价计算，没有标价的，按照同类合格产品的中间价格计算。如果货值金额难以确定的，委托指定的估价机构确定。多次实施生产、销售伪劣产品行为，未经处理的，伪劣产品的销售金额或货值金额累计计算。

在司法实务中会遇到行为人没有完成销售行为，就被抓获的情况，在这种情况下，由于行为人的行为往往尚未产生销售金额，对这类行为，应该如何认定呢？根据司法解释的规定，伪劣产品尚未销售，货值金额达到《刑法》第 140 条规定的销售金额三倍以上的（即 15 万元以上的），以生产、销售伪劣产品罪（未遂）定罪处罚。

3. 犯罪主体：生产者与销售者。生产者、销售者是否取得了有关产品的生产许可证或营业执照，不影响本罪的成立。生产者与销售者既可以是自然人，也可以是单位。知道他人实施生产、销售伪劣产品罪，而为其提供贷款、资金、账号、发票、证明、许可证件，或者提供生产、经营场所或者运输、仓储、保管、邮寄等便利条件，或者提供制假生产技术的，以本罪的共犯论处。国家机关工作人员参与犯罪的，从重处罚。

4. 主观方面：故意，且只能是直接故意。在本罪中，行为人明知自己生产、销售伪劣产品的行为会破坏国家产品质量监管秩序，会侵害用户、消费者合法权益，却依然实施了生产、销售假冒伪类产品的行为，这显然说明了行为人主观上对危害结果持希望和追求的态度。当然，在司法实践中，行为人实施本罪通常具有非法牟利的目的，但刑法并未规定非法牟利的目的是本罪的主观构成要素，这一点大家需要注意。

二、认定

本罪中的伪劣产品是否包括《刑法》第 141—148 条的特定的伪劣产品？答案是肯定的，因为：第一：本罪与特定的伪劣产品犯罪之间是法条竞合的关系，本罪是一般法条，《刑法》第 141—148 条规定的特定伪劣产品犯罪属于特殊法条，因此，普通法条中的伪劣产品理应包括特殊法条中的特定伪劣产品。同时，根据《刑法》第149条第2款的规定，生产、销售本节第141—148条所列产品，构成各该条规定的犯罪，同时又构成本节第140条规定之罪的，依照处罚较重的规定定罪处罚。如果本罪中的伪劣产品不包括第141—148条的特定的伪劣产品，那么第149条第2款的规定将形同虚设，因此，我们可以得出这样的结论，本罪中的伪劣产品是包括《刑法》第141—148条的特定的伪劣产品的。

2. 行为人生产、销售伪劣商品的行为定性

（1）只构成《刑法》第140条规定的生产、销售伪劣产品罪

按照《刑法》第149条第1款的规定，行为人生产、销售本节第141—148条的特定的伪劣产品，不构成各该条规定的犯罪，但是销售金额在5万元以上的，依照第140条之生产、销售伪劣产品罪定罪处罚。例如，生产、销售不符合食品安全标准的食品，卖了5万元，但是不足以造成严重食物中毒事故或者其他严重食源性疾病的，只能构成生产、销售伪劣产品罪，不能构成生产、销售不符合安全标准的食品罪。

（2）只构成某一特殊的伪劣产品罪

这种情形是指，行为人生产、销售第141—148条规定的特定的伪劣产品，发生危险或者结果，但未达到第140条之罪的数量标准的，只能按第141—148条的规定定罪处罚。例如，生产、销售不符合食品安全标准的食品，卖了2万元，足以造成严重食物中毒事故或者其他严重食源性疾病的，或者对人体健康造成严重危害或者有其他严重情节的，此时，只构成生产、销售不符合安全标准的食品罪，不构成生产、销售伪劣产品罪。

（3）同时构成第140条之罪和第141—148条之罪

当行为人生产、销售伪劣产品既达到第140条之罪的数量标准，又发生了危险或者结果，具备第141—148条之罪构成要件的，出现一行为触犯数法条的情况。我们还是拿生产、销售不符合食品安全标准的食品的行为举例，行为人的销售金额达到5万元以上，并且足以造成严重食物中毒事故或者其他严重食源性疾病，或者对人体健康造成了严重危害或者有其他严重情节的，同时触犯第140条之生产、销售伪劣产品罪和第143条之生产、销售不符合安全标准的食品罪。在这种情况下，依照处罚较重的规定

定罪处罚，不需要数罪并罚。

生产、销售伪劣产品是害人害己的行为，只有诚实劳动、合法经营，才能促进社会主义经济的繁荣，促进社会生产力长期稳定地发展，不要为了蝇头小利丧失了理智和做人的道德，生产者、销售者应营造良好的市场风气，维护社会主义市场经济秩序。

第二节 走私普通货物、物品罪

一、概念和构成特征

（一）概念

违反海关法规，逃避海关监管，非法运输、携带、邮寄普通货物、物品，进出国（边）境，偷逃应缴税额数额较大的行为。本罪属于我国刑法分则中走私罪的一个罪名，需要大家重点掌握。

（二）犯罪构成

1. 犯罪客体：国家海关监管制度。国家设立海关对所有的进出口的货物、物品实施监督管理，征收关税。走私行为破坏了刑法所要保护的国家海关监管制度。

本罪的犯罪对象：除了《刑法》第 151 条、第 152 条、第 339 条、第 347 条、第 350 条规定的特定物品以外的其他货物、物品。前述法条中的特定的货物、物品对象包括：武器、弹药、核材料、假币、文物、黄金、白银和其他贵重金属、国家禁止进出口的珍贵动物及其制品、珍稀植物及其制品、淫秽物品、废物、毒品、制毒物品等，如走私成品油，构成犯罪的，应以走私普通货物罪定罪处罚。

2. 客观方面：违反海关法规，逃避海关，非法运输、携带、邮寄普通货物、物品进出国（边）境，偷逃应缴税额数额较大的行为。应当从以下三个方面对本罪的客观方面加以理解：

（1）违反海关法规。依据《海关法》《货物进出口管理条例》等法律法规，我国对一般货物、物品的进出口实行海关监管并征收关税。走私普通货物、物品违反上述法律规范。

（2）根据走私普通货物、物品罪行为方式的具体不同，本罪的走私行为包括以下方式：①绕关走私：未经国务院或国务院授权的部门批准，不经过设立海关的地点，非法运输、携带国家禁止或限制进出口的货物、物品或者依法应当缴纳关税的货物、物品进出国（边）境的。②通关走私：虽然通过设立海关的地点进出国（边）境，但采取隐匿、伪装、假报等欺骗手段，逃避海关监管、检查，非法盗运、偷带或者非法邮寄国家禁止或限制进出口的货物、物品或者依法应当缴纳关税的货物、物品的。除此之外我国《刑法》第154条规定了"变相走私"，包括：③未经海关许可并且未补缴应缴税额，擅自将批准进口的来料加工、来件装配、补偿贸易的原材料、零件、制成品、设备等保税货物，在境内销售牟利的，这里的"保税货物"，是指经海关批准，未办理纳税手续进境，在境内储存、加工、装配后应予复运出境的货物，包括通过加工贸易、补偿贸易等方式进口的货物，以及在保税仓库、保税工厂、保税区或者免税商店内等储存、加工、寄售的货物。"销售牟利"，是指行为人主观上为了牟取非法利益而擅自销售海关监管的保税货物、特定减免税货物。该种行为是否构成犯罪，应当根据偷逃的应缴税额是否达到《刑法》第153条及相关司法解释规定的数额标准予以认定。实际获利与否或者获利多少并不影响其定罪。④未经海关许可并且未补缴应缴税额，擅自将特定减税、免税进口的货物、物品，在境内销售牟利的。另外，《刑法》第155条还规定了"间接走私"的行为，包括：⑤直接向走私人非法收购国家禁止进口物品的，或者直接向走私人非法收购走私进口的其他货物、物品，数额较大的。"直接向走私人非法收购走私进口的其他货物、物品"，是指明知是走私行为人而向其非法收购走私进口的其他货物、物品。如收购人直接向走私人购买走私的成品油，数额较大的，应以走私罪论处，但如果向非直接走私人购买走私的成品油的，根据其主观故意，分别依照洗钱罪或者掩饰、隐瞒犯罪所得、犯罪所得收益罪定罪处罚。⑥在内海、领海、界河、界湖运输、收购、贩卖国家禁止进出口物品的，或者运输、收购、贩卖国家限制进出口货物、物品，数额较大，没有合法证明的。根据司法解释的规定，这里的"内海"包括内河的入海口水域。

偷逃应缴税额较大或者一年内曾因走私被给予二次行政处罚后又走私

的，以本罪论处。按照司法解释的规定：偷逃应缴税额在 10 万元以上、不满 50 万元的，应当认定为偷逃应缴税额较大。这里的"应缴税额"，包括进出口货物、物品应当缴纳的进出口关税和进口环节海关代征税的税额。[①]同时，应缴税额以走私行为实施时的税则、税率、汇率和完税价格计算；多次走私的，以每次走私行为实施时的税则、税率、汇率和完税价格逐票计算；走私行为实施时间不能确定的，以案发时的税则、税率、汇率和完税价格计算。一年内曾因走私被给予二次行政处罚后"又走私"中的"一年内"，以因走私第一次受到行政处罚的生效之日与"又走私"行为实施之日的时间间隔计算确定；"被给予二次行政处罚"的走私行为，包括走私普通货物、物品以及其他货物、物品；"又走私"行为仅指走私普通货物、物品。

3. 犯罪主体：一般主体。既可以是自然人，也可以是单位。

4. 主观方面：故意，且只能是直接故意。在司法实践中，行为人实施本罪通常具有非法牟利的目的，但刑法并未规定非法牟利的目的是本罪的主观构成要素。

二、认定

（一）本罪与走私其他特定货物、物品犯罪的关系

本罪与走私其他特定货物、物品犯罪是法条竞合的关系。两者之间的区别在于：（1）犯罪对象不同。走私其他特定货物、物品罪的犯罪对象是法定的特定物品，比如武器、弹药、毒品等，而本罪的犯罪对象是这些特定货物、物品以外的普通货物、物品。（2）犯罪构成不同。本罪以偷逃应缴税额较大为构成要件，走私其他特定货物、物品犯罪在入罪方面，并未对偷逃应缴税额的数额做硬性要求。

（二）罪数形态

根据《刑法》第 156 条规定：与走私罪犯通谋，为其提供贷款、资金、账号、发票、证明，或者为其提供运输、保管、邮寄或者其他方便的，以

---

① 最高人民法院、最高人民检察院《关于办理走私刑事案件适用法律若干问题的解释》（2014 年 2 月 24 日最高人民法院审判委员会第 1608 次会议、2014 年 6 月 13 日最高人民检察院第十二届检察委员会第 23 次会议通过）。

走私罪的共犯论处。根据《刑法》第 157 条规定：武装掩护走私的，依照本法第 151 条第 1 款的规定从重处罚。

（三）既遂

本罪的既遂，最高人民法院、最高人民检察院《关于办理走私刑事案件适用法律若干问题的解释》第 23 条列举了三种情形：

（一）在海关监管现场被查获的；

（二）以虚假申报方式走私，申报行为实施完毕的；

（三）以保税货物或者特定减税、免税进口的货物、物品为对象走私，在境内销售的，或者申请核销行为实施完毕的。

三、处罚

根据《刑法》第 153 条的规定，犯本罪，根据情节轻重，分别依照下列规定处罚：

（一）走私货物、物品偷逃应缴税额较大或者一年内曾因走私被给予二次行政处罚后又走私的，处三年以下有期徒刑或者拘役，并处偷逃应缴税额一倍以上、五倍以下罚金。

（二）走私货物、物品偷逃应缴税额巨大或者有其他严重情节的，处三年以上十年以下有期徒刑，并处偷逃应缴税额一倍以上、五倍以下罚金。

（三）走私货物、物品偷逃应缴税额特别巨大或者有其他特别严重情节的，处十年以上有期徒刑或者无期徒刑，并处偷逃应缴税额一倍以上、五倍以下罚金或者没收财产。

单位犯前款罪的，对单位判处罚金，并对其直接负责的主管人员和其他直接责任人员，处三年以下有期徒刑或者拘役；情节严重的，处三年以上、十年以下有期徒刑；情节特别严重的，处十年以上有期徒刑。

对多次走私未经处理的，按照累计走私货物、物品的偷逃应缴税额处罚。

市场经济的有序进行，是社会主义各项建设事业的基础。而走私行为破坏国家海关的监管制度，严重扰乱市场秩序，破坏国家的宏观调控和市场管理，因此，严厉打击走私违法犯罪，才能共建和谐稳定的社会环境，才能保证我国社会主义经济秩序的正常发展。

第三节　非国家工作人员受贿罪

受贿并非只有国家工作人员才可能涉及犯罪问题。公司、企业或者其他单位的工作人员，符合法定条件也成立犯罪。

一、非国家工作人员受贿罪的概念与构成特征

（一）概念

非国家工作人员受贿罪，是指公司、企业或者其他单位的工作人员，利用职务上的便利，索取他人财物或者非法收受他人财物，为他人谋取利益，数额较大的行为。

（二）犯罪构成

1. 犯罪客体：公司、企业或者其他单位的正常管理秩序和工作人员的职务廉洁性。本罪的对象是财物。

2. 犯罪客观方面是利用职务之便，索取他人财物或者非法收受他人财物，为他人谋取利益，数额较大的行为。构成本罪，要注意以下几方面：

（1）利用了职务上的便利。公司、企业或者其他单位的工作人员利用了自己的职务行为便利，自己在本单位主管、负责、参与某项职务等职权范围内的便利。

（2）索取或者非法收受他人财物。索取，是主动向他人索要财物，可以是明示，也可以是暗示。收受是接受他人主动送来的财物。

（3）为他人谋取利益。为他人谋取利益是行为人利用职务上的便利，主动或应要求为他人谋取某种利益。可以是承诺、实行、完成为他人谋取利益，不区分是合法利益还是非法利益。

（4）本罪在构成上有数额要求，必须达到数额较大的程度。最高人民检察院、公安部《关于公安机关管辖的刑事案件立案追诉标准的规定（二）》规定，数额在3万元以上的，应予立案追诉。①

---

① 最高人民法院、最高人民检察院《关于办理贪污贿赂刑事案件适用法律若干问题的解释》（自2016年4月18日起实施），本罪的数额较大的标准为6万元以上、100万元以下。

另外，注意公司、企业或者其他单位的工作人员在经济往来中，利用职务上的便利，违反国家规定，收受各种名义的回扣、手续费，归个人所有的，以非国家工作人员受贿论。

3. 犯罪主体：特殊主体，是公司、企业、其他单位的工作人员。此处公司、企业或者其他单位的工作人员，包括国有公司、企业以及其他国有单位中的非国家工作人员。"其他单位"，既包括事业单位、社会团体、村民委员会、居民委员会、村民小组等常设性的组织，也包括为组织体育赛事、文艺演出或者其他正当活动而成立的组委会、筹委会、工程承包队等非常设性的组织。①

4. 犯罪主观方面：故意且具有为他人谋取利益的目的。

二、非国家工作人员受贿罪的认定

（一）罪与非罪的界限

1. 须达到数额较大的程度，才构成本罪。如果数额不大，就不能以犯罪论处。

2. 正确区分本罪与礼尚往来之间的界限：（1）礼尚往来往往数额有限，本罪要求数额较大；（2）礼尚往来是双向行为，本罪是单向行为；（3）礼尚往来是正常的社会生活现象，本罪是权钱交易。

（二）非国家工作人员受贿罪和受贿罪的界限

1. 犯罪主体：两罪区别的关键是，受贿罪的主体是国家工作人员，非国家工作人员受贿罪的主体包含了（非国有）公司、企业和其他单位的工作人员。

2. 犯罪客观方面：国家工作人员只要索贿就构成受贿罪，但是如果被动收受他人财物，还需要为他人谋取利益才构成受贿罪；非国家工作人员受贿罪在索贿和收受贿赂行为模式下，都需要为他人谋取利益。

三、处罚

《刑法》第 163 条规定，犯本罪数额较大的，处三年以下有期徒刑或者

---

① 最高人民法院、最高人民检察院《关于办理商业贿赂刑事案件适用法律若干问题的意见》，2008 年 11 月 20 日发布。

拘役；数额巨大或者有其他严重情节的，处三年以上、十年以下有期徒刑；数额特别巨大或者有其他特别严重情节的，处十年以上有期徒刑或者无期徒刑，并处罚金。

《刑法修正案（十一）》对本条做修改，一是提高了本条规定的非国家工作人员受贿罪的法定刑，将法定最高刑规定为无期徒刑，同时增加罚金刑，二是将刑罚档次分为数额较大、数额特别巨大或者有其他严重情节的、数额特别巨大或者有其他特别严重情节的，实现罪责刑相适应。

法治是最好的营商环境，应依法惩治非国家工作人员的腐败，营造和弘扬崇尚廉洁、抵制腐败的良好社会风尚。

第四节　信用卡诈骗罪

近些年来，随着我国经济的发展，信用卡的使用越来越广泛，信用卡的出现，给人们的生活带来了极大的便捷，让人们出门不带钱，甚至在卡内没有钱的情况下也能消费。但随之而来也产生了一些负面问题，由此引发的信用卡诈骗犯罪也变得多了起来。

一、概念和构成特征

（一）概念

以非法占有为目的，违反信用卡管理法规，利用信用卡进行诈骗活动，骗取财物数额较大的行为。

什么是刑法意义上的信用卡呢？根据立法解释做出的规定：刑法规定的"信用卡"是由商业银行或者其他金融机构发行的具有消费支付、信用贷款、转账结算、存取现金等全部功能或者部分功能的电子支付卡。[①] 由此可见，本罪中所指的信用卡既包括贷记卡，也包括借记卡。大家需要注意：这是一种扩大解释，和我们日常生活中所使用的信用卡的含义和范围有所不同。

---

① 全国人民代表大会常务委员会《关于〈中华人民共和国刑法〉有关信用卡规定的解释》（2004年12月29日第十届全国人民代表大会常务委员会第十三次会议通过）。

1. 客观方面：使用信用卡进行诈骗活动，骗取数额较大的财物。具体包括以下四种行为：

（1）使用伪造的信用卡，或者使用以虚假的身份证明骗领的信用卡的行为。这是信用卡诈骗罪的重要表现形式。伪造信用卡主要有两种行为表现，一是完全模仿真实信用卡的质地、模式、版块、图样以及磁条密码等非法制造信用卡；二是在真实信用卡的基础上进行伪造，如在空白信用卡上输入其他用户的真实信息进行复制，或者在空白卡上输入虚假信息等。另外，还有一些行为也属于伪造信用卡，如在原有信用卡上涂改、变造等。行为人必须有使用伪造的信用卡的行为，才构成本罪。所谓"使用"，是指利用信用卡的法定功能进行支付、消费、结算等行为。使用伪造的信用卡，可以是行为人自己伪造后使用，也可以是明知是他人伪造的信用卡而使用，如果行为人将伪造的信用卡出售或者单纯伪造信用卡而没有使用的，应按照伪造、变造金融票证罪定罪处罚。

使用以虚假的身份证明骗领的信用卡的行为包括：①使用伪造、变造的身份证明申领信用卡；②违背他人意愿，使用其居民身份证、军官证、士兵证、港澳居民往来内地通行证、台湾居民来往大陆通行证、护照等身份证明申领信用卡的。

（2）使用作废信用卡的行为。作废的信用卡是指因法定原因而失去效用的信用卡。根据信用卡章程，可以导致信用卡作废的原因一般有以下几种情形：①信用卡超过有效期限而自动失效；②持卡人在有效期内停止使用交回原发卡银行而失效；③因信用卡挂失而失效。无论是持卡人还是非持卡人，明知是上述已经作废的信用卡而使用的，均以本罪论处。

（3）冒用他人信用卡的行为。信用卡必须由持卡人本人使用是信用卡管理的国际性规则，根据这项规则，信用卡的使用权仅限于持卡人本人，不得转借或转让。所谓"冒用他人的信用卡"是指，非持卡人未经持卡人同意或者授权，擅自以持卡人的名义使用信用卡，进行信用卡业务内的购物、消费、提取现金等诈骗行为。大家注意：冒用他人的信用卡，行为人必须有非法占有的目的，如果行为人只是借用亲属、朋友的信用卡，虽然形式上也属于冒用，但因不具有非法占有的目的，因此不构成犯罪。

同时，冒用他人的信用卡仅指冒用他人的合法信用卡，而不包括伪造的、作废的信用卡。如果行为人明知是伪造或者作废的信用卡而冒用的，应属于使用伪造的或者作废的信用卡行为。

另外，冒用信用卡不仅限于"卡"冒用，也可以无卡冒用。如有的金融机构在互联网上设置了信用卡网上账户，信用卡用户可以进行电子商务并网上支付，网络金融结算系统为了保护用户信用卡信息的安全，给每一位用户的信用卡设置了特殊的密码，以防止信用卡信息被他人恶意窃取和使用。这种措施虽然增强了用户信用卡信息的保密性，但密码本身也可能被冒用或者被破译，行为人通过破解的密码，获得他人信用卡信息，进而占有他人财产，本质是冒充他人身份的诈骗行为。因此，冒用用户密码进行网上信用卡支付非法占有他人财产的，也应定为信用卡诈骗罪。

（4）恶意透支的行为。所谓透支，是指持卡人在发卡行账户上已经没有资金或者资金不足的情况下，根据发卡协议或者经银行批准，允许其超过现有资金额度支取现金或者持卡消费的行为。透支实质上是银行为客户提供的短期信贷，透支功能也是信用卡区别于其他金融凭证的最明显特征。

具体而言，透支可分为善意透支和恶意透支。善意透支可分为完全合法的善意透支和不当透支。完全合法的善意透支，指持卡人完全遵循信用卡章程和发卡约定，在约定或规定的额度、期限内行使透支权，并如期归还的行为。不当透支，是指持卡人违反了信用卡章程和发卡约定，超过约定或规定的额度、期限进行透支，但经发卡银行催收后及时归还或者自动归还的行为。完全合法的善意透支与不当透支的相同之处是行为人均没有非法占有的目的，其界限在于，是否遵守了信用卡章程和发卡约定。不当透支实质上是一种违约行为，应承担相应的民事责任。

恶意透支可分为一般违法性的恶意透支和犯罪性的恶意透支。一般违法性的恶意透支，是指行为人以非法占有为目的，故意违反信用卡章程与约定进行透支，逾期不还，但诈骗金额较小的行为。一般违法性的恶意透支是行政违法行为，应承担相应的行政责任和民事责任，由于其社会危害性较小，不构成犯罪。

犯罪性的恶意透支，根据司法解释的规定，是持卡人以非法占有为目的，超过规定限额或者规定期限透支，经发卡银行两次有效催收后超过三

个月仍不归还的行为。如果具有下列情形的，可以认定为恶意透支中的
"以非法占有为目的"：如明知没有还款能力而大量透支，无法归还的行为；
使用虚假资信证明申领信用卡后透支，无法归还的；透支后通过逃匿、改
变联系方式等手段，逃避银行催收的；抽逃、转移资金，隐匿财产，逃避
还款的；使用透支的资金进行犯罪活动的；其他非法占有资金，拒不归还
的情形。① 但同时也需要注意，有证据证明持卡人确实不具有非法占有目的
的除外。

按照司法解释规定，"有效催收"是指催收同时符合下列条件的：
（一）在透支超过规定限额或者规定期限后进行；（二）催收应当采用能够
确认持卡人收悉的方式，但持卡人故意逃避催收的除外；（三）两次催收至
少间隔三十日；（四）符合催收的有关规定或者约定。② 对于是否属于有效
催收，应当根据发卡银行提供的电话录音、信息送达记录、信函送达回执、
电子邮件送达记录、持卡人或者其家属签字以及其他催收原始证据材料做
出判断。

二、本罪的入罪标准

根据规定，前三种信用卡诈骗活动，入罪是诈骗数额在 5000 元以上
的行为。恶意透支，数额 5 万元以上的行为，均应予以追诉。而在对透支
数额的认定上，应注意，恶意透支的数额，是指公安机关刑事立案时尚未
归还的实际透支的本金数额，不包括利息、复利、滞纳金、手续费等发卡
银行收取的费用。归还或者支付的数额，应当认定为归还实际透支的本金
数额。

在日常生活中，应正确认识信用卡功能，合理使用信用卡，树立"量
力而为"的科学消费观念，理性消费、适度透支。

---

① 最高人民法院、最高人民检察院《关于修改〈关于办理妨害信用卡管理刑事案件具体应
用法律若干问题的解释〉的决定》（2018 年 7 月 30 日由最高人民法院审判委员会第 1745 次会议、
2018 年 10 月 19 日由最高人民检察院第十三届检察委员会第七次会议通过，自 2018 年 12 月 1 日
起施行）。

② 同上。

（二）与使用微信、支付宝等绑定信用卡相关的犯罪行为的界定

近年来，手机支付宝、微信等电子支付方式在日常交易中被广泛使用，而侵入他人支付账户转移钱款的案件也随之增多，由于第三方支付不同于传统支付模式，在不同领域内存在迥异的交易结构和法律关系，涉第三方支付平台财产犯罪的认定成为新近不断涌现的司法难题，分歧较大，定性上存在争议。

三、处罚

《刑法》第 196 条规定，信用卡诈骗罪的处罚，按照数额较大、数额巨大或者有其他严重情节、数额特别巨大或者有其他特别严重情节这三个量刑情节确定本罪的法定刑。

数额较大的，处五年以下有期徒刑或者拘役，并处 2 万元以上、20 万元以下罚金；数额巨大或者有其他严重情节的，处五年以上、十年以下有期徒刑，并处 5 万元以上、50 万元以下罚金；数额特别巨大或者有其他特别严重情节的，处十年以上有期徒刑或者无期徒刑，并处 5 万元以上、50 万元以下罚金或者没收财产。

第五节　保险诈骗罪

该罪属于刑法分则金融诈骗罪中的一个罪名。保险业关系着金融体系的健康发展，与区域经济、人民生活息息相关。近年来，保险诈骗犯罪行为不仅损害了投保人和被保险人的权益，更是损害了保险的基本功能，破坏了国家的金融秩序，严重制约保险的健康有序发展，影响社会和谐稳定。

一、概念和构成特征

（一）概念

以非法占有为目的，利用虚假的保险事实进行诈骗活动，骗取保险金，数额较大的行为。

（二）犯罪构成

1. 犯罪客体：双重客体，既侵犯了保险公司的财产所有权，又侵犯了国家的保险制度。保险，是指投保人根据合同约定，向保险人（即保险公司）支付保险费，保险人对于合同约定的可能发生的事故因其发生所造成的财产损失承担赔偿保险金责任，或者当被保险人死亡、伤残、疾病或者达到合同约定的年龄、期限时承担给付保险金责任的商业保险行为。保险制度是为了确保经济生活的安定，对特定危险事故的发生所导致的损失，运用社会和集体的力量共同建立基金以补偿或给付的经济制度，它具有共济互助和经济补偿性质，是一种个人危险的社会分散化。在现代社会，保险制度已成为一种越来越重要的社会保障制度，它对于保证企业的正常生产经营，保障个人的生活安定，减少社会财富损失都具有重要意义。同时，保险业务也成为积聚建设资金、发展国民经济的一个重要渠道。因此，保证保险制度不受侵犯，促进国民经济的持续发展和人民生活的安全成为法律保护的一项重要任务。犯罪分子利用欺骗手段获取保险金的行为，不仅侵犯了保险公司的财产所有权，更侵犯了国家的保险制度，干扰了保险业务的正常发展。

2. 客观方面：保险诈骗罪在客观方面上表现为下述五种情形。

①投保人故意虚构保险标的，骗取保险金。这种情形是指投保人为获取保险金，故意使用虚假的证明材料或虚构事实编造保险标的，发生保险事故后非法获取保险金的行为。所谓保险标的，是指作为保险对象的财产及其有关利益或者人的寿命和身体。

②投保人、被保险人或者受益人对发生保险事故编造虚假的原因或者夸大损失的程度，骗取保险金。所谓保险事故，是指保险合同约定的保险责任范围内的事故。根据《保险法》的规定，保险事故发生后，依照保险合同请求给付保险金时，投保人、被保险人或者受益人应当向保险人提供其所能提供的与确认保险事故的性质、原因、损失程度等有关的证明和资料。保险人只对保险责任范围内的保险事故承担赔偿责任或给付保险金。对于不属于保险责任范围的保险事故，行为人编造发生事故的虚假原因以骗取保险金，或者虽属保险责任范围的保险事故，但行为人伪造证据或夸大损失程度以扩大受益金额的，都属于诈骗保险金的行为。这里所谓对发

生保险事故编造虚假的原因，主要是指投保人、被保险人或者受益人为了骗取保险金，在发生保险事故后，对造成保险事故的原因做虚假的陈述或者隐瞒真实情况的行为。

应当明确的是，该项规定的"对发生保险事故编造虚假的原因或者夸大损失的程度"是两种行为，行为人只要实施了其中的一种行为，就构成犯罪，应当依照本罪追究刑事责任。

③投保人、被保险人或者受益人编造未曾发生的保险事故，骗取保险金。保险事故，是投保人、被保险人或受益人能向保险人提出索赔以及保险人依合同约定的责任进行赔偿的前提条件。如果没有发生合同约定的保险事故，就不能借此索赔，否则以谎称保险事故发生而取得赔偿的，即属于保险欺诈行为。所谓编造未曾发生的保险事故，是指保险事故在实际没有发生的情况下，采取虚构、捏造事实的方法，欺骗保险人，谎称保险事故已发生而骗取保险金的行为，比如，某辆参加保险的汽车，在车库爆炸失火时被及时转移并未损坏，却谎称已被爆炸完全毁坏而骗取保险金的，就是这种编造保险事故发生而骗取保险金的行为。

④投保人、被保险人故意造成财产损失的保险事故，骗取保险金。显然，这项犯罪行为只限于财产保险活动中。根据《保险法》规定，投保人、被保险人或者受益人故意制造保险事故的，保险人不承担赔偿或者给付保险金的责任。作为一种经济补偿的法律制度的保险，其意旨是为了抗御并防范灾害。保险人进行保险经营，就是为了避免各种各样的自然灾害与意外事故的发生或少发生，即使发生了，也要尽量抑制其蔓延而造成损失的扩大。如果本来没有发生保险事故，却通过人为的故意办法而加以制造，致使财物遭受损失，无疑是一种为法律所禁止的不法行为，构成犯罪的，应依法追究其有关的刑事责任。倘若又借此向保险人索赔而骗取保险金，显然又与保险制度的本质与宗旨相悖，因而亦为保险法律制度所不容。所谓故意造成财产损失的保险事故，是指在保险合同的有效期限内、故意造成使保险标的出险的保险事故，致使保险财产损失，从而骗取保险金的行为。比如本是因为自己违章导致翻车，但是为索取保险金，使用炸药使车辆彻底毁损并谎称是他人炸毁而骗取保险金的，就是这种

犯罪行为。

⑤投保人、受益人故意造成被保险人死亡、伤残或者疾病，骗取保险金。所谓故意造成被保险人死亡、伤残或者疾病，骗取保险金，是指投保人、受益人采取杀害、伤害、爆炸、放火以及其他方法故意制造人身保险事故，致使被保险人死亡、伤害或疾病，骗取保险金的行为。

结合实际情况来看，行为人为了骗保，有时会实施其他犯罪行为，比如杀人、伤害等，对于同时触及其他罪名的，《刑法》第198条第2款明确规定，有前款第4项、第5项所列行为，同时构成其他犯罪的，依照数罪并罚的规定处罚。

3. 犯罪主体：特殊主体，投保人、被保险人、受益人。这里的投保人、被保险人、受益人既可以是具备刑事责任能力、达到刑事责任年龄的自然人，也可以是单位。所谓投保人，是指与保险人订立保险合同，并按照保险合同负有支付保险费义务的人；被保险人，是指其财产或者人身受保险合同保障，享有保险金请求权的人，投保人可以成为被保险人；受益人，是指人身保险合同中由被保险人或者投保人指定的享有保险金请求权的人。投保人、被保险人可以成为受益人。另外，单位也可构成本罪，因为单位也可成为投保人、被保险人、受益人。

4. 主观方面：故意，并且具有非法占有保险金的目的。如果行为人出于过失行为而引起保险事故发生，或因认识错误而认为发生实际未发生的保险事故，或计算错误而多报了事故损失等，并因此获取了保险金的，均不构成犯罪。至于本罪的故意，既可以产生于投保前，也可以产生于投保后；既可以产生在保险事故发生前，还可以产生在保险事故发生后。犯罪故意产生的时间先后不影响本罪的定性，但在量刑时可以作为情节适当予以考虑。

二、认定

（一）罪与非罪

《刑法》第198条规定，进行保险诈骗活动，数额较大的，构成本罪。2022年的《关于公安机关管辖的刑事案件立案追诉标准的规定（二）》明确规定，本罪的诈骗数额在5万元以上的，应予立案追诉。

（二）保险诈骗罪共犯的认定

保险事故的鉴定人、证明人、财产评估人故意提供虚假证明文件，为他人诈骗提供条件的，以保险诈骗的共犯论处。

（三）保险诈骗罪的罪数认定

投保人、被保险人故意造成财产损失的保险事故，骗取保险金的或者投保人、受益人故意造成被保险人死亡、伤残或者疾病，骗取保险金的，这两种情形下，同时构成其他犯罪的，依照数罪并罚的规定处罚。

（四）此罪与彼罪：保险公司工作人员进行保险诈骗行为的定性

保险公司工作人员进行保险诈骗行为的性质认定，一是从保险公司的性质上区分，二是是否利用职务上的便利。

保险公司的工作人员利用职务上的便利，故意编造未曾发生的保险事故进行虚假理赔，骗取保险金归自己所有的，依照本法第271条规定的职务侵占罪定罪处罚。国有保险公司工作人员和国有保险公司委派到非国有保险公司从事公务的人员有前款行为的，依照本法第382条以贪污罪定罪处罚。

保险公司工作人员与投保人、被保险人或受益人共同实施保险诈骗行为的，如果没有利用职务上的便利，则构成保险诈骗罪的共犯；如果有利用职务上的便利，则构成保险诈骗罪和职务侵占罪或贪污罪的想象竞合犯，按照从一重处理。

三、处罚

《刑法》第198条规定，本罪的法定刑按照数额较大、数额巨大或者有其他严重情节的、数额特别巨大或者有其他特别严重情节分别设置。

数额较大的，处五年以下有期徒刑或者拘役，并处1万元以上、10万元以下罚金；数额巨大或者有其他严重情节的，处五年以上、十年以下有期徒刑，并处2万元以上、20万元以下罚金；数额特别巨大或者有其他特别严重情节的，处十年以上有期徒刑，并处2万元以上、20万元以下罚金或者没收财产。

近年来，保险诈骗手段层出不穷，涉及领域多元。2022年，保险诈骗犯罪的追诉标准由原来的 1 万元提升至 5 万元，[①]入罪门槛变高。但是仍然要坚持目标导向，切实优化保险领域营商环境，统筹推进专项打击和保险诈骗违法犯罪综合整治。

第六节 逃税罪

逃税罪属于我国刑法分则危害税收征管罪中的一个罪名。近年来，逃税等危害税收征管的违法行为日益猖獗，从明星到网红，从商贩个体户到企业集团，逃税频频发生，逃税罪为打击危害税收政管犯罪提供了法律依据，有助于维护税收法治。

一、概念和构成特征

（一）概念

纳税人、扣缴义务人违反税收法律法规，逃避缴纳税款数额较大且达到应纳税额一定比例的行为。"逃避缴纳税款数额"，是指在确定的纳税期间，不缴或者少缴税务机关负责征收的各税种税款的总额。"应纳税额"，是指应税行为发生年度内依照税收法律、行政法规规定应当缴纳的税额，不包括海关代征的增值税、关税等及纳税人依法预缴的税额。[②]本条文原来的罪名是偷税罪，但我国在吸收借鉴国外有益经验和做法的基础上，考虑到打击逃税犯罪的主要目的是为了维护税收征管秩序，保证国家税收收入，同时有利于促使纳税义务人依法积极履行纳税义务，在 2009 年 2 月 28 日通过施行的《刑法修正案（七）》中对《刑法》第 201 条进行修正，最高人民法院、最高人民检察院《关于执行〈中华人民共

---

① 2022 年 4 月 29 日，最高人民检察院、公安部联合发布修订后的《关于公安机关管辖的刑事案件立案追诉标准的规定（二）》。

② 最高人民法院、最高人民检察院《关于办理危害税收征管刑事案件适用法律若干问题的解释》（法释〔2024〕4 号）（2024 年 1 月 8 日最高人民法院审判委员会第 1911 次会议、2024 年 2 月 22 日最高人民检察院第十四届检察委员会第 25 次会议通过，自 2024 年 3 月 20 日起施行）。

和国刑法〉确定罪名的补充规定（四）》取消了偷税罪罪名，将其修改为逃税罪。

（二）犯罪构成

1. 犯罪客体：国家的税收征收管理秩序。税收是一个国家重要的财政收入，违反税收征收管理制度不仅会造成国家税款的大量流失，也会严重危害国家的财政收入。

2. 客观方面：行为人采取欺骗、隐瞒手段进行虚假纳税申报或者不申报，不缴、少缴已扣、已收税款，逃税数额较大的行为。具体包括以下行为：

（1）采取欺骗、隐瞒手段进行虚假纳税申报。欺骗、隐瞒的表现方式多种多样，根据相关解释规定，可具体表现为以下方式：①伪造、变造、转移、隐匿、擅自销毁账簿、记账凭证或者其他涉税资料。账簿、记账凭证是原始的会计凭证，是真实的会计记录。注意：纳税人伪造、变造、转移、隐匿、擅自销毁的上述资料，必须是作为纳税依据的资料，包括影响税款金额计算的资料，如果行为人伪造等行为的对象是其他不影响纳税的资料，则不能作为本罪的欺骗、隐瞒手段。行为人通过伪造、变造、隐匿、擅自销毁等行为，使得税款的征收失去了直接和真实的依据，从而逃避缴纳税款。②以签订"阴阳合同"等形式隐匿或者以他人名义分解收入、财产的。此行为使得总收支不真实，隐瞒真实的应缴税额，达到逃避缴纳税款的义务。根据《个人所得税法》，我国对个人所得税采用超额累进税率，收入越高适用的税率越高。因而实践中有的纳税人为降低应适用税率，少缴税款，通过隐匿收入、财产，或者以他人名义将自己的财产、收入予以分解，企图以较低税率计征个人所得税，从而实现不缴、少缴税款的目的。为了堵塞法律适用漏洞，彰显司法机关鲜明的态度，明确将这种通过签订"阴阳合同"的手段隐匿收入、财产的行为，作为逃税形式之一予以规定。③虚列支出、虚抵进项税额或者虚报专项附加扣除的。注意，这里的"虚抵进项税额"，是以不构成虚开增值税专用发票罪为前提的。④提供虚假材料，骗取税收优惠的。如虚报专项附加扣除，伪造安置残疾人就业材料骗取税收优惠等。⑤编造虚假计税依据的。此处单列主要为应对执法、司法实践中可能出现的新型逃税手段。⑥为不缴、少缴税款而采取的其他欺骗、隐瞒手段。①此处是虚假纳税申报欺骗、隐瞒手段的兜底性规定。注意，适用兜底性规定的行为类型，必须是为了"不缴、少缴税款"。

（2）不申报。行为人主观上明知应申报纳税而故意不申报。具有下列情形之一的，应当认定为"不申报"：①依法在登记机关办理设立登记的纳税人，发生应税行为而不申报纳税的。②依法不需要在登记机关办理设立登记或者未依法办理设立登记的纳税人，发生应税行为，经税务机关依法通知其申报而不申报纳税的。此两种情形，都是纳税人在发生应税行为后，主观上明知负有纳税义务而不申报纳税。③其他明知应当依法申报纳税而不申报纳税的。

注意，扣缴义务人采取上述（1）（2）所列手段，不缴或者少缴已扣、已收税款，数额较大的，按照逃税罪追究刑事责任。为防止扣缴义务人与纳税人就应纳税款是否已扣而相互推诿，明确规定"扣缴义务人承诺为纳税人代付税款，在其向纳税人支付税后所得时，应当认定扣缴义务人'已扣、已收税款'"。这里的"承诺"只要有证据证明有此承诺即可，不再要求是"书面承诺"，将"向纳税人支付税后所得时"视为已扣、已收税款。

3. 犯罪主体：特殊主体，纳税人和扣缴义务人。其中，纳税人和扣缴义务人既包括自然人，也包括单位。

（1）所谓纳税人，是指法律、行政法规规定负有纳税义务的单位和个人。纳税义务是根据宪法和法律规定，强制、无偿地要求公民向国家缴纳一定税款的义务，是界定纳税人的核心，行为人不履行纳税义务是构成逃税罪的前提，其产生的法律后果应当由纳税人承担。

（2）扣缴义务人是指法律、行政法规规定负有代扣代缴、代收代缴税款义务的单位和个人。这里的扣缴义务可以分两个行为：代扣代缴和代收代缴。所谓代扣代缴，是依照税法规定负有代扣代缴义务的单位和个人，从纳税人持有的收入中扣取应纳税款并向税务机关解缴的一种纳税方式。扣缴义务人包括：①向纳税人支付收入的单位和个人；②为纳税人办理汇

---

① 最高人民法院、最高人民检察院《关于办理危害税收征管刑事案件适用法律若干问题的解释》（法释〔2024〕4号）（2024年1月8日最高人民法院审判委员会第1911次会议、2024年2月22日最高人民检察院第十四届检察委员会第25次会议通过，自2024年3月20日起施行）。

总存贷业务的单位。而代收代缴，是指按照税法规定，负有收缴税款的法定义务人，负责对纳税人应纳的税款进行代收代缴。

4. 主观方面：故意。故意可以分为直接故意和间接故意。本罪的主观方面应为直接故意，即行为人明知自己有缴纳税款的义务，为了逃避该义务而采取欺骗、隐瞒手段，并获得非法利益。如果行为人只是过失，没有逃避缴纳税款的直接故意，只是由于不熟悉税法，以及不了解纳税申报方式而未能及时申报纳税，或者由于内部人员调动、管理不善而导致漏税、少缴税款的行为，则不构成逃税罪。

二、认定

认定本罪需要注意以下问题：

（一）一般逃税违法行为与逃税罪的区分

根据《中华人民共和国税收征收管理法》第 63 条的规定："纳税人伪造、变造、隐匿、擅自销毁帐簿、记账凭证，或者在帐簿上多列支出或者不列、少列收入，或者经税务机关通知申报而拒不申报或者进行虚假的纳税申报，不缴或者少缴应纳税款的，是偷税。对纳税人偷税的，由税务机关追缴其不缴或者少缴的税款、滞纳金，并处不缴或者少缴的税款百分之五十以上五倍以下的罚款；构成犯罪的，依法追究刑事责任。"本条是对一般逃税违法行为最为直接的规定，一般逃税违法行为与逃税罪在客观上表现基本相同，其主要的区别在于逃避税款的数额和情节。认定的标准为：（1）逃税缴纳税款数额较大并且占应纳税额的 10% 以上。这里的"数额较大"，按照规定，对于纳税人而言，是指数额在 10 万元以上并且占应纳税额 10% 以上；对于扣缴义务人而言，是指逃税数额在 10 万元以上。如果行为人逃税的数额没有达到较大的标准，或未达到应纳税额的 10% 以上，应当按一般逃税违法行为处理，由税务机关进行处罚，否则构成逃税罪。（2）《刑法》第 201 条第 4 款规定："有第一款行为，经税务机关依法下达追缴通知后，补缴应纳税款，缴纳滞纳金，已受行政处罚的，不予追究刑事责任；但是，五年内因逃避缴纳税款受过刑事处罚或者被税务机关给予二次以上行政处罚的除外。"可见，对于符合逃税罪的犯罪标准，但有以上情节行为的，也按一般逃税违法行为处理，不予追究其刑事责任。

（二）漏税行为与逃税罪区分

漏税行为是指由于行为人不熟悉税法规定和财务制度，或者由于工作粗心大意等原因，漏报、少报税款的行为。

漏税行为与逃税罪有以下方面的区别：

1. 行为方式不同：漏税行为表现为由于过失漏报、少报税款的行为，而逃税罪表现为故意采取欺骗、隐瞒手段进行虚假纳税申报或者不申报。

2. 行为后果不同：对漏税者，税务机关应当令其限期照章补缴所漏税款，逾期未缴的，从漏税之日起，按日加收一定的滞纳金。而逃税行为达到一定的数额，就可能构成逃税罪，应当承担刑事责任。

（三）走私犯罪与逃税罪的区分

两罪的主要区别是：

1. 侵犯的客体不同。逃税罪侵犯的客体是国家税收征管制度，而走私罪虽然也侵犯了国家税收征管制度，但主要侵犯的还是海关监管制度。

2. 客观方面不同。如前面我们分析的：逃税罪的客观方面表现为行为人采取欺骗、隐瞒手段进行虚假纳税申报或者不申报，或者不缴、少缴已扣、已收税款，逃税数额较大的行为；而走私罪主要表现为逃避海关监管，偷逃应缴税额的行为。

三、处罚

（一）处罚标准

关于逃税罪的处罚标准，需要先明确"逃避缴纳税款数额占应纳税额的百分比"的界定。它是指行为人在一个纳税年度中的各税种逃税总额与该纳税年度应纳税总额的比例；不按纳税年度确定纳税期的，按照最后一次逃税行为发生之日前一年中各税种逃税总额与该年应纳税总额的比例确定。纳税义务存续期间不足一个纳税年度的，按照各税种逃税总额与实际发生纳税义务期间应纳税总额的比例确定。逃税行为跨越若干个纳税年度，只要其中一个纳税年度的逃税数额及百分比达到《刑法》第201条第1款规定的标准，即构成逃税罪。各纳税年度的逃税数额应当累计计算，逃税额占应纳税额的百分比应当按照各逃税年度百分比的最高值确定。另外，对多次实施《刑法》第201条前两款行为，未经处理的，按照累计数额计算。"未经处理"，包括未经行政处理和刑事处理。

根据《刑法》第201条的规定，犯本罪，根据情节轻重，分别依照下列规定处罚：

1. 纳税人采取欺骗、隐瞒手段进行虚假纳税申报或不申报，逃避缴纳税款，数额较大并且占应纳税额10%以上，构成逃税罪的，处三年以下有期徒刑或者拘役，并处罚金。此处的数额较大是指逃税数额在10万元以上、不满50万元。

2. 纳税人五年内因逃避缴纳税款受过刑事处罚或被税务机关给予二次以上行政处罚，又逃避缴纳税款，数额在10万元以上、不满50万元并且占各税种应纳税总额10%以上的，构成逃税罪的，处三年以下有期徒刑或者拘役，并处罚金。

3. 数额巨大并且占应纳税额30%以上的，处三年以上、七年以下有期徒刑，并处罚金。同时，扣缴义务人采取前款所列手段，不缴或者少缴已扣、已收税款，数额较大的，依照前款的规定处罚。对多次实施前两款行为，未经处理的，按照累计数额计算。"数额巨大"，是指逃税数额50万元以上。

（二）不追究刑事责任及例外

《刑法》第201条第4款明确规定了不追究刑事责任的情形及其例外。纳税人采取欺骗、隐瞒手段进行虚假纳税申报或者不申报，逃避缴纳税款数额较大并且占应纳税额10%以上的，经税务机关依法下达追缴通知后，补缴应纳税款，缴纳滞纳金，已受行政处罚的，不予追究刑事责任。在实践适用时，根据2024年3月20日起施行的最高人民法院、最高人民检察院《关于办理危害税收征管刑事案件适用法律若干问题的解释》，逃避缴纳税款行为不追究刑事责任，必须同时符合三个条件：一是必须在公安机关立案前；二是必须在税务机关下达追缴通知后规定期限内足额补缴应纳税款，缴纳滞纳金；此处的"规定期限"除了税收征管法规定的期限，还包括税务机关根据法律规定批准纳税人延缓、分期缴纳税款的期限。补缴的损失，不仅包括税款本金，还包括滞纳金；补缴的数额必须是全额，而不是部分。三是，纳税人全部履行税务机关做出的行政处罚义务。上述三个条件缺一不可。

例外情形是五年内因逃避缴纳税款受过刑事处罚或者被税务机关给予

二次以上行政处罚的除外。"五年内"，应为实施本次依法应当追究刑事责任的逃税行为之前五年。"二次以上行政处罚"，当然是不包括本次在内的行政处罚。

（四）行政处理前置

关于本罪行政处理前置的规定，需要明确纳税人有逃避缴纳税款行为，税务机关没有依法下达追缴通知的，依法不予追究刑事责任。即对于逃税行为，应当以税务机关先行行政处理为前提，不能不经税务机关行政处理而直接进入刑事诉讼程序。也就是说，对逃税犯罪案件追究刑事责任，必须先经税务机关行政处理。

税收取之于民，用之于民。在我国，国家利益、集体利益、个人利益在根本上是一致的。惩治涉税犯罪，目的不是打击，更多的是促进加强税收监管，促进纳税人自觉维护税收秩序和保障国家财政收入。国家的兴旺发达、繁荣富强与每个公民息息相关；而国家各项职能的实现，必须以社会各界缴纳的税收为物质基础。因而，应自觉纳税，履行法律规定的基本义务，维护国家的根本利益。

第七节　侵犯商业秘密罪

假冒注册商标罪是侵犯知识产权罪中的一个罪名，在传统民生领域如香烟、白酒、食品保健品、日化用品等案件较为多发。近年来，也有向新兴行业领域如翻新电子产品蔓延的情况。

一、假冒注册商标罪的概念与构成特征

（一）概念

假冒注册商标罪是行为人违反国家商标管理法规，未经注册商标所有人许可，在同一种商品、服务上使用与其注册商标相同的商标，情节严重的行为。规定在《刑法》第213条。

（二）构成特征

1. 本罪犯罪客体是复杂客体，商标管理制度和权利人的商标权。犯罪对象是注册商标。《商标法》规定，经商标局核准注册的商标为注册商标，

包括商品商标、服务商标和集体商标、证明商标；商标注册人享有商标专用权，受法律保护。也就是说本罪侵犯的是他人已经注册的商标。

2. 犯罪客观方面表现为，未经注册商标所有人许可，在同一种商品、服务上使用与其注册商标相同的商标，情节严重的行为。理解时注意：（1）未经注册商标所有人许可，使用他人已经注册的商标。此处的使用是指将注册商标或者假冒的注册商标用于商品、商品包装或者容器以及产品说明书、商品交易文书，或者将注册商标或者假冒的注册商标用于广告宣传、展览以及其他商业活动等行为。①（2）在同一种商品、服务上使用与其注册商标相同的商标。与注册商标相同的商标，是指有下列情形之一：①改变注册商标的字体、字母大小写或者文字横竖排列，与注册商标之间基本无差别的；②改变注册商标的文字、字母、数字等之间的间距，与注册商标之间基本无差别的；③改变注册商标颜色，不影响体现注册商标显著特征的；④在注册商标上仅增加商品通用名称、型号等缺乏显著特征要素，不影响体现注册商标显著特征的；⑤与立体注册商标的三维标志及平面要素基本无差别的；⑥其他与注册商标基本无差别、足以对公众产生误导的商标。②（3）情节严重的行为。有下列三种情形之一，属于情节严重：①非法经营数额在5万元以上或者违法所得数额在3万元以上的；②假冒两种以上注册商标，非法经营数额在3万元以上或者违法所得数额在2万元以上的；③其他情节严重的情形。

3. 犯罪主体：一般主体，包括自然人和单位。

4. 犯罪主观方面：故意，明知是假冒注册商标的行为而有意实施，且具有营利目的。

二、认定

主要是假冒注册商标罪与生产、销售伪劣产品罪的界限。行为人既生

---

① 最高人民法院、最高人民检察院《关于办理侵犯知识产权刑事案件具体应用法律若干问题的解释》，2004年12月22日起施行。

② 最高人民法院、最高人民检察院《关于办理侵犯知识产权刑事案件具体应用法律若干问题的解释（三）》，自2020年9月14日起施行。

产、销售伪劣产品涉嫌犯罪，同时又在伪劣产品上使用假冒注册商标涉嫌犯罪的，生产、销售伪劣商品犯罪，属牵连犯，依照处罚较重的规定定罪处罚。

三、处罚

《刑法》第 213 条规定，犯本罪，情节严重的，处三年以下有期徒刑，并处或者单处罚金；情节特别严重的，处三年以上、十年以下有期徒刑，并处罚金。情节严重详见犯罪构成。情节特别严重指的是下列情形之一：①非法经营数额在 25 万元以上或者违法所得数额在 15 万元以上的；②假冒两种以上注册商标，非法经营数额在 15 万元以上或者违法所得数额在 10 万元以上的；③其他情节特别严重的情形。

假冒注册商标，破坏市场竞争秩序，社会危害性较大。要牢固树立合规意识，公平公正参与市场竞争。

第八节　非法经营罪

非法经营罪属于我国刑法分则扰乱市场秩序罪中的一个罪名。随着我国市场经济的迅猛发展，市场主体大幅增加，经营行为日益繁多，与此同时，产生了许多扰乱市场秩序的非法经营的犯罪行为，严重影响了我国社会主义市场经济秩序的稳定和健康发展，侵害了市场经营者和广大消费者的合法权益。如何有效打击非法经营犯罪行为，保证公平竞争的市场秩序，是我国当前面临的重要课题。

一、概念和构成特征

（一）概念

非法经营罪是违反国家的法律、法规，非法进行经营活动，扰乱市场秩序，情节严重的行为。

（二）犯罪构成

1. 犯罪客体：国家对市场的管理秩序。为了维护正常的市场秩序，充分发挥政府对市场经济活动的调节作用，国家通过一系列法律、法规来规范市场的运营机制，非法经营的行为侵犯了国家对市场的管理秩序。

2. 客观方面：行为人违反国家的法律、法规，非法进行经营活动，扰乱市场秩序，情节严重的行为。主要包括以下几种行为方式：

（1）未经许可，经营法律、行政法规规定的专营、专卖物品或者其他限制买卖的物品。比如行为人非法生产、批发、零售烟草制品，扰乱市场秩序，情节严重的，构成本罪。又比如，违反国家规定，未经许可经营兴奋剂目录所列物质，涉案物质属于法律、行政法规规定的限制买卖的物品，扰乱市场秩序，情节严重的，也应以非法经营罪定罪处罚。

（2）买卖进出口许可证、进出口原产地证明以及其他法律、行政法规规定的经营许可证或者批准文件的。进出口许可证，由国务院对外经济贸易管理部门及其授权机构签发，不仅是对外贸易经营者进行对外贸易活动的合法证明，也是国家对进出口货物、技术进行管理的一种重要凭证，如海关对进出口货物、技术查验放行时必须以此为依据。进出口原产地证明，是指用来证明进出口货物、技术原产地属于某国或某地区的有效凭证。其为进口国和地区视原产地不同征收差别关税和实施其他进口区别待遇的一种证明。所谓其他法律、行政法规规定的经营许可证或者批准文件，是指从事某些生产经营活动必须具备的经营许可证或者批准文件，比如从事森林采伐、矿产开采等行为许可证。经营许可证或者有关批准文件，是持有人进行该项经济活动合法性的有效凭证。没有则属于非法经营。一些不法分子本来没有经营国家限制买卖物品的资格，无法获取有关经营许可证件或者批准文件，便从他人处购买甚或伪造经营许可证或批准文件，企图逃避检查、制裁。由此，买卖许可经营证件及批准文件的不法行为也应运而生。此种行为，直接促使了情节严重的非法经营国家限制买卖物品的活动泛滥，具有相当大的危害性，因此，亦应以刑罚予以惩治。

（3）未经国家有关主管部门批准非法经营证券、期货、保险业务的，或者非法从事资金支付结算业务的。

（4）其他严重扰乱市场秩序的非法经营行为。

3. 犯罪主体：一般主体，既包括自然人，也包括单位。

4. 主观方面：故意并且具有牟利的目的。这是本罪在主观方面应具有的两个主要内容。如果行为人没有以牟取非法利润为目的，而是由于不懂法律、法规，买卖经营许可证的，不应当以本罪论处，应当由主管部门对其追究行政责任。

二、认定

（一）实践中认定为非法经营罪的常见情形

根据近几年的立法与司法解释，对下列行为应认定为非法经营罪：

1. 在国家规定的交易场所以外非法买卖外汇、扰乱市场秩序、情节严重的，以非法经营罪论处。

2. 违反国家规定，出版、印刷、复制、发行严重危害社会秩序和扰乱市场秩序的非法出版物，情节严重的，以非法经营罪论处。但构成其他较重犯罪的，如煽动分裂国家罪，煽动颠覆国家政权罪，侵犯著作权罪，销售侵权复制品罪等罪的除外。

3. 违反国家规定，采取租用国际专线、私设转接设备或者其他方法，擅自经营国际电信业务或者涉港澳台电信业务进行营利活动，扰乱电信市场管理秩序，情节严重的，以非法经营罪论处。

4. 实施组织、领导传销活动罪之外的传销或者变相传销行为，扰乱市场秩序，情节严重的，以非法经营罪论处。同时构成其他犯罪的，依照处罚较重的规定定罪处罚。

5. 未取得药品生产、经营许可证件和批准文号，非法生产、销售盐酸克仑特罗等禁止在饲料和动物饮用水中使用的药品，扰乱药品市场秩序，情节严重的，以非法经营罪论处。在生产、销售的饲料中添加盐酸克仑特罗等禁止在饲料和动物饮用水中使用的药品，或者销售明知是添加有该类药品的饲料，情节严重的，以非法经营罪论处。

6. 违反国家规定，擅自设立互联网上网服务营业场所，或者擅自从事互联网上网服务经营活动，情节严重，构成犯罪的，以非法经营罪论处。

7. 未经国家批准擅自发行、销售彩票，构成犯罪的，以非法经营罪论处。

8. 违反国家规定，使用销售点终端机具（POS机）等方法，以虚构交易、虚开价格、现金退货等方式向信用卡持卡人直接支付现金，情节严重的，以非法经营罪定罪处罚。

9. 违反国家规定，未经依法核准擅自发行基金份额募集基金，情节严重的，以非法经营罪定罪处罚。

10. 以提供给他人开设赌场为目的，违反国家规定，非法生产、销售具有退币、退分、退钢珠等赌博功能的电子游戏设施设备或者其专用软件，情节严重的，以非法经营罪定罪处罚。

11. 非法生产、销售"黑广播"、"伪基站"、无线电干扰器等无线电设备，情节严重的，以非法经营罪追究刑事责任。

12. 出于医疗目的，违反有关药品管理的国家规定，非法贩卖国家规定管制的能够使人形成瘾癖的麻醉药品或者精神药品，扰乱市场秩序，情节严重的，以非法经营罪定罪处罚。

13. 违反国家规定，以营利为目的，通过信息网络有偿提供删除信息服务，或者明知是虚假信息，通过信息网络有偿提供发布信息等服务，扰乱市场秩序，情节严重的，以非法经营罪定罪处罚。

14. 自 2019 年 10 月 21 日起，违反国家规定，未经监管部门批准，或者超越经营范围，以营利为目的，经常性地向社会不特定对象发放贷款，扰乱金融市场秩序，情节严重的，以非法经营罪定罪处罚。"经常性地向社会不特定对象发放贷款"是指二年内向不特定多人（包括单位和个人）以借款或其他名义出借资金十次以上。

15. 在疫情防控期间，违反国家有关市场经营、价格管理等规定，囤积居奇，哄抬疫情防控急需的口罩、护目镜、防护服、消毒液等防护用品、药品或者其他涉及民生的物品价格，牟取暴利，违法所得数额较大或者有其他严重情节，严重扰乱市场秩序的，以非法经营罪定罪处罚。

（二）其他严重扰乱市场经营的非法经营行为

本项属于兜底条款，必须对其适用做出严格的限制。是否属于其他严重扰乱市场经营的非法经营行为，应当根据相关行为是否具有与《刑法》第 225 条前三项规定的非法经营行为相当的社会危害性、刑事违法性和刑事处罚必要性进行判断。对被告人的行为是否属于"其他严重扰乱市场秩序的非法经营行为"，有关司法解释未做明确规定的，应当作为法律适用问题，逐级向最高人民法院请示。

（三）本罪与擅自设立金融机构罪的界限

1. 评价侧重点不同：本罪侧重于评价非法经营行为，后者侧重于设立金融机构行为。

2. 犯罪对象不同：本罪犯罪对象是经营活动，后者是金融机构。

三、处罚

《刑法》第 225 条规定了本罪的法定刑。犯本罪，情节严重的，处五年以下有期徒刑或者拘役，并处或者单处违法所得一倍以上、五倍以下罚金；情节特别严重的，处五年以上有期徒刑，并处违法所得一倍以上、五倍以下罚金或者没收财产。

《刑法》第 231 条规定了单位犯扰乱市场秩序罪的处罚规定。单位犯本罪的，对单位判处罚金，并对其直接负责的主管人员和其他直接责任人员依照上述规定处罚。

在进行任何商业活动的时候一定要保持在法律允许的范围内，不能触动法律警戒线，任何非法经营的行为都将受到法律的制裁。

第九节　《刑法修正案（十二）》本章修改

近年来，民营企业内部人员腐败问题多发，关键岗位人员以权谋私、"损企肥私"情况突出。党的二十大强调"以零容忍态度反腐惩恶"。企业内部人员因腐败侵害企业利益的情况增多，需要刑法补充修改相应规定。《刑法修正案（十二）》完善了民营企业内部人员故意背信损害企业利益的相关犯罪，为民营企业有效预防、惩治内部腐败犯罪提供了法律依据，保护了民营企业产权和企业家合法权益。

关于本章内容修改涉及三个法条，《刑法》第 165 条、第 166 条和第 169 条，具体罪名是非法经营同类营业罪，为亲友非法牟利罪，徇私舞弊低价折股、出售资产罪。此次修改，主要是在上述三个法条中增加一款作为第二款，将非法经营同类营业罪、为亲友非法牟利罪和徇私舞弊低价折股、出售国有资产罪的犯罪主体从国有公司、企业相关人员扩展到民营企业内部人员。其中徇私舞弊低价折股、出售国有资产罪罪名相应修改为徇私舞弊低价折股、出售公司、企业资产罪①。此次修改明确了民营企业内部人员故意损害民营企业利益，造成重大损失的，也要追究刑事责任，加强了对民营企业的平等保护。

第十节　本章其他罪名

破坏社会主义市场经济秩序罪是指违反我国市场经济管理法规，破坏和扰乱市场经济秩序，妨害国民经济正常发展的情节严重的行为。② 规定在刑法分则第 3 章第 140—231 条，截至目前一共 110 个罪名。本章罪名分为八节，包括：

破坏社会主义市场经济秩序罪
- 生产、销售伪劣商品罪
- 走私罪
- 妨害对公司、企业的管理秩序罪
- 破坏金融管理秩序罪
- 金融诈骗罪
- 危害税收征管罪
- 侵犯知识产权罪
- 扰乱市场秩序罪

刑法对本章犯罪的入罪行为、结果，一般规定得较为详细、具体，很多采取的是列举式的规定，因此只有法定行为类型才能被认定为是犯罪。

行为违法的严重程度成为追究刑事责任以及其他法律责任的关键因素，以犯罪数额较大、造成了法定的危险结果或危险状态、情节严重等为标准。

随着经济发展和社会实践情况变化，本章罪内容的修改变化相对频繁，自 1997 年修订《刑法》以来，截至目前涉及本章罪的修改有十次。其中，《刑法修正案（十一）》关于本章犯罪，增加了妨害药品管理罪（第 142 条之一），为境外窃取、刺探、收买、非法提供商业秘密罪（第 219 条之一）；

---

① 最高人民法院、最高人民检察院《关于执行〈中华人民共和国刑法〉确定罪名的补充规定（八）》，将罪名"徇私舞弊低价折股、出售国有资产罪"修改为"徇私舞弊低价折股、出售公司、企业资产罪"，自 2024 年 3 月 1 日起施行。

② 刑法学编写组：《刑法学》（下册·各论），北京：高等教育出版社，2023 年，第 60 页。

修改了生产、销售、提供假药罪（第 141 条），生产、销售、提供劣药罪（第 142 条），欺诈发行证券罪（第 160 条），违规披露、不披露重要信息费（第 161 条），非国家工作人员受贿罪（第 163 条第 1 款），骗取贷款、票据承兑、金融票证罪（第 175 条之一第 1 款），非法吸收公众存款罪（第 176 条），操纵证券、期货市场罪（第 182 条第 1 款），洗钱罪（第 191 条），集资诈骗罪（第 192 条），单位犯本节（金融诈骗罪）之罪（第 200 条），假冒注册商标罪（第 213 条），销售假冒注册商标的商品罪（第 214 条），非法制造、销售非法制造的注册商标、标识罪（第 215 条），侵犯著作权罪（第 217 条），销售侵权复制品罪（第 218 条），侵犯商业秘密罪（第 219 条），单位犯本节（侵犯知识产权罪）之罪（第 220 条），提供虚假证明文件罪（第 229 条）。

本章单列及其他罪名和对应法条如下：

章节	罪名	对应法条
	生产、销售伪劣产品罪	《刑法》第 140 条
生产、销售伪劣商品罪	生产、销售、提供假药罪	《刑法》第 141 条
	生产、销售、提供劣药罪	《刑法》第 142 条
	妨害药品管理罪	《刑法》第 142 条之一
	生产、销售不符合安全标准的食品罪	《刑法》第 143 条
	生产、销售有毒、有害食品罪	《刑法》第 144 条
	生产、销售不符合标准的医用器材罪	《刑法》第 145 条
	生产、销售不符合安全标准的产品罪	《刑法》第 146 条
	生产、销售伪劣农药、兽药、化肥、种子罪	《刑法》第 147 条
	生产、销售不符合卫生标准的化妆品罪	《刑法》第 148 条
走私罪	走私武器、弹药罪	《刑法》第 151 条第 1 款
	走私核材料罪	同上
	走私假币罪	同上
	走私文物罪	《刑法》第 151 条第 2 款
	走私贵重金属罪	同上
	走私珍贵动物、珍贵动物制品罪	同上

章节	罪名	对应法条
走私罪	走私国家禁止进出口的货物、物品罪	《刑法》第151条第3款
	走私淫秽物品罪	《刑法》第152条
	走私废物罪	《刑法》第152条第3款
	走私普通货物、物品罪	《刑法》第153条
妨害对公司、企业的管理秩序罪	虚报注册资本罪	《刑法》第158条
	虚假出资、抽逃出资罪	《刑法》第159条
	欺诈发行证券罪	《刑法》第160条
	违规披露、不披露重要信息罪	《刑法》第161条
	妨害清算罪	《刑法》第162条
	隐匿、故意销毁会计凭证、会计帐簿、财务会计报告罪	《刑法》第162条之一
	虚假破产罪	《刑法》第162条之二
	非国家工作人员受贿罪	《刑法》第163条
	对非国家工作人员行贿罪	《刑法》第164条
	对外国公职人员、国际公共组织官员行贿罪	《刑法》第164条第2款
	非法经营同类营业罪	《刑法》第165条
	为亲友非法牟利罪	《刑法》第166条
	签订、履行合同失职被骗罪	《刑法》第167条
	国有公司、企业、事业单位人员失职罪	《刑法》第168条
	国有公司、企业、事业单位人员滥用职权罪	同上
	徇私舞弊低价折股、出售公司、企业资产罪	《刑法》第169条
	背信损害上市公司利益罪	《刑法》第169条之一

注：本节徇私舞弊低价折股、出售公司、企业资产罪自2024年3月1日起施行。

破坏金融管理秩序罪	伪造货币罪	《刑法》第170条
	出售、购买、运输假币罪	《刑法》第171条第1款
	金融工作人员购买假币、以假币换取货币罪	《刑法》第171条第2款
	持有、使用假币罪	《刑法》第172条
	变造货币罪	《刑法》第173条
	擅自设立金融机构罪	《刑法》第174条第1款

续表

章节	罪名	对应法条
破坏金融管理秩序罪	伪造、变造、转让金融机构经营许可证、批准文件罪	《刑法》第 174 条第 2 款
	高利转贷罪	《刑法》第 175 条
	骗取贷款、票据承兑、金融票证罪	《刑法》第 175 条之一
	非法吸收公众存款罪	《刑法》第 176 条
	伪造、变造金融票证罪	《刑法》第 177 条
	妨害信用卡管理罪	《刑法》第 177 条之一第 1 款
	窃取、收买、非法提供信用卡信息罪	《刑法》第 177 条之一第 2 款
	伪造、变造国家有价证券罪	《刑法》第 178 条第 1 款
	伪造、变造股票、公司、企业债券罪	《刑法》第 178 条第 2 款
	擅自发行股票、公司、企业债券罪	《刑法》第 179 条
	内幕交易、泄露内幕信息罪	《刑法》第 180 条
	利用未公开信息交易罪	《刑法》第 180 条第 4 款
	编造并传播证券、期货交易虚假信息罪	《刑法》第 181 条第 1 款
	诱骗投资者买卖证券、期货合约罪	《刑法》第 181 条第 2 款
	操纵证券、期货市场罪	《刑法》第 182 条
	背信运用受托财产罪	《刑法》第 185 条之一第 1 款
	违法运用资金罪	《刑法》第 185 条之一第 2 款
	违法发放贷款罪	《刑法》第 186 条第 1 款
	吸收客户资金不入账罪	《刑法》第 187 条
	违规出具金融票证罪	《刑法》第 188 条
	对违法票据承兑、付款、保证罪	《刑法》第 189 条
	骗购外汇罪	单行刑法第 1 条
	逃汇罪	《刑法》第 190 条
	洗钱罪	《刑法》第 191 条

注：本节中单行刑法是指《全国人大常委会关于惩治骗购外汇、逃汇和非法买卖外汇犯罪的决定》。

章节	罪名	对应法条
金融诈骗罪	集资诈骗罪	《刑法》第 192 条
	贷款诈骗罪	《刑法》第 193 条
	票据诈骗罪	《刑法》第 194 条第 1 款
	金融凭证诈骗罪	《刑法》第 194 条第 2 款
	信用证诈骗罪	《刑法》第 195 条
	信用卡诈骗罪	《刑法》第 196 条
	有价证券诈骗罪	《刑法》第 197 条
	保险诈骗罪	《刑法》第 198 条
危害税收征管罪	逃税罪	《刑法》第 201 条
	抗税罪	《刑法》第 202 条
	逃避追缴欠税罪	《刑法》第 203 条
	骗取出口退税罪	《刑法》第 204 条第 1 款
	虚开增值税专用发票、用于骗取出口退税、抵扣税款发票罪	《刑法》第 205 条
	虚开发票罪	《刑法》第 205 条之一
	伪造、出售伪造的增值税专用发票罪	《刑法》第 206 条
	非法出售增值税专用发票罪	《刑法》第 207 条
	非法购买增值税专用发票、购买伪造的增值税专用发票罪	《刑法》第 208 条第 1 款
	非法制造、出售非法制造的用于骗取出口退税、抵扣税款发票罪	《刑法》第 209 条第 1 款
	非法制造、出售非法制造的发票罪	《刑法》第 209 条第 2 款
	非法出售用于骗取出口退税、抵扣税款发票罪	《刑法》第 209 条第 3 款
	非法出售发票罪	《刑法》第 209 条第 4 款
	持有伪造的发票罪	《刑法》第 210 条之一
侵犯知识产权罪	假冒注册商标罪	《刑法》第 213 条
	销售假冒注册商标的商品罪	《刑法》第 214 条
	非法制造、销售非法制造的注册商标标识罪	《刑法》第 215 条
	假冒专利罪	《刑法》第 216 条
	侵犯著作权罪	《刑法》第 217 条

续表

章节	罪名	对应法条
侵犯知识产权罪	销售侵权复制品罪	《刑法》第218条
	侵犯商业秘密罪	《刑法》第219条
	为境外窃取、刺探、收买、非法提供商业秘密罪	《刑法》第219条之一
扰乱市场秩序罪	损害商业信誉、商品声誉罪	《刑法》第221条
	虚假广告罪	《刑法》第222条
	串通投标罪	《刑法》第223条
	合同诈骗罪	《刑法》第224条
	组织、领导传销活动罪	《刑法》第224条之一
	非法经营罪	《刑法》第225条
	强迫交易罪	《刑法》第226条
	伪造、倒卖伪造的有价票证罪	《刑法》第227条第1款
	倒卖车票、船票罪	《刑法》第227条第2款
	非法转让、倒卖土地使用权罪	《刑法》第228条
	提供虚假证明文件罪	《刑法》第229条第1款、第2款
	出具证明文件重大失实罪	《刑法》第229条第3款
	逃避商检罪	《刑法》第230条

—————— **案例分析** ——————

案例一

王某某（女）系某药业公司临时聘用人员，与陈某原系夫妻关系。2020年1月28日至31日间，王某某、陈某以每只5元的价格购进无生产商厂名、厂址、产品质量检验合格证的"三无"口罩后，在明知口罩产品质量不合格的情况下，按"KN95"口罩名义以每只10元的价格销往药店等处，共计销售口罩9800只，收取货款9.8万元。案发后，上述口罩均被公安机关扣押。经鉴定，涉案口罩颗粒过滤效率仅为6.7%，不符合"KN95"口罩国家标准规定的颗粒过滤效率要求（≥95%），为不合格产品。[①]

问题：

王某某、陈某的行为刑法如何规制？

参考意见：

王某某、陈某明知口罩是无生产商厂名、无厂址、无产品质量检验合格证的"三无"产品，质量不合格，仍然冒充"KN95"合格口罩销往药店，符合生产、销售伪劣产品罪的以不合格产品冒充合格产品销售；销售金额达9.8万元，达到本罪的入罪标准销售伪劣产品5万元以上。而且本案中，将劣质口罩销往药店，销售伪劣口罩的社会危害性更大，因为购买者对从药店购买的商品更容易产生信任度。因而对此种行为应依生产、销售伪劣产品罪从严惩处，以保障人民群众的生命健康安全。

案例二

李某曾是一名航空公司的空姐。2008年离职后，与男友石某在淘宝网上开了家名为空姐小店的网店。在认识曾是三星公司高级工程师的褚某后，在2010年至2011年8月间，李某、褚某、石某分工配合，褚某提供韩国免税店账号，并负责在韩国结算货款，李某伙同其男友石某多次在韩国免税店购买化妆品等货物，后以客带货方式，从无申报通道携带进境，并通过李某、石某在淘宝网的网店销售牟利，共计一审（2012年）认定偷逃海关进口环节税113万余元。[②]二审（2013年）认定偷逃海关进口环节税共计8万余元。

问题：

李某、石某、褚某的行为如何认定？

参考意见：

本案中，李某伙同其男友石某多次在韩国免税店购买化妆品等货物，后以客带货方式，从无申报通道携带进境的行为，是违反海关法规，逃避

---

① 最高人民法院：《王某某、陈某销售伪劣产品案——向药店销售过滤效率严重不符合国家标准的"三无"口罩》，2020年4月2日。

② 马守敏：《海外代购 游走在走私边缘》，《人民法院报》，2012年09月15日第06版。

海关监管，非法携带普通货物进国境，不申报纳税的行为，是典型的通关走私。李某和男友逃避海关监管、不缴纳关税的行为，如果应缴税额较大或者一年内曾因走私被给予二次行政处罚后又走私的，就涉嫌构成走私普通货物罪。

李某和男友石某在 2010 年至 2011 年 8 月间偷逃关税时，案件一审、二审时，本罪"偷逃应缴税额较大"的标准是 5 万元以上，因而无论是一审认定的偷逃海关进口环节税 113 万余元，还是二审认定的偷逃海关进口环节税共计 8 万余元，都符合了构成该罪的数额标准。

褚某在本案中，负责给李某、石某提供韩国免税店账号，并负责在韩国结算货款，是走私普通货物的共犯。

注意：最高人民法院、最高人民检察院《关于办理走私刑事案件适用法律若干问题的解释》，明确规定，走私普通货物、物品，偷逃应缴税额在 10 万元以上、不满 50 万元的，应当认定为刑法第 153 条第 1 款规定的"偷逃应缴税额较大"。

案例三

段某，某娱乐子公司总经理，全面负责该公司偶像养成事业部的日常工作，具体包括：与选角公司的业务合作，艺人的挑选、挖掘、培养、管理等相关事宜。在选角服务的外包项目上，段某选择了之前因工作认识的陈某所在的 B 公司。合同约定 B 公司须每月为娱乐公司选拔符合条件的优质备选练习生。娱乐子公司每月支付 B 公司 20 万元费用，为期 6 个月。在合同签署之前，段某和陈某约定，陈某要按行业行情给予段某 10% 的好处费。当娱乐子公司每月支付的 20 万元选角费到账后，B 公司负责人陈某就会将 10% 的好处费即 2 万元通过支付宝打入段某账户。除最后一个月娱乐子公司因资金紧张未打完全部款项外，段某共收受了 5 个月的好处费 10 万元。[1]

---

[1] 胡佳瑶，《上海黄浦区：一娱乐公司高管因非国家工作人员受贿罪获刑》，中华人民共和国最高人民检察院，https://www.spp.gov.cn/spp/dfjcdt/202201/t20220119_541914.shtml，2022 年 1 月 19 日，来源：《检察日报》。

问题：

段某的行为如何定性？

参考意见：

段某作为某娱乐子公司总经理，利用其全面负责该公司偶像养成事业部的职务便利，将公司选角服务外包给自己认识的 B 公司，并约定收取好处费归个人所有，其行为符合非国家工作人员受贿罪的构成。

非国家工作人员受贿罪是很容易被忽视的犯罪，实践中往往存在这样误解，受贿罪的主体是国家工作人员，非国家工作人员不会涉及此类犯罪。《刑法》第 163 条规定，非国家工作人员利用职务上的便利索贿或者非法收受他人财物，为他人谋取利，或者在经济往来中，违反国家规定，收受各种名义的回扣、手续费归个人所有，都会涉嫌构成非国家工作人员受贿罪。该罪是常见的一种职务犯罪类型。

案例四

2014 年 2 月，潘某在常州市天宁区乾盛兰庭 ×× 号中国建设银行存取款一体机（ATM 机）上，趁陈某将银行卡遗忘在机器内且尚未退出取款操作界面之际，分二次从该卡内取走人民币 5500 元。案发后，潘某退赔了陈某的损失，陈某出具谅解书对潘某予以谅解。潘某归案后如实供述了自己在上述时间、地点提取他人存款的事实。①

问题：

使用他人遗留在 ATM 机内的银行卡取款行为的定性如何？

参考意见：

本案中，潘某从陈某遗忘在 ATM 机器内且尚未退出取款操作的银行卡中取款的行为，表明潘某明知该银行卡属于他人所有，仍然分二次从该卡内取走人民币 5500 元。关于该行为的性质认定，存在不同观点。

观点一认为潘某构成盗窃罪。本案中该银行卡是在持卡人陈某操作取款时，输入密码使用，陈某离开时，该银行卡在 ATM 存取款一体机内且处于取款界面。潘某操作时，无需输入密码，即可使用转款。用该银行卡在

---

① 《刑事审判参考》第 1389 号。

ATM 存取款一体机上使用时，密码与银行留存密码相符，视同银行卡所有人操作，潘某没有假冒持卡人陈某身份欺骗银行（ATM 机），因此，潘某的行为属于以非法占有为目的，采用秘密手段窃取他人财物，而且数额是5500 元，达到"数额较大"，构成盗窃罪。

观点二认为潘某构成信用卡诈骗罪。本案中潘某的行为属于冒用他人信用卡的情形，具体是拾得他人信用卡并使用的行为。实践中，ATM 机取款步骤中，只要输入的密码与银行预留的密码相符，且不超出额度，ATM 机就按照操作指示吐钞，不会限定取款人的真实身份，因而输入密码不是对银行持卡人真实身份的验证。依据最高人民法院、最高人民检察院《关于办理妨害信用卡管理刑事案件具体应用法律若干问题的解释》第 5 条第2 款第 1 项规定，"冒用他人信用卡"的情形包括"拾得他人信用卡并使用"，而且拾得使用并没有具体区分是否输入密码。本案中，潘某拾得处于ATM 机内的银行卡，并冒用持卡人陈某身份，对处于交易页面的银行卡进行操作，转款 5500 元，不仅侵害了陈某的财产权利，还侵害了国家金融管理秩序。潘某的行为，构成信用卡诈骗罪。

案例五

2018 年 9 月，荣某驾驶一辆白色福特牌厢式货车在吉林省公主岭市长郑公路行驶，转弯时，与驾驶无牌照摩托车的董某发生交通事故，董某被撞伤。因福特厢式货车无商业险，二人合谋摆假现场骗取保险金：荣某将白色福特厢式货车换为白色雪佛兰迈瑞宝轿车，董某假扮成行人被撞伤。摆好现场后，荣某拨打交警电话及保险公司电话，交警赶赴现场后认定荣某负全责，保险公司工作人员到达现场后，以转账的形式交付给董某保险金预支款 1 万元。[①]

问题：

董某、荣某的行为如何认定？

[①] 刘景远，胡国椿，孙睿：《吉林长春绿园区：一保险诈骗案当庭宣判》，《检察日报》，2020 年7 月 14 日。

参考意见：

本案中，董某、荣某发生交通事故后，为获得保险理赔金，合谋摆假现场。荣某将发生事故的没有商业保险的白色福特厢式货车，更换为有商业保险的白色雪佛兰迈瑞宝轿车，董某假扮为被该白色雪佛兰迈瑞宝轿车撞伤的行人。通过编造的事故，骗得荣某负全责的交警事故责任认定，骗得保险公司保险金预支款 1 万元。其行为是编造未曾发生的保险事故，骗取保险金数额较大的行为，符合保险诈骗罪的认定。

注意：最高人民检察院、公安部《关于公安机关管辖的刑事案件立案追诉标准的规定（二）》规定，进行保险诈骗活动，立案追诉的要求是数额在 5 万元以上。

案例六

2003 年 1 月至 10 月，申诉人李某明系某市某某化学清洗实业公司的法定代表人。2003 年 10 月 29 日，某市某某化学清洗实业公司改制后，又成立了某市某某化学清洗有限公司，法定代表人仍为李某明，后该公司经多次更名，变更为湖北某某环境工程有限公司。2003 年至 2007 年间，湖北某某环境工程有限公司和原某市某某化学清洗实业公司收入总额为 7320445.51 元，应缴纳税款 803413.14 元，已缴纳税款 357120.63 元，逃避缴纳税款共计 446292.51 元。2006 年 4 月，某市地方税务局稽查局接原任湖北某某环境工程有限公司办公室主任黄某某实名举报开始调查本案，后在未通知补缴、未予行政处罚的情况下，做出涉税案件移送书，直接移送某区公安局立案侦查。湖北某某环境工程有限公司在侦查期间补缴了税款 458069.08 元。

2009 年 2 月 28 日，《刑法修正案（七）》施行。2009 年 9 月 19 日，一审法院做出判决。一审法院认为，湖北某某环境工程有限公司及其法定代表人李某明均构成逃税罪。一审重审及宣判后全额缴纳了判处的罚金 45 万元。湖北某某环境工程有限公司及李某明提出上诉，在二审期间又撤回上诉，二审法院裁定准许。湖北某某环境工程有限公司及李某明逐级申诉至最高人民法院，最高人民法院以法律适用错误为由，指令湖北省高级人民法院对本案进行再审。

湖北省高级人民法院再审认为，原判认定湖北某某环境工程有限公司少缴税款 446292.51 元的事实清楚，证据确实、充分，但适用法律错误。本案未经行政处置程序而直接追究湖北某某环境工程有限公司及李某明个人的刑事责任，不符合《刑法修正案（七）》的相关规定。对湖北某某环境工程有限公司、李某明应当适用根据《刑法修正案（七）》修正后的《刑法》第 201 条第 4 款的规定，不予追究刑事责任。据此，湖北省高级人民法院再审判决撤销原裁判，宣告湖北某某环境工程有限公司、李某明无罪。①

问题：

本案中为何适用《刑法修正案（七）》的相关规定？

参考意见：

本案中，湖北某某环境工程有限公司、李某明少缴税款事实清楚，证据确实、充分，发生于 2003 年至 2007 年间，应缴纳税款 803413.14 元，已缴纳税款 357120.63 元，逃避缴纳税款共计 446292.51 元。本案的一审判决于 2009 年 9 月 19 日做出。

《刑法修正案（七）》于 2009 年 2 月 28 日公布之日起施行。《刑法修正案（七）》对之前的偷税罪进行了修改，其中明确规定逃避缴纳税款初犯不予追究刑事责任的特别条款。对逃避缴纳税款达到规定的数额、比例，已经涉嫌构成犯罪的初犯，满足以下三个条件可不予追究刑事责任：一是在税务机关依法下达追缴通知后，补缴应纳税款；二是缴纳滞纳金；三是已受到税务机关行政处罚。"已受行政处罚的"，注意，既要收到税务机关的行政处罚（主要是行政罚款）决定书，又要已缴纳罚款、滞纳金等。同时也规定了例外情形，"五年内曾因逃避缴纳税款受过刑事处罚或者被税务机关给予二次处罚的除外"。

最高人民法院、最高人民检察院《关于执行〈中华人民共和国刑法〉确定罪名的补充规定（四）》，对《刑法》第 201 条（《刑法修正案（七）》第 3 条）的罪名进行了修改，确定为逃税罪（取消偷税罪罪名）。

上述《刑法修正案（七）》施行后，其溯及力问题，依据《刑法》第

---

① 最高人民法院《人民法院充分发挥审判职能作用保护产权和企业家合法权益典型案例（第三批）》，2021 年 5 月 19 日发布。

12 条从旧兼从轻原则。也就是，依照《刑法修正案（七）》之前的法律规定已经做出的生效判决，继续有效；根据修正后的《刑法》第 201 条规定处刑较轻的，适用修正后《刑法》的有关规定。本案中，《刑法修正案（七）》施行前的偷税行为还是应当追究刑事责任的，但在其施行后决定是否追究时，要看符不符合从旧兼从轻原则。涉及本案，少缴税款事实发生于 2003 年至 2007 年间，《刑法修正案（七）》施行于 2009 年 2 月 28 日，修正后的《刑法》明确规定，有《刑法》第 201 条第 1 款行为，经税务机关依法下达追缴通知后，补缴应纳税款，缴纳滞纳金，已受行政处罚的，不予追究刑事责任。本案于 2009 年 9 月 19 日做出构成逃税罪的一审判决。判决时，《刑法修正案（七）》已经生效施行，依据从旧兼从轻的刑法原则，本案应适用修正后的《刑法》规定。因此该案再审时，湖北省高级人民法院认为，一审认定构成逃税罪的判决，原判适用法律错误。

本案再审裁判正确适用从旧兼从轻的刑法原则，依法保障涉案企业和企业家的合法权益，彰显了人民法院依法保护企业和企业家人身财产安全的态度和决心，对于营造有利于民营企业健康发展的法治化营商环境具有重要意义。

案例七

2014 年 11 月至 2015 年 1 月期间，王某某未办理粮食收购许可证，未经工商行政管理机关核准登记并颁发营业执照，擅自在内蒙古自治区巴彦淖尔市临河区白脑包镇附近村组无证照违法收购玉米，将所收购的玉米卖给巴彦淖尔市粮油公司杭锦后旗蛮会分库，非法经营数额 218288.6 元，非法获利 6000 元。原审法院认为，王某某违反国家法律和行政法规规定，未经粮食主管部门许可及工商行政管理机关核准登记并颁发营业执照，非法收购玉米，非法经营数额 218288.6 元，数额较大，其行为构成非法经营罪。宣判后，王某某未上诉，检察机关未抗诉，判决发生法律效力。

最高人民法院于 2016 年 12 月 16 日做出再审决定，指令再审。再审法院认为，再审查明的事实与原审判决认定的事实一致，但不构成非法经营罪。①

---

① 最高人民法院发布第 19 批指导性案例，第 97 号王力军非法经营再审改判无罪案。

问题：

应如何理解和适用《刑法》第 225 条第 4 项规定的"其他严重扰乱市场秩序的非法经营行为"？

参考意见：

《刑法》第 225 条规定了四种违反国家规定、非法经营扰乱市场秩序、情节严重的行为。前三种行为刑法均做了列举式明确的界定，最后一种采用了其他的兜底性规定。

在理解和适用时，首先明确该罪中的"非法经营"仅指那些违反国家规定，严重扰乱正常市场秩序的经营行为。其成立要同时满足下条件：一是违反国家规定是非法经营罪成立的前提条件；二是"经营行为"应理解为以营利为目的的经济活动，对于非以营利为目的的公益活动或慈善活动，应将之排除在经营活动的范围之外；三是非法经营行为应以情节严重为限。判断某非法经营行为是否属于情节严重的情形，应充分考量该行为对正常的市场秩序的侵害程度。其次，"其他严重扰乱市场秩序的非法经营行为"，由于前三项规定均要求违反法律和行政法规规定的特许经营许可制度，作为并列第 4 项的兜底性规定入罪，也应当以相关法律或者行政法规的规定为依据。而且构成犯罪，应与《刑法》第 225 条前三项规定的行为在性质上和损害后果上具有相当的社会危害性、刑事违法性和刑事处罚必要性。

本案中，王某某没有办理粮食收购许可证及工商营业执照买卖玉米的事实清楚，违反了当时的国家粮食流通管理有关规定，但收购玉米的行为尚未达到严重扰乱市场秩序的危害程度，与《刑法》第 225 条前三项规定不具有相当性。

本案的典型意义在于，个案推动了以良法善治为核心的法治进程及经济行政管理领域的改革，取得了法律效果和社会效果的统一。

第五章 侵犯公民人身权利、民主权利罪

【导学】

尊重和保障人权是现代文明的基本精神，也是中国共产党人的不懈追求。

侵犯公民人身权利、民主权利罪

> 公平正义是社会主义法治的价值追求。刑法明文规定侵犯生命权、自由权、尊严权等行为的罪与罚。

> 理论：故意杀人罪，故意伤害罪，强奸罪，非法拘禁罪，绑架罪，拐卖妇女、儿童罪，诬告陷害罪，刑讯逼供罪，本章其他罪名。
>
> 实务：案例分析。

第一节 故意杀人罪

故意杀人罪是生活中的常见犯罪。从罪名上看，往往觉得很简单也很好理解，其实不然。

一、故意杀人罪

（一）概念

故意杀人罪是故意非法剥夺他人生命的行为。确实，它的含义和法律

规定都非常简要。但其相关的知识要点，还是需要从本罪构成特征入手。

（二）构成特征

1. 本罪侵犯的客体是他人的生命权。注意掌握两个要点。一是他人，是指除自己以外的其他自然人，不包括法人等拟制人。因而自己剥夺自己生命的自杀行为，非特定情况就不是犯罪。二是生命权。生命权是人最基本的权利，是自然人依法享有的生存权利。生命权是以生命为载体的，生命始于出生，终于死亡，对此没有任何歧议。但出生、死亡的标准，是存在争议的。关于出生的标准，有镇痛说、部分露出说、独立呼吸说等等学说。目前我国司法实务采用独立呼吸说，即人的生命起始于胎儿脱离母体后，开始独立呼吸。根据这个学说，胎儿是不是有生命权的自然人？不是。因而胎儿在母体内遭受的侵害，对胎儿而言，就不会构成故意杀人罪。像生活中的堕胎行为，不构成本罪。死亡的标准也存在诸多争议。传统观点认为以心脏停止跳动为标志，但近年来医学上提出了脑死亡的概念，以脑死亡为标准。我国一般采用综合判断说，认为心脏跳动、呼吸作用永久停止，并具有瞳孔反射技能停止症状的才能认定为死亡，也就是心脏呼吸综合停止说。自然人死亡后，生命权丧失，尸体就不是故意杀人罪的犯罪对象。

2. 本罪在客观方面表现为非法剥夺他人生命的行为。注意两个方面，一是非法，是指没有任何合法化的事由。换言之，凡是有合法化事由而致人死亡的，就不属于此处的非法，如因执行命令处决死刑犯。剥夺他人生命是指结束他人生命的行为。行为方式既可以表现为作为，比如说枪击、刀砍、拳打脚踢，也可以表现为不作为，如有救助义务的人，见死不救致人死亡。实践中常见的是作为，不作为只有在附有防止被害人死亡的特定义务的前提下才能构成。关于不作为的案例，最高人民法院有个指导案例，也被媒体称为南京饿死女童案。乐某是两个女童的生母，对两人负有法定的抚养义务。她将一个 2 岁、一个 1 岁的年幼孩子留置在其住所的主卧室内，留下少量食物、饮水，用布条反复缠裹窗户锁扣并用尿不湿夹紧主卧室房门以防止小孩跑出，之后即离家不归一个多月。她不抚养、不照料并断绝二被害人获取外援的可能性，最终致使二人死亡。[1] 本案中，乐某外

---

[1]《刑事审判参考》第 992 号乐燕故意杀人案。

出长期不归，致使家中所留少量食物、饮水不足以支撑年幼子女生存需要，以致子女饥渴而死，其不作为行为对本案性质起决定作用，故认定其系不作为故意杀人。二是剥夺他人生命，是指结束他人生命的行为。剥夺他人生命的手段法律没有限制，可以是徒手，也可以是利用工具，利用他人，利用自然力。此处注意，在死亡结果发生的情况下，杀害行为与死亡结果之间必须具有因果关系，否则不成立本罪的既遂。比如说，甲意欲使乙在跑步时被车撞死，便劝乙清晨在马路上跑步，乙果真在马路上跑步时被车撞死。甲要不要对乙的死亡负刑事责任呢？不，因为两者之间有没有刑法上的因果关系。

3. 本罪的主体是一般主体。此处要特别注意《刑法修正案（十一）》关于刑事责任年龄的修改。目前，故意杀人罪追究刑事责任的年龄规定，分为三个阶段：一是，已满 16 周岁，具有刑事责任能力的人；二是已满 14 周岁、不满 16 周岁，犯故意杀人的，具有刑事责任能力的人；三是已满 12 周岁、不满 14 周岁的人，犯故意杀人致人死亡或者以特别残忍手段致人重伤造成严重残疾，情节恶劣，经最高人民检察院核准追诉的，具有刑事责任能力的人。这三个年龄阶段符合法定条件的，都应当追究刑事责任。

4. 本罪的主观方面是故意，包括直接故意和间接故意，可以是希望或者积极追求他人死亡的意志，也可以是放任他人死亡结果发生的心态。

二、故意杀人罪的认定

（一）与危害公共安全罪界限

故意杀人罪是故意非法剥夺他人生命的行为。实践中行为人采用放火、决水、爆炸、投放危险物质或者其他危险方法杀人的，成立故意杀人罪，还是按照其具体的犯罪方式，以放火罪、决水罪、爆炸罪、投放危险物质罪或以其他危险方法危害公共安全罪定罪处罚呢？区分的关键就在于其杀人的行为方式，是否足以危及公共安全。如果杀人行为同时足以危及了公共安全，在法条适用上形成了故意杀人罪与放火罪、决水罪、爆炸罪、投放危险物质罪或以其他危险方法危害公共安全罪之间的竞合。此时，理论上认为应该按照特别法优于普通法的竞合原则，以放火罪、决水罪、爆炸罪、投放危险物质罪，或者以其他危险方法危害公共安全罪定罪处罚。如果没有足以危及公共安全，以故意杀人罪定罪处罚。

（二）其他法条规定的故意杀人罪

在对杀人罪的学习当中，还要特别注意其他法条规定的故意杀人罪。一是转化型的故意杀人罪，主要涉及非法拘禁使用暴力致人死亡的、刑讯逼供或者暴力取证致人死亡的、虐待被监管人致人死亡的、聚众打砸抢致人死亡的、聚众斗殴致人死亡的，按照相关法条规定均以故意杀人罪论处，在理论上称为转化犯。二是提示法条所规定的故意杀人罪按《刑法》第234条之一第2款规定的情形，未经本人同意摘取其器官或者摘取不满18周岁的人的器官，或者强迫、欺骗他人捐献器官，因而造成被摘取人死亡的，都是按照故意杀人罪定罪处罚。

（三）自杀相关行为的性质认定

一般来说，自杀不成立犯罪，因为自杀行为并没有非法剥夺他人生命，但是实践中有的人与自杀者的自杀行为存在关联性，比如说受嘱托杀人、相约自杀等。

1. 受嘱托杀人，是指行为人接受他人的嘱托，而故意地将其杀死的行为。从行为人的角度看，这是一种被害人承诺的行为。在一般具有危害性的行为中，被害人承诺，可以作为违法阻却的理由，免除行为人的刑事责任。但是从各国的立法及司法实践来看，被害人承诺的范围一般不应该包括自己的生命在内。对于受嘱托而杀死他人的，应当追究刑事责任。与受嘱托杀人相关的一个热点问题，是关于安乐死是否故意构成杀人罪的争论。目前有的国家通过立法将安乐死合法化，但在我国实践中安乐死仍然以故意杀人罪论处，但是在处理具体案件时，应当考虑行为人的情节来具体认定处罚。

2. 相约自杀，是指二人以上约定共同结束生命的行为。一般来说相约自杀行为不存在犯罪问题。但是在相约自杀未遂的情况下，是否对自杀未遂者论处故意杀人罪呢？要具体情况具体分析。对于相约自杀，各自实施自杀行为的，对自杀未遂者不能追究刑事责任。行为人与他人相约共同自杀，但他人没有勇气或者能力实施自杀，要求行为人先将其杀死后再自杀，行为人将他人杀死之后自杀未遂的，就符合受嘱托杀人的特征，应以故意杀人罪论处。还有行为人以虚假的意思表示假意与他人相约自杀，他人自杀而行为人未自杀的，符合诱骗他人自杀特征，应以故意杀人罪论处。

3. 帮助自杀，是指他人已有自杀意图，行为人对其在精神上加以鼓励，使其坚定自杀的意图或者给予物质上的帮助，使他人得以实现自杀的行为。如果帮助行为对自杀死亡结果的原因力较小，危害也不大，可以不追究其故意杀人罪的刑事责任。行为人的行为多是应请求在物质上为自杀者提供了帮助。对于自杀者的死亡结果发生具有较大的原因力的，原则上应构成故意杀人罪。

4. 教唆自杀。唆使没有自杀意图的人产生自杀决意，实施自杀行为。教唆自杀行为，具有间接正犯性质时，成立故意杀人罪。如欺骗不能理解死亡性质的儿童或者精神病人自杀的，构成故意杀人罪。

三、处罚

《刑法》第 232 条规定：故意杀人的，处死刑、无期徒刑或者十年以上有期徒刑；情节较轻的，处三年以上、十年以下有期徒刑。

近年来，实践中发生了多起恶性故意杀人案件，影响恶劣。当然行为人都受到了相应的刑事处罚，有些被判处了死刑。生命是宝贵的，要珍惜自己的生命，尊重他人的生命。

第二节　故意伤害罪

故意伤害罪是多发的传统暴力犯罪，对社会造成不小的危害，破坏社会和谐。

一、故意伤害罪的概念与构成特征

（一）概念

故意伤害罪是指故意非法损害他人身体健康的行为。

（二）构成要件

1. 本罪的客体是他人的身体健康权。注意两个方面，一是对"他人"的理解，本罪的对象是除自己以外的具有生命的自然人。很明显尸体不是本罪的犯罪对象。那胎儿呢？之前已经学习过，胎儿尚不具备生命，因此不宜认为胎儿有健康权。自己对自己的身体健康造成损害的，也不构成犯罪。只有当自伤行为是为了损害社会利益而触犯有关刑法规范时，才构成犯罪。例如，军人战时自伤，以逃避履行军事义务的，可构成战时自伤罪。二是侵犯身体健康权，是指使他人身体器官功能丧失或健康状况恶化。一般是对人体组织完整性的破坏或者对人体器官正常机能的破坏。比如说故意伤害打掉了他人的牙齿，损害了他人的听力，等等。那侵害他人的胡须、头发或者指甲的行为，它没有使身体功能丧失，是不是属于伤害身体健康的行为？不属于此处的故意伤害。那损害假肢、假牙、人工关节等人造器官的呢？要看对这些器官的侵害会不会造成他人身体功能丧失或者健康状况恶化。侵害他人的假肢假牙这些外部装置不会造成他人身体功能丧失或者健康状况恶化的，就不属于人身伤害，但是如果损害的是人工关节，足以造成人体器官功能丧失的，应认定为故意伤害。

故意伤害罪区别于其他侵犯人身权利犯罪的本质特征，就在于损害了他人肢体、器官、组织的完整和正常机能。

2. 本罪的客观方面表现为行为人实施了非法损害他人身体健康的行为。关于客观方面的理解，注意：一是要求损害他人身体健康的行为必须是非法的。合法行为而损害他人身体健康的，不构成犯罪。比如说拳击运动比赛中的故意袭击行为，医生为了救治病人而实施的截肢行为等。二是必须有损害他人身体健康的行为，即具有破坏他人人体肢体、组织的完整的行为，或者有损害他人肢体、组织、器官正常机能的行为。这些行为以作为的方式及暴力方法最为常见，但是故意伤害行为，法律并没有以作为及暴力为必要条件。侵害行为必须造成了一定的结果。本罪的损害结果，包括轻伤、重伤和伤害致死三种情况，无论哪一种结果都会构成犯罪，但是结果不同会影响到量刑。因此有必要明确人体重伤、轻伤、轻微伤的标准。我们目前的标准是 2013 年最高人民法院、最高人民检察院、公安部、国家安全部、司法部发布的《人体损伤程度鉴定标准》。其中轻伤，是指使人肢体或者容貌损害，听觉、视觉或者其他器官功能部分障碍，或者其他对于人体健康有中度伤害的损伤，包括轻伤一级和轻伤二级。重伤是指使人肢体残废，毁人容貌，丧失听觉，丧失视觉，丧失其他器官功能，或者其他对于人身健康有重大伤害的损伤，包括重伤一级和重伤二级。轻微伤是指各种致伤因素所致的原发性损伤，造成组织器官结构轻微损害或者轻微功能障碍。至于重伤、轻伤、轻微伤的判定，需要根据《人体损伤程度鉴定标准》的具体规定进行鉴定。

3. 本罪的主体为一般主体。需要注意，故意伤害造成的结果不同，负刑事责任的年龄起点不同。故意伤害致人轻伤的，是年满 16 周岁、具有刑事责任能力的自然人才负刑事责任。故意伤害致人重伤、死亡的，年满 14 周岁，具有刑事责任能力的人就要负刑事责任。《刑法修正案（十一）》生效后，已满 12 周岁、不满 14 周岁的人，故意伤害符合法定条件应当负刑事责任，成为本罪的主体要求是故意伤害致人死亡或者以特别残忍手段致人重伤造成严重残疾，情节恶劣，经最高人民检察院核准追诉的。

4. 本罪的主观方面是故意。对造成伤害结果而言，可包括直接故意和间接故意。伤害致死，行为人对伤害结果出于故意而对死亡结果则必须是过失的心理态度。需要注意，在间接故意伤害的情况下，只能是放任对他人身体健康损害结果的发生，而不能是放任死亡结果的发生，否则应构成故意杀人罪。

二、故意伤害罪的认定

（一）本罪与一般违法行为的界限

成立故意伤害罪，要求故意非法伤害他人身体健康的行为造成了轻伤、重伤或者死亡的结果。也就是说，不是所有的故意非法伤害他人身体健康的行为都构成故意伤害罪。一般而言，伤害行为的结果还包括轻微伤。根据故意伤害罪的构成要件，轻微伤不构成故意伤害罪，是一般的伤害行为。

（二）与故意杀人罪的界限

故意伤害罪的认定，还需要特别注意故意伤害罪与故意杀人罪的界限。两者是不同的罪名，但是两罪都会出现他人死亡的危害结果，怎么区分呢？两罪因行为人的主观心理活动内容的不同而分属不同的罪名。故意伤害罪的行为人对致人死亡结果，持过失的主观心态。而故意杀人罪的行为人对他人死亡结果，持故意的主观形态。对两罪主观方面的这种甄别，可以通过客观的事实来进行认定。具体分析案发的原因、犯罪人的动机、犯罪人与被害人的关系、所使用的犯罪工具、所打击的部位、犯罪人实施完毕之后对被害人的态度等方面，来判断行为人对被害人死亡结果是出于故意的，还是过失的态度。比如甲、乙二人打架斗殴，甲拿出随身携带的小刀朝乙臀部扎了一刀后离去。因为碰巧扎在股动脉上，造成乙大量出血而死亡。很明显，伤害是故意的，死亡是过失的，应认定为故意伤害罪。当故意内容不确定、不顾被害人死伤的，则应按实际造成的结果确定犯罪行为的性质，死亡和伤害的结果均在行为人的犯意之内。如甲因口角，不顾乙的死伤捅乙数刀，乙死亡，故意杀人；乙重伤，故意伤害。

总之，坚持犯罪构成的原理，综合考察主客观方面的全部事实，正确区分。

（三）既遂与未遂

故意伤害罪是否存在未遂形态？理论上有不同看法。刑法规定的故意伤害罪，其成立要求至少造成轻伤的结果，故意伤害行为没有造成伤害结果的，一般不认为是犯罪。关于故意伤害未遂的讨论，涉及的是故意伤害中的重伤害是不是可以有未遂犯？"马工程"教材认为故意伤害中的重伤害完全可以有未遂犯。如果能够判断行为人意图实施重伤他人的行为及行为人主观上处于重伤害的故意，例如着手使用有严重腐蚀性物品，毁人容貌，此时即使没有发生毁容的危害结果，也应认定为故意伤害罪的未遂状态，当然如果没有确实证据证明行为人意欲造成重伤结果的，则只能从有利于被告人的角度认为，该行为不成立犯罪，从而也就不存在认定故意伤害罪的未遂形态问题了。

三、故意伤害罪的处罚

《刑法》第234条规定，本罪的法定刑，轻伤、重伤、致人死亡或者以特别残忍手段致人重伤造成严重残疾的，分别适用不同的法定刑档次。本罪的最高法定刑是死刑。注意，本法另有规定的，依照规定。这是指刑法对其他故意伤害他人身体健康的行为做了专门的规定时，适用专门规定的罪名与法定刑。如，故意伤害被绑架人，致人重伤、死亡的，以绑架罪定罪量刑，不以本罪论处。

实践中，绝大多数故意伤害案件都是日常生活中的小事逐渐演变升级为犯罪的。起因是小事，但行为人往往情绪失控，造成严重的后果和恶劣的社会影响。因此要知法，学法，守法。

第三节　强奸罪

强奸罪是性侵犯罪中的一个罪名，严重危害妇女的性权益和幼女的身心健康，具有十分严重的社会危害性。

一、概念和构成特征

（一）概念

强奸罪是指违背妇女意志使用暴力、胁迫或者其他手段，强行与妇女发生性关系，或者奸淫幼女的行为。本罪分为强奸妇女、奸淫幼女两种类型，不同类型的犯罪构成要件有区别。

（二）构成特征

1. 本罪侵犯的客体是妇女性的自主决定权和幼女的身心健康权利。本罪的犯罪对象是女性，分为妇女（年满14周岁以上的女性）、幼女（未满14周岁的女性儿童）。本罪侵犯的是妇女性的自主决定权，是否性交的决定权，关于性交具体条件的决定权。对于幼女，侵犯的是不满14周岁幼女的身心健康权。因此，实践中的奸尸案件，侵犯的就不是本罪的犯罪对象。

2. 客观方面：违背妇女意志，强行与其发生性关系的行为，或者奸淫幼女的行为。

关于强奸妇女的类型，行为结构是：

暴力、胁迫或其他强制手段→致使妇女不能反抗、不敢反抗、不知反抗→强行发生性关系

暴力是对被害女性进行身体上的强制，非法的有形力使妇女不能、不敢反抗。胁迫是为了使被害妇女产生恐惧心理，而以施加恶害相通告，使其不敢、不能反抗。其他方法是暴力、胁迫以外的其他方法，使其不知反抗无法反抗。

其他方法，常见的是昏醉型强奸。例如利用给妇女下安眠药等手段，

使其处于昏迷状态，从而强行发生性关系；或者趁妇女处于醉酒状态时，违背其意志，强行发生性关系。还要注意：没有辨认和控制自己行为能力的精神病妇女，由于其不能正确表达自己的意志，只要有与该妇女发生性交的行为，不论行为人是否使用了暴力、胁迫等手段，也不论对方是否表示同意，都应当认定为违背妇女意志，定强奸罪。

关于奸淫幼女的类型，是奸淫不满 14 周岁的幼女的行为。对于幼女年龄的判断，是否要明知未满 14 周岁，有不同的理论观点。依据《关于依法惩治性侵害未成年人犯罪的意见》第 19 条规定，知道或者应当知道对方是不满 14 周岁的幼女，而实施奸淫等性侵害行为的，应当认定行为人"明知"对方是幼女。对不满 12 周岁的被害人实施奸淫等性侵害行为的，应当认定行为人"明知"对方是幼女。对已满 12 周岁、不满 14 周岁的被害人，从其身体发育状况、言谈举止、衣着特征、生活作息规律等观察可能是幼女，而实施奸淫等性侵害行为的，应当认定行为人"明知"对方是幼女。①行为人在与未成年女性发生性关系时，有义务辨别对方是否是未满 14 周岁的幼女；即使误判，也属于间接故意，有证据表明幼女故意实施了年龄欺骗行为的除外。

3. 犯罪主体：年满 14 周岁、具有刑事责任能力的男性。女性不能成为本罪的实行犯，但可以与男子构成共同犯罪，成为本罪的教唆犯和帮助犯。

4. 主观方面：故意，且具有违背妇女意志强行与之发生性关系的故意内容或者奸淫幼女的目的。

二、认定

（一）强奸与通奸的认定

通奸是双方自愿发生性关系的行为，发生在有配偶或者一方有配偶的男女双方之间。在我国，通奸是道德层面调整的行为，不是犯罪行为，强奸是犯罪行为。

其关键区别在于是否违背妇女性的自主决定权。

---

① 最高人民法院、最高人民检察院、公安部、司法部《关于办理性侵害未成年人刑事案件的意见》，自 2023 年 6 月 1 日起施行。

（二）与女精神病人发生性关系的行为认定

强奸罪成立要求违背妇女意志，在女精神病人没有辨认和控制行为能力期间同意发生性行为的，其同意无效，因而成立强奸罪。实践中，与女精神病人存在婚姻关系的，发生性关系一般不认为构成强奸罪。犯罪对象是间歇性的女精神病人，其同意发生性关系是否有效，要看其是否处于具有辨认控制能力期间。在其具有辨认控制能力的情况下，其同意有效，不构成犯罪。

（三）与负有照护职责人员性侵罪的界限

负有照护职责人员性侵罪，是《刑法修正案（十一）》增设的。犯罪对象是已满 14 周岁、不满 16 周岁的未成年女性。犯罪客体是被照护女性性的自决权和身心健康。犯罪主体是负有监护、收养、看护、教育、医疗等特殊职责的人员，是特殊主体。主观方面是故意。客观方面是利用照护职责形成的影响力，与其照护的已满 14 周岁、不满 16 周岁的未成年女性发生性关系的行为。从客观方面要件看，在照护职责的影响力下，构成本罪不要求负有照护职责的人员采用暴力、胁迫或者其他违背本罪犯罪对象意志的手段，不要求违背已满 14 周岁、不满 16 周岁的未成年女性的意志。该罪情节恶劣的情形包括：1. 长期发生性关系的；2. 与多名被害人发生性关系的；3. 致使被害人感染艾滋病病毒或者患梅毒、淋病等严重性病的；4. 对发生性关系的过程或者被害人身体隐私部位制作视频、照片等影像资料，致使影像资料向多人传播，暴露被害人身份的；5. 其他情节恶劣的情形。① 如果负有特殊职责的人员，利用优势地位或者被害人孤立无援的境地，迫使被害人与其发生性关系的，构成强奸罪。如果负有照护职责的人员违背已满 14 周岁、不满 16 周岁的未成年女性意志，采用暴力、胁迫或者其他手段，强行发生性关系，当然构成强奸罪。

二、处罚

《刑法》第 263 条规定了本罪的法定刑。犯本罪的，处三年以上、十年

---

① 最高人民法院、最高人民检察院《关于办理强奸、猥亵未成年人刑事案件适用法律若干问题的解释》，自 2023 年 6 月 1 日起施行。

以下有期徒刑。

奸淫不满 14 周岁的幼女的，从重处罚。应当适用较重的从重处罚幅度情形包括：（一）负有特殊职责的人员实施奸淫的；（二）采用暴力、胁迫等手段实施奸淫的；（三）侵入住宅或者学生集体宿舍实施奸淫的；（四）对农村留守女童、严重残疾或者精神发育迟滞的被害人实施奸淫的；（五）利用其他未成年人诱骗、介绍、胁迫被害人的；（六）曾因强奸、猥亵犯罪被判处刑罚的。

有下列六种情形之一的，处十年以上有期徒刑、无期徒刑或者死刑，包括：（一）强奸妇女、奸淫幼女情节恶劣的；（二）强奸妇女、奸淫幼女多人的；（三）在公共场所当众强奸妇女、奸淫幼女的；（四）二人以上轮奸的；（五）奸淫不满 10 周岁的幼女或者造成幼女伤害的；（六）致使被害人重伤、死亡或者造成其他严重后果的。奸淫幼女，造成幼女伤害，是指具有下列情形之一的：（一）致使幼女轻伤的；（二）致使幼女患梅毒、淋病等严重性病的；（三）对幼女身心健康造成其他伤害的情形。

近年来，侵害妇女儿童犯罪的行为呈上升趋势。[①]妇女儿童受性侵害问题不容忽视。法治始终是妇女儿童全面发展、幸福健康的强有力护盾。保护妇女儿童权益是一项系统工程，需要社会各界共同努力。

第四节　非法拘禁罪

非法拘禁罪是侵犯人身自由权益的犯罪。人身自由是宪法规定的公民最起码、最基本的权利。非法拘禁是一种严重剥夺公民身体自由的行为。

一、非法拘禁罪的概念与构成特征

（一）概念

非法拘禁罪是指故意非法剥夺他人行动自由的行为。

---

① 《最高法发布维护妇女儿童合法权益工作情况》，《人民日报》，2024 年 4 月 18 日第 11 版。

（二）犯罪构成

1. 侵犯的客体是他人行动自由的权利。行动自由是指公民依法按照自己的意志，停留或离开一定空间的权利。人身自由权利是法律赋予人参与社会活动行使权利的基本保证。侵犯的对象是所有依法享有行动自由权利的他人。"他人"是否以有自主意识能力并支配自己身体活动自由的人为限，理论上有不同认识。也就是"他人"是不是要求同时具备行动自由意志和行动自由能力。针对特定的对象，不同认识得出来的结论就不一致。比如说没有自主意识能力的婴儿或者丧失自主意识能力的精神病患者，能不能成为本罪的犯罪对象？一般认为，有行动自由意志并且具有行动自由能力的人，他的行动自由才能被剥夺。而将没有行动自由意志或没有行动自由能力的人，留置在一定空间内，不属于剥夺他人行动自由。

2. 本罪在客观方面表现为实施了非法拘禁他人或者以其他方法剥夺他人行动自由的行为。对客观方面的理解，需要注意，一是剥夺他人人身自由的方法必须是非法的。剥夺他人人身自由的具体方法，可以是多种多样的，但不论是何种方法，均要求对人身自由的剥夺必须是非法的，才能构成非法拘禁罪。如果公安机关工作人员依法将犯罪嫌疑人予以拘留，医生对病人实施隔离等，都不是非法剥夺他人身自由。特别注意：行为人的行动自由只能在法律允许的范围内享有，因此如果禁止公民进入的是其依法不得进入的场所，则不属于剥夺他人行动自由的行为。二是剥夺他人人身自由的行为，具有强制性。以拘禁或者其他强制方法，非法剥夺他人人身自由。拘禁是以强制性方法，使他人在一定时间内失去行动的自由。强制性体现在违背他人意志，强行使他人处于被管束之中，如实施捆绑、关押、禁闭、绑架等。三是行为的多样性。行为人实施的将他人限制在一定的空间内，使其不能自行离开该空间的行为，是否具有暴力性，是作为还是不作为，使用何种手段、方式，均在所不问。因此实践中的行为可以是直接地施加于被害人的身体捆绑等，也可以是设置某种物质障碍，使他人不能自由出入场所，等等。四是拘禁的不法行为和他人失去自由的状态，在一定时间内处于持续的不间断状态。非法剥夺他人行动自由，需要有一定的时间维度，瞬间的不法拘禁行为的社会危害性，尚达不到成立犯罪所要求的程度。当然，非法剥夺他人行动自由时间的长短，属于量刑情节。

3. 本罪的主体，是一般主体，年满 16 周岁、具有刑事责任能力的自然人，就可以成为非法拘禁罪的主体。注意：单位不能成为本罪的犯罪主体。另外，如果出现了本罪转化为故意伤害罪、故意杀人罪的情形时，其主体的年龄就按照故意杀人罪、故意伤害罪的规定来确定。

4. 本罪的主观方面是故意，具有非法剥夺他人人身自由的目的。非法拘禁罪的动机可以是多种。如逞威风、耍特权、索债等等，动机不同，不影响本罪的成立。

二、非法拘禁罪的认定

（一）罪与非罪

关于本罪与非罪的认定，行为人以剥夺他人人身自由为目的，非法拘禁他人的，成立本罪。实践中非法拘禁情况千差万别，危害轻重不一，要判断行为人的行为是否构成本罪，应在综合考量行为社会危害性的基础上进行，对于情节显著轻微、危害不大的，不认为是犯罪。关于该罪的入罪标准，可以参考国家机关工作人员利用职权非法拘禁立案的情形。一般具有下列情形之一的，应予立案：非法拘禁持续时间超过 24 小时的；三次以上非法拘禁他人，或者一次非法拘禁三人以上的；非法拘禁他人，并使用械具或者捆绑等恶劣手段，或者实施殴打、侮辱虐待等行为的；造成被拘禁人轻伤、重伤、死亡的；为索取债务非法扣押拘禁他人具有上述情形之一的；司法工作人员对明知是没有违法犯罪事实的人而非法拘禁的；其他非法拘禁应予追究刑事责任的情形。[①] 另外，注意：2018 年关于黑恶势力有组织地多次短时间非法拘禁他人的认定，非法拘禁他人三次以上、每次持续时间在 4 小时以上，或者非法拘禁他人累计时间在 12 小时以上的，应以非法拘禁罪定罪处罚。[②]

非法拘禁是一种行为犯，从原理上讲，行为人的行为达到剥夺他人行动自由的程度时，即成立犯罪既遂。从上述司法解释可以看出，实践中，

---

① 2006 年最高人民检察院《关于渎职侵权犯罪案件立案标准的规定》。

② 最高人民法院、最高人民检察院、公安部、司法部《关于办理黑恶势力犯罪案件若干问题的指导意见》（法发〔2018〕1 号）。

不处罚非法拘禁罪的未遂形态，所以在刑事实务中，非法拘禁罪只有成立与否的问题，而不存在犯罪停止形态的争论。

（二）关于非法拘禁存在暴力、殴打等情形时的认定问题

《刑法》第238条规定，非法拘禁他人，有殴打、侮辱情节的，以非法拘禁罪从重处罚。致人重伤、致人死亡的，以非法拘禁罪定罪。此处的"致人重伤、致人死亡"指在非法剥夺他人人身自由的过程中，因过失造成被害人重伤、死亡或者引起自杀致死亡、重伤的结果。使用暴力致人伤残、死亡的，行为的认定就根据法律规定转化为故意伤害罪、故意杀人罪。对转化的这一规定，要特别注意其适用条件，即必须是暴力行为和伤残、死亡结果之间有因果关系。

（三）为索取债务非法拘禁、扣押他人的认定

依据《刑法》第238条第3款规定，为索取债务非法拘禁、扣押他人的，以非法拘禁罪处罚。从逻辑上讲，拘禁、扣押他人并索取财物的，可能触犯更为严重的绑架罪或者抢劫罪，但考虑到索取债务扣押他人的行为，目的是促使债务人履行债务而不是勒索和非法占有他人的财物，因此刑法将这种侵犯他人行动自由的索取债务方式，作为非法拘禁罪予以处罚。关于这个内容特别要注意两个方面，一是债务的范围。《刑法修正案（十一）》生效之前，该债务的范围，根据相关的司法解释，既包括合法的债务，也包括索取高利贷、赌债等法律不予保护的非法债务。《刑法修正案（十一）》生效之后，新增了一个罪名，催收非法债务罪，对高利贷、赌债等非法债务，如果采取非法拘禁他人、限制人身自由的方式来索取的话，适用催收非法债务罪。二是倘若非法拘禁行为人索要的财物超出了债务范围，应该如何处理？即非法拘禁行为不仅仅是索要债务，而是明显超出了债务的范围。据此要根据其具体的行为方式，按照绑架罪或者抢劫罪处罚。

三、处罚

《刑法》第238条第1款规定了构成本罪的量刑，明确具有殴打、侮辱情节的从重处罚。第2款规定，犯本罪致人重伤、死亡的量刑幅度和转化为故意伤害罪、故意杀人罪的定罪量刑。第3款规定了为索取债务非法扣押拘禁他人的定罪处罚。第4款是国家机关工作人员利用职权犯本罪的，其定罪量刑问题。注意，此处的"利用职权犯本罪的"，是指国家机关工作人员滥用职权的非法拘禁行为。

我国《宪法》第37条规定："禁止非法拘禁和以其他方法非法剥夺或者限制公民的人身自由。"全面贯彻实施宪法，是建设社会主义法治国家的首要任务和基础性工作。刑法将非法剥夺公民人身自由的犯罪行为，以非法拘禁罪定罪量刑，维护了公民的人身自由权利。

第五节　绑架罪

绑架罪也是严重侵犯人身权益的一种犯罪。1979年《刑法》没有专门规定绑架罪，此罪名源于1991年全国人大常委会《关于严惩拐卖、绑架妇女、儿童的犯罪分子的决定》第2条第3款规定的"绑架勒索罪"。1997年修订《刑法》时对其罪状做了修改和补充，因而将罪名相应地改为"绑架罪"。《刑法修正案（九）》又对其第2款进行了修改，形成了目前对绑架罪的法律规定。

一、绑架罪的概念与犯罪构成

（一）概念

绑架罪是指以勒索财物为目的，绑架他人或者绑架他人作为人质的行为。我们具体分析一下绑架罪的构成要件。

（二）犯罪构成

1. 本罪侵犯的客体属于复杂客体。绑架罪既侵犯了被绑架人的人身自由，同时也侵犯了其他人的财产权或其他相关权益。但是在这些客体中，他人的人身自由是本罪所侵犯的主要客体。作为本罪对象的他人是指任何人。

2. 本罪在客观方面表现为实施绑架勒索行为或者其他劫持人质行为。立法对本罪绑架的手段行为没有规定。但是从绑架的含义来说，一般是指使用暴力、胁迫或者其他手段劫持他人的行为。暴力是指对被绑架人实施殴打、伤害、捆绑等使被害人不能、不敢反抗的人身强制行为；胁迫是指对被绑架人以将要实施杀害、伤害进行威胁，使其不敢反抗的精神强制行为。还包括除了暴力、胁迫以外，使被绑架人不敢反抗、不能反抗的人身强制行为，比如用药物麻醉等方法。

绑架的具体行为可以有两种情况，一是以勒索财物为目的，绑架他人为人质，简称为绑架勒索行为；二是出于非勒索财物的目的绑架他人为人质。我们分着来看一下这两种情形。绑架勒索行为包括绑架行为和勒索行为，该行为是指绑架他人作为人质，向被绑架人以外的人索要赎金。一般是向与被绑架人存在亲属或其他利益关系的人索要。绑架孩子作为人质，向父母索要赎金。注意。以勒索财物为目的，偷盗婴幼儿的，亦构成本罪。

以非勒索财物为目的的绑架他人，是指除绑架勒索财物外，行为人为满足其不法要求，控制他人作为人质的行为，这里所说的"满足不法要求"是指满足其没有通过正当途径提出的要求，并不意味着该要求本身必须是违法或者犯罪的。比如行为人通过劫持人质要求见已经离婚的前妻，也属于这种不法要求。但是需要注意此处的"不法要求"，不包括要求被害人履行债务，这个知识点我们在非法拘禁罪当中已经学过了，

上述两种具体情况，无论哪一种，都实施了以暴力、胁迫、麻醉或其他方法强行控制被害人人身自由的行为。因而绑架行为的实质是将被害人置于自己非法控制之下，至于行为人具体采用什么样的绑架手段，将被害人劫持到什么场所，在所不问。实践中绑架行为以暴力实施较为常见。总之，绑架罪的行为方式，有以下三种：以勒索财物为目的，绑架他人的行为；以勒索财物为目的，偷盗婴幼儿的行为；使用暴力、胁迫或者其他方法绑架他人作为人质的行为。

3. 本罪的主体是一般主体，凡年满 16 周岁、具有刑事责任能力的自然人均可构成本罪。但是注意，已满 14 周岁、未满 16 周岁的人，在绑架过程中使用暴力故意伤害他人致死或者故意杀人的，不构成绑架罪，以故意伤害罪或者故意杀人罪论处。那此时关于主体的要求就按照故意伤害罪或故意杀人罪的规定来确定。请考虑一下，《刑法修正案（十一）》实行后，已满 12 周岁、不满 14 周岁的人，实施上述相同行为的，有没有可能涉嫌故意杀人罪或者故意伤害罪？有。

4. 本罪的主观方面是故意并且行为人具有勒索赎金或满足其他不法要求的目的。如果行为人主观上不具有这样的特定目的，而是为了实施某种

犯罪，故意剥夺他人行动自由的，则不成立绑架罪。比如行为人为实施拐卖妇女、儿童等犯罪而劫持被害人的，不能以绑架罪论处。

二、认定

（一）既遂的标准

实践中，行为人在绑架人质以后，通常以一定的方式将绑架的事实通知被绑架人亲属或其利害关系人或者有关机关部门，并以继续扣押人质或者加以杀伤相要挟，勒令在一定时间内交付一定数额的金钱或者满足其某种要求，以换取人质。那绑架罪的既遂标准，是以实际控制他人为人质作为既遂标准，还是控制他人以后，提出勒索赎金的要求或其他不法要求作为绑架罪既遂的标准？理论上的意见并不一致。一般认为当绑架行为实际侵害了主要犯罪客体，实际控制了他人，即行为人实施了绑架全部行为时，绑架罪成立既遂。这是关于本罪认定的一个重要知识点，要认真掌握。

（二）罪数问题

绑架是一种严重的暴力性犯罪，在犯罪过程中往往会导致被害人伤亡的后果，那此时怎么来认定犯罪？行为人在实施绑架行为中故意或过失地致人重伤，形成绑架罪与故意伤害罪或过失致人重伤罪的想象竞合，理论上应适用从一重处原则。行为人在绑架过程中，过失致被害人死亡，同样形成绑架罪与过失致人死亡罪之间的想象竞合，理论上认为应从一重处，但是以绑架罪定罪处罚。

行为人在绑架犯罪过程中或者犯罪既遂之后故意将被害人杀死，也就是通常所说的撕票，此时故意杀人已经独立成罪，但是根据《刑法》第239条的规定，此种情况属于绑架罪的一个处罚情节，以绑架罪定罪处罚。这是绑架罪认定当中的另外一个重要知识点。还要注意，此处是除了行为人不满16周岁的以外。不满16周岁的话，是单独以故意杀人罪论处。

行为人在绑架过程中又实施了其他加害于被害人的行为并构成犯罪的，怎么处理？应当数罪并罚，比如绑架妇女作为人质后又实施强制猥亵行为的，绑架罪和强制猥亵罪数罪并罚。

（三）本罪与非法拘禁罪的界限

在绑架行为实施过程中，对他人人身自由的非法剥夺是绑架的当然结果，而非法拘禁也可以以绑架的手段实施，两者就非常容易混淆。两者的区别主要在于：第一，主观方面不同。本罪是以勒索财物为目的或者以获取其他利益为目的；非法拘禁罪是以非法剥夺人身自由为目的。第二，客观方面不同。绑架罪一般既有绑架行为，又有勒索财物或者要求其他利益的行为，剥夺人身自由是绑架的当然结果，而非法拘禁罪一般只具有非法剥夺人身自由的行为，除了索取债务的情况外，无勒索财物的行为，也无要求其他利益的行为。第三，客体不完全相同。本罪既存在复杂客体的情况，也存在单一客体的情况，而后者只是单一客体。

三、处罚

根据《刑法》239条第1款的规定了犯本罪的一般处罚和情节较轻的处罚。第2款规定了杀害被绑架人或者故意伤害被绑架人，致人重伤、死亡的，处无期徒刑或者死刑，并处没收财产。第3款专门规定了以勒索财物为目的偷盗婴幼儿的，依照前两款的规定处罚。

绑架罪的法定刑规定，情节较轻的，法定最低刑是五年以上有期徒刑。这样的刑罚规定甚至严于故意杀人、抢劫等严重犯罪。因此，对绑架罪的认定要严格。

总之，绑架罪是受严厉打击的暴力犯罪。实践生活中，该罪时有发生，不管出于什么原因，不要企图通过绑架他人达到目的，而应该通过协商或法律途径解决问题，树立法治思维和运用法治方式解决问题的能力。

第六节　拐卖妇女、儿童罪

拐卖妇女、儿童犯罪严重侵犯妇女、儿童的人身权利，对被拐卖妇女、儿童的身心健康造成巨大伤害，并由此引发一系列社会问题，严重影响社会和谐稳定。

一、拐卖妇女、儿童罪的概念与构成特征

（一）概念

拐卖妇女、儿童罪是指以出卖为目的，拐骗、绑架、收买、贩卖、接

送、中转妇女、儿童的行为。

（二）构成要件

1. 本罪侵犯的客体，是妇女、儿童的人身自由和人格尊严。拐卖妇女、儿童罪在本质上是将妇女、儿童作为商品予以买卖，是对妇女、儿童人格尊严的严重践踏。本罪的对象仅限于妇女和儿童。此处的妇女是指已满14周岁的女性。儿童是指未满14周岁的男女儿童。由此，我们探讨一下几个问题：一是已满14周岁的男性是不是本罪的犯罪对象？不是。二是患有精神疾病的女性呢？符合本罪犯罪对象的要求。三是不具有中国国籍的妇女呢？也是本罪的犯罪对象，包括外国国籍和无国籍妇女。四是亲生子女、收养子女、捡到的子女呢？是。因此，本罪所侵犯的对象，只有年龄与性别的限制，至于被害人精神状况、健康状况如何，生活质量好坏，以及与犯罪人是何种关系，是否具有中国国籍等均不影响犯罪的成立。本罪是选择性罪名，拐卖的是妇女，构成拐卖妇女罪，拐卖的是儿童，构成拐卖儿童罪。

2. 本罪的客观方面表现为行为人实施了拐卖妇女、儿童的行为。根据《刑法》第240条的规定，拐卖行为包括拐骗、绑架、收买、贩卖、接送、中转妇女、儿童行为之一。我们具体来了解以下每种行为的含义。此处的拐骗是指采用欺骗、利用等方法，使被害人轻信并脱离家庭后将其置于行为人控制之下。绑架是指以暴力、胁迫或者麻醉等方法劫持妇女、儿童。收买是指以出卖为目的，用一定的钱物作为对价购买妇女、儿童。贩卖是指将拐骗、绑架、收买的妇女、儿童转手出卖。接送是指在拐卖妇女、儿童的共同犯罪中，为拐卖妇女、儿童的罪犯接收或者运送被拐卖的妇女、儿童的行为。中转是指为出卖的目的为拐卖妇女、儿童的罪犯提供中途场所或者方便条件的行为。上述行为都是行为人将妇女、儿童作为商品出卖的来源条件。行为人只要实施了上述行为之一的，即可成立本罪。至于拐卖行为"是否违背被害人意志"，不影响以本罪论处。另外需要注意，按照《刑法》第240条规定，以出卖为目的而偷盗婴幼儿的也构成本罪。如果偷到婴儿是为了勒索婴幼儿的父母或者亲属的财物，则不能按照本罪定罪处罚，应以绑架罪定罪处罚。根据相关司法解释，对婴幼儿采取欺骗、利诱等手段，使其脱离监护人或看护人的视为偷盗婴幼儿的行为。比如欺骗孩子带她找妈妈，给她好吃的糖果引诱孩子跟他走等等。

3. 本罪的主体是一般主体，凡年满 16 周岁、具有刑事责任能力的自然人都可构成本罪。单位不能成为拐卖妇女、儿童罪的犯罪主体。医疗机构、社会福利机构等单位的工作人员以非法获利为目的，将所诊疗、护理、抚养的儿童出卖给他人的，以拐卖儿童罪论处。

4. 本罪的主观方面是故意，还必须具有出卖的目的，至于这一特定目的是否实现，出卖妇女、儿童后是否获利则不影响犯罪的成立。

二、认定

（一）本罪与非罪的界限

主要探讨以下问题：一是出卖的对象是亲生子女如何定性的问题。以营利为目的出卖不满 14 周岁亲生子女，情节恶劣的，应以拐卖儿童罪论处。出卖 14 周岁以上女性亲属或者其他不满 14 周岁亲属的，应以拐卖妇女、儿童罪论。此处要注意：要严格区分借送养之名出卖亲生子女与民间送养行为的界限。民间送养行为中也存在接受收养人礼金的情形，它与拐卖行为的性质不同，区分的关键在于行为人是否具有非法获利的目的。比如，明知对方不具有抚养目的，或者根本不考虑对方是否具有抚养目的，为收取钱财将子女"送"给他人的，名义上为"送"，实为"卖"，此时就具有非法获利目的。要注意：根据相关解释的规定，对那些迫于生活困难、受重男轻女思想影响而出卖亲生子女的，可不作为犯罪处理，对于出卖子女确属情节恶劣的，可按遗弃罪处罚。以上是犯罪对象为亲生子女的情形。二是，如果以贩卖牟利为目的所谓"收养"子女的，是否构成本罪？构成。三是需要注意区分拐卖妇女罪与借介绍婚姻从中索取钱财行为的界限。两者的区别主要在于本罪的目的是将妇女作为商品处理，后者的目的为介绍婚姻，借机索取财物只是动机。拐卖妇女明显存在违背妇女意志的因素。后者被介绍的男女双方都知悉婚姻的真实情况，在客观上不存在明显违背女方意志的因素。但是，如果以介绍婚姻为名，采取非法扣押身份证件、限制人身自由等方式，或者利用妇女人地生疏、语言不通、故里无缘等情况，违背妇女意志，将其出卖给他人的，应当以拐卖妇女罪追究刑事责任。

（二）本罪既遂的认定

以出卖为目的，有拐骗、绑架、收买、贩卖、接送、中转妇女、儿童的行为之一的，就成立本罪。拐卖妇女儿童，不论是哪个环节，只要是以出卖为目的，有上述行为之一的，不论拐卖人数多少，是否获利，均以拐卖妇女、儿童罪追究刑事责任。网上有个"少女发现被拐卖，反手将人贩子卖掉"的信息，有的网友认为少女是以其人之道还治其人之身，行为没问题。从犯罪的角度，少女的行为构成拐卖妇女罪，而且是既遂。

注意：对于出卖亲生子女或者诊疗、护理、抚养的儿童的，以及收买被拐卖的妇女、儿童之后才产生出卖意图而进行出卖被害人的，应以实际出卖了被害人为既遂标准。至于是否已经实际得到售卖者所交付的钱款，对成立本罪既遂没有影响。

（三）本罪的罪数

实践中，拐卖妇女、儿童的犯罪分子，大多手段凶残，不顾被害人的人身安全，因而在犯罪过程中往往存在殴打、侮辱或者以其他方式摧残被害人的行为，从而可能涉及其他犯罪。此时是按本罪一罪处理还是数罪并罚呢？注意《刑法》第240条规定的加重处罚情节。从本条的相关规定来看，拐卖妇女的犯罪分子奸淫被拐卖妇女、强迫被拐卖妇女卖淫的，这两种情形均作为吸收情节，按拐卖妇女罪一罪定罪处罚，不再单独定罪。拐卖妇女、儿童的过程中，因殴打、捆绑等行为过失导致被害人重伤死亡的，成立拐卖妇女儿童罪的结果加重犯，以本罪论处。但是注意拐卖妇女、儿童过程中，因被害人反抗等原因，行为人故意杀害、故意伤害被害人的，应当对行为人的故意杀害、伤害行为进行独立评价，以本罪和故意伤害罪，故意杀人罪，进行数罪并罚。

（五）本罪与拐骗儿童罪的界限。

关键就在于主观犯罪目的不同。本罪是以出卖为目的，拐骗儿童罪是拐骗不满14周岁的未成年人，脱离家庭或者监护人的。

三、处罚

根据《刑法》第240条的规定，犯本罪的，一般的量刑是处五年以上、十年以下有期徒刑，并处罚金。有法定的加重处罚情节的，处十年以上有期徒刑或者无期徒刑并处罚金或者没收财产，情节特别严重的处死刑并处没收财产。

我们党和国家历来十分重视保护妇女、儿童合法权益，始终坚持不懈地开展严厉打击拐卖妇女、儿童犯罪活动。2021年4月9日，国务院办公厅印发《中国反对拐卖人口行动计划（2021—2030年）》的通知，以积极应对国内外拐卖人口犯罪的形势，有效预防、依法打击拐卖人口犯罪。坚持从严惩治，不断提高治理社会化、法治化、专业化水平，进一步增强人民群众安全感，维护社会和谐稳定。

第七节　诬告陷害罪

我国《宪法》第38条规定，"中华人民共和国公民的人格尊严不受侵犯。禁止用任何方法对公民进行侮辱、诽谤和诬告陷害"。检举揭发违法犯罪行为是每个公民的权利，但实践中，有些人往往利用该项权利滥用检举揭发权，无中生有，诬告陷害他人，严重影响社会和谐发展，破坏社会风气。

一、诬告陷害罪的概念与构成特征

（一）概念

诬告陷害罪是指捏造犯罪事实向国家机关或者有关单位做虚假告发，意图使他人受到刑事追究，情节严重的行为。

（二）犯罪构成

1. 本罪侵犯的客体是他人的人身权利和司法机关的正常活动。也就是说诬告陷害罪属于侵犯双重客体的犯罪，它既侵犯了公民的人身权利，又不可避免地干扰到司法机关的正常活动，二者缺一不可。因此成立诬告陷害罪，必须有特定的对象，没有特定对象，也就谈不上对公民人身权利的侵犯。诬告陷害罪的对象可以是任何自然人，其中包括正在服刑的犯人。行为人诬告单位犯罪，可能导致个人受到刑事追究的也构成诬告陷害罪。

2. 本罪在客观方面表现为行为人实施了捏造犯罪事实，并向国家机关和有关单位进行告发，情节严重的行为。捏造犯罪事实和进行告发，是诬告陷害罪不可缺少的组成部分。在理解客观方面的时候需要注意以下四个方面，一是必须有捏造他人犯罪事实的行为。捏造是指无中生有，虚构他人的犯罪事实。注意：包括栽赃陷害，在确实发生了具体犯罪事实的情况下，捏造证据，栽赃嫁祸他人；还包括借题发挥，将不构成犯罪的事实夸大为犯罪事实，进而陷害他人的。所捏造的既可以是全部的事实，也可以是部分的事实。如果告发的是真实的犯罪事实，即使在情节上有所夸大，亦属检举失实，不能定罪。注意：如果所捏造的某些事实不属于犯罪事实，而是损害他人人格名誉的事实，则不构成诬告陷害罪。比如捏造他人嫖娼，捏造的是与他人生活隐私有关的，违反《治安管理处罚法》的行为事实，则该事实不属于犯罪事实。如果情节严重，需要追究刑事责任的，可能会构成诽谤罪。二是必须有向国家司法机关或者其他机关单位做虚假告发的行为。告发和捏造一样，也是成立诬告陷害罪的客观必要条件。如果没有进行告发，其诬陷的目的就无法实现。告发的形式，可以是书面检举告发，也可以是口头向有关部门当面告发；可以是署名告发，也可以是匿名告发；可以是向公安、司法部门告发，也可以向其他有关单位和人员告发。三是告发的对象，必须是特定的、具体的，但并不要求指名道姓，只要能从诬告的内容中推测出是谁即可。如果只是假报有犯罪发生，但无特定对象的，不会引起公安司法机关对特定人的刑事追究，也就是这种行为虽然也侵犯了司法机关的正常活动，但未直接侵犯他人的人身权利，因而不构成本罪。四是诬陷情节严重的。这里的"情节严重"，主要是指捏造的犯罪事实情节严重、诬陷手段恶劣、严重影响了司法机关的正常工作，社会影响恶劣等。

3. 本罪的主体为一般主体，为年满 16 周岁、具有刑事责任能力的人。

4. 本罪的主观方面是故意，并具有诬告陷害他人使其受到刑事追究的目的。行为人诬陷他人可能出于不同的动机，有的是发泄私愤，有的是嫉贤妒能，有的是排排除异己，但必须以使他人受刑事追究为目的，才构成诬告陷害罪。如果不以使他人受到刑事追究为目的，捏造事实诬告的，如以败坏他人名誉，阻止他人得到某种奖励或者提升等为目的而诬告人有违法或不道德的行为的，则不构成本罪。行为人的动机如何不影响犯罪成立。

二、认定

（一）罪与非罪的认定

一是注意诬告陷害与一般诬告行为的界限。两者在客观方面都有捏造事实，向有关单位告发的行为，在主观上都有诬陷他人的故意。区别关键在于捏造的事实对象和诬告的目的，即捏造的是犯罪事实，诬告的目的是意图使他人受到刑事追究，如果捏造的是一般违法事实，意图使他人受党纪、政纪处分的，不是本罪的诬告陷害。二是注意诬告陷害与错告、检举失实的界限。两者的区别在于行为人主观心理状态不同。诬告陷害罪是故意捏造事实，出于使他人受到刑事追究的目的，向国家机关或有关单位做虚假告发。而错告、检举失实行为人认为自己告发的是真实犯罪事实，只是由于情况不明或者认识片面，而在控告、检举中发生差错，主观上没有陷害他人的故意，客观上不具备捏造犯罪事实的行为。

（二）本罪的既遂

本罪属于行为犯，只要行为人实施了捏造犯罪事实并向司法机关或其他有关单位告发的诬陷行为，必然构成既遂。至于被诬陷者实际上是否受到刑事追究，不影响犯罪既遂的成立。

三、处罚

根据《刑法》第 243 条的规定，犯本罪的，处三年以下有期徒刑、拘役或者管制；造成严重后果的，处三年以上、十年以下有期徒刑。此处的"造成严重后果"，主要是指被害人被错误地追究了刑事责任，或者是被诬陷人的人身权利、民主权利、财产权利等受到重大损害，或者是给司法机关的正常工作造成特别重大的损害等

国家机关工作人员犯前款罪的，从重处罚。关于本规定，国家机关工作人员由于其所处的地位和掌握的权力，如果捏造事实诬陷他人，往往会对被害人的合法权益和国家机关的声誉成更大的损害，因此对国家机关工作人员的要求更加严格。

行为人实施诬告陷害行为，企图假手司法机关实现其诬陷无辜的目的，不仅侵犯了公民的人身权利，使无辜者的名誉受到损害，而且可能导致冤假错案，扰乱司法机关的正常活动，破坏司法机关的威信，因此必须依法予以严惩。另外，要注意对于受到错告、诬告的党员干部，建立健全澄清正名机制。如《关于新形势下党内政治生活的若干准则》要求，对于受到诽谤、诬告、严重失实举报的党员，党组织要及时为其澄清和正名。

第八节　诽谤罪

诽谤是侵害名誉权的一种典型方式，往往以语言、文字等方式散布虚假的事实，导致权利人的社会评价降低。造谣、传谣，这些都属于诽谤行为。随着网络的普及和发展，借助视频剪辑拼接、杜撰图配文、捏造画外音、"深度伪造"技术等手段，造谣诽谤带来的影响波及范围更广、影响更大，很多人深受其害。2020年7月的杭州女子取快递被造谣出轨案就是其中的典型案件（以下简称诽谤案例）。

一、诽谤罪的概念与构成特征

（一）概念

诽谤罪是指故意捏造并散布某种虚构的事实，损害他人人格和名誉，情节严重的行为。我们通过本罪的构成特征来具体掌握。

（二）犯罪构成

1. 侵犯的客体是他人的人格尊严和名誉权。对象是特定的人。诽谤案例中，被诽谤者是杭州的谷女士这一特定对象，行为人编造"女子出轨快递小哥"等聊天内容侵犯的是她的人格和名誉权。还需要注意人格尊严和名誉权的主体都是有生命的人，已经死亡的人不再享有这种权利。如果诽谤的是英雄烈士的名誉、荣誉，《刑法修正案（十一）》将其归入妨害社会管理秩序的行为，符合入罪条件，会涉嫌构成侵害英雄烈士名誉、荣誉罪。

2. 客观方面表现为捏造并散布虚假的事实，损害他人人格，破坏他人名誉，情节严重的行为。对客观方面要件的理解要注意，一是必须捏造了损害他人人格、名誉的虚假事实。捏造，即无中生有、凭空编造。而且所捏造的必须是足以损害他人人格、名誉的事实，即所捏造的事实关系到特定人的人格、名誉且足以以假乱真。因而，如果不是编造虚假事实，而是在没有法律依据的情况下，将有损被害人人格、名誉的真实情况公布，不成立诽谤。对不是以特定的一人或者数人为诽谤对象，或者编造不足以使人相信的侮辱人格的言辞而扩散的，不能认定为是诽谤行为。二是必须实施了将捏造的事实，加以散布的行为。散布是指用语言或者文字的方式扩散捏造的内容，使众人知道。单纯的捏造虚假事实，而没有散布出去，不成立诽谤。扩散的方式可以是口头扩散，也可以是文字扩散，可以通过出版物扩散，也可以利用信息网络扩散。只要是足以使不特定人知悉的，就属于本罪所要求的散布行为。针对日益增多的网络诽谤现象，2013年9月6日，最高人民法院、最高人民检察院发布《关于办理利用信息网络实施诽谤等刑事案件适用法律若干问题的解释》（以下简称《诽谤案件解释》），界定了通过信息网络扩散捏造的事实，应当认定为捏造事实诽谤他人的情形，包括：（1）捏造损害他人名誉的事实，在信息网络上散布，或者组织、指使人员在信息网络上散布的；（2）将信息网络上涉及他人的原始信息内容篡改为损害他人名誉的事实，在信息网络上散布，或者组织、指使人员在信息网络上散布的；（3）明知是捏造的损害他人名誉的事实，在信息网络上散布，情节恶劣的，以"捏造事实诽谤他人"论。

三是诽谤行为必须情节严重。所谓情节严重，实践中一般是指诽谤手段恶劣、诽谤者主观恶性大，造成严重后果或者恶劣影响等情形。比如，捏造事实诽谤他人，致使被害人受到严重精神刺激而自残、自杀的。另外，网络诽谤情节严重的标准，根据《诽谤案件解释》是具有以下四种情形之一：（1）同一诽谤信息实际被点击、浏览次数达到五千次以上，或者被转发次数达到五百次以上的；（2）造成被害人或者其近亲属精神失常、自残、自杀等严重后果的；（3）二年内曾因诽谤受过行政处罚，又诽谤他人的；（4）其他情节严重的情形。还要注意，一年内多次实施利用信息网络诽谤他人行为未经处理，诽谤信息实际被点击、浏览、转发次数累计计算构成犯罪的，应当依法定罪处罚。

诽谤案例中，行为人偷拍了谷女士在小区取快递时的视频，随后与朋友"开玩笑"，编造"女子出轨快递小哥"等聊天内容，发至微信群，造成该信息被大量阅读、转发。据报道，2020年8月至同年12月，仅微博话题"被造谣出轨女子至今找不到工作"阅读量就达4.7亿、讨论5.8万人次，不仅严重侵害了被害人的人格权，影响其正常工作生活，使其遭受一定经济损失，社会评价也受到一定贬损，属于捏造事实通过信息网络诽谤他人且情节严重。

3. 本罪的主体为一般主体，凡年满16周岁、具有刑事责任能力的自然人，均可构成本罪。案例中，便利店店主和他的朋友是应承担刑事责任的主体。

4. 本罪的主观方面是故意，并且要求行为人有损害他人人格、名誉的目的。诽谤案件中，行为人主观上所谓的开玩笑，很显然是故意。如果行为人主观上没有损害他人格、名誉的目的，客观上扩散了有损于他人人格、名誉的不真实事实，这属于民事侵权行为而不成立诽谤罪。杭州女子取快递被造谣出轨案同时符合四个要件，行为人就构成诽谤罪。

二、认定

（一）诽谤罪与一般民事侵权行为的界限

情节严重，是诽谤行为入罪的关键。一般损害他人人格、名誉的不实之词，情节不严重的，不应作为犯罪论处。认定行为是否情节严重，除了依据实践经验和司法解释的规定外，还需要结合案件的具体情况进行综合分析。

（二）危害社会秩序和国家利益的诽谤行为的认定

《刑法》第246条第2款规定诽谤罪属于告诉才处理的犯罪，但是严重危害社会秩序和国家利益的除外。告诉才处理，是一般是指被诽谤的人，也就是被害人向人民法院起诉才处理。如果被害人因为受到强制、威吓无法告诉的，则人民检察院和被害人近亲属也可以代为告诉。此外，对通过信息网络实施的诽谤罪，如果被害人向人民法院告诉在提供证据方面确有困难的，人民法院可以要求公安机关提供协助。严重危害社会秩序和国家利益的情形认定，可以参见《诽谤案件解释》关于利用信息网络诽谤他人的相关规定。有七种情形：（1）引发群体性事件的；（2）引发公共秩序混乱的；（3）引发民族、宗教冲突的；（4）诽谤多人，造成恶劣社会影响的；（5）损害国家形象，严重危害国家利益的；（6）造成恶劣国际影响的；（7）其他严重危害社会秩序和国家利益的情形。上述七种情形，任何一种都被认为是严重危害社会秩序和国家利益的情形。诽谤案件中，法院认为行为人的行为已并非仅仅对被害人造成影响，其对象选择的随机性，造成不特定公众恐慌和社会安全感、秩序感下降；诽谤信息在网络上大范围流传，引发大量淫秽、低俗评论，虽经公安机关辟谣，仍对网络公共秩序造成很大冲击，严重危害社会秩序，因而该案由自诉转为检察院公诉。

（三）本罪与诬告陷害罪的界限

区别在于，两罪的犯罪客体、客观方面、主观目的的不同。

三、处罚

《刑法》第 246 条第 1 款规定了本罪的法定刑。第 2 款是关于本罪的追诉方式，一般是告诉才处理，但是有例外，即严重危害社会秩序和国家利益的除外。第 3 款规定了被害人因网络诽谤告诉的，可以获得取证协助。

尊重他人的人格和名誉是每一个公民应有的道德品质和必须遵循的共同生活准则。网络不是法外之地，在网上发布信息、言论应遵守法律法规，文明上网，不造谣、不信谣、不传谣，共同维护健康的网络环境和良好的社会秩序。对于通过信息网络贬低他人人格、损害他人名誉的行为，必须坚决予以打击。

第九节　刑讯逼供罪

刑讯逼供，在我国长达数千年的封建社会里，曾经是公开、合法的审讯方式。受到这种消极思想的影响，刑讯逼供在当今也时有发生。刑讯逼供不仅使被审讯人在肉体上、精神上遭受摧残和折磨，也是造成许多冤假错案的重要原因。公平正义是社会主义法治的价值追求。冤假错案是对社会公平正义的极大伤害。我国旗帜鲜明地反对刑讯逼供。

一、概念与构成特征

（一）概念

刑讯逼供罪，是指司法工作人员对犯罪嫌疑人、被告人使用肉刑或者变相肉刑逼取口供的行为。

（二）犯罪构成

1. 本罪侵犯的客体是公民的人身权利和国家司法机关的正常活动。司法工作人员对被讯问人员采用刑讯的手段获取口供，直接侵犯了公民的人身权利，而且刑讯逼供所得到的口供缺乏真实性和合法性，也不可避免地会妨碍司法机关的正常活动，因此该罪属于侵犯双重客体的犯罪。

本罪侵犯的对象，仅限于犯罪嫌疑人、被告人。犯罪嫌疑人、被告人，根据我国《刑事诉讼法》的有关规定，是指在刑事诉讼中被指控有犯罪行为，而被司法机关依法追究刑事责任的人。公诉案件中，在向人民法院提起公诉前称为犯罪嫌疑人，在向人民法院提起公诉后、判决前称为被告人。自诉案件中，在人民法院判决前称为被告人。此处的犯罪嫌疑人、被告人是刑事诉讼中的参与主体，也就是说本罪仅限于发生在刑事诉讼中。

2. 本罪在客观方面表现为行为人对犯罪嫌疑人、被告人实施了肉刑或者变相肉刑逼取口供的行为。刑讯逼供行为包含两个方面，实施肉刑或者变相肉刑，以逼取口供。实施肉刑是对犯罪嫌疑人、被告人施行身体暴力，如对其进行殴打、捆绑或者违法使用械具等肉体折磨。实施变相肉刑，一般是对犯罪嫌疑人、被告人使用类似于肉体暴力的折磨和摧残，比如说冻、饿、晒、烤或者长时间不许其睡觉、不让其喝水等行为。口供，又称犯罪嫌疑人、被告人供述和辩解，是《刑事诉讼法》规定的八种法定证据种类之一。口供在定罪量刑中发挥着重要作用。所谓逼取口供是指逼迫犯罪嫌疑人、被告人在不堪忍受痛苦的情况下做出供述。实施肉刑或者变相肉刑和逼取口供行为，两种行为缺一不可。如果司法工作人员只是采用诱供、指名问供而没有使用肉刑或者变相肉刑，或者使用肉刑或变形肉刑，但不是用来逼取口供的，均不构成本罪。需要注意，只要行为人实施了刑讯逼供行为，无论是否实际得到供述，以及所得到的供述是否客观真实，都不影响本罪的成立。

3. 本罪的主体是特殊主体，必须是司法工作人员。此处司法工作人员的范围，《刑法》第 94 条做了明确规定，是指具有侦查、检察、审判、监管职责的工作人员，像公安机关、人民检察院、法院等的工作人员。那不属于司法工作人员范围的人员，就不能成为本罪的主体。

4. 本罪的主观方面表现为直接故意并且具有逼取口供的目的。如果不是逼取口供的目的，可认定为其他犯罪，比如说可以认定为故意伤害罪。逼取口供的动机有的是挟嫌报复，有的是基于破案或者结案，等等。无论出于何种动机，都对构成本罪没有影响。

二、刑讯逼供罪的认定

（一）本罪与非罪的界限

实践当中，并非对一切刑讯逼供行为都以犯罪论处。情节显著轻微，危害不大的，按照一般违法行为来处理。情节比较严重的刑讯逼供行为，才追究刑事责任。情节严重的标准，可以参见最高人民检察院《关于渎职侵权犯罪案件立案标准的规定》。根据相关规定，涉嫌下列情形之一的应予立案，也就是说达到了情节严重的标准：1. 以殴打、捆绑、违法使用械具等恶劣手段逼取口供的；2. 以较长时间冻、饿、晒、烤等手段逼取口供，严重损害犯罪嫌疑人、被告人身体健康的；3. 刑讯逼供造成犯罪嫌疑人、被告人轻伤、重伤、死亡的；4. 刑讯逼供，情节严重，导致犯罪嫌疑人、被告人自杀、自残造成重伤、死亡，或者精神失常的；5. 刑讯逼供，造成错案的；6. 刑讯逼供 3 人次以上的；7. 纵容、授意、指使、强迫他人刑讯逼供，具有上述情形之一的；8. 其他刑讯逼供应予追究刑事责任的情形。

刑讯逼供罪以肉刑或者变相肉刑为行为手段，因此往往会造成被害人身体上的损害，从而和故意伤害罪发生交叉。从构成要件上分析，刑讯逼供罪可以包含致人轻伤的情形，因此刑讯逼供致人轻伤的，形成故意伤害罪、刑讯逼供罪的想象竞合，此种情况下以刑讯逼供罪定罪处罚，不再认定为故意伤害罪。但是如果刑讯逼供致使犯罪嫌疑人、被告人重伤、残疾的，则超出了刑讯逼供罪的构成要件，根据《刑法》第 247 条的规定直接按故意伤害罪定罪处罚。从构成要件上看，刑讯逼供行为所造成的结果，并不包括他人死亡的结果，因此行为人在刑讯过程中故意剥夺他人生命的，应以故意杀人罪定罪处罚。如果行为人在刑讯逼供过程当中使用暴力造成被害人死亡的呢，怎么认定？也应以故意杀人罪定罪处罚。

三、刑讯逼供罪的处罚

按《刑法》第 247 条的规定，犯本罪的，处三年以下有期徒刑或者拘役。使用暴力致人伤残、死亡的，依照《刑法》第 234 条、第 232 条的规定从重处罚。

刑讯逼供的产生和存在与执法理念、历史文化、司法伦理、职业道德等因素密切相关，有其深刻的社会历史根源和思想根源。习近平总书记强调，公平正义是执法、司法工作的生命线。实践中，司法人员靠刑讯逼供换来的办案成果不仅换不来社会的公平正义，而且做出的判决也缺少司法公信力和社会公信力。严禁刑讯逼供，既是对司法机关提出的新要求，更是执法理念和能力素质上的新考验。

第十节　本章其他罪名

侵犯公民人身权利、民主权利罪是故意或过失地侵犯公民的人身权利、民主权利以及与人身有直接关系的其他权利的行为。[①] 规定在《刑法》第232—262 条之二，目前一共 43 个罪名。其中《刑法修正案（十一）》修改第 236 条（强奸罪），增加第 236 条之一（负有照护职责人员性侵罪）、第237 条第 3 款（猥亵儿童罪 ）。本章犯罪理论上分为 10 类。

侵犯公民人身权利、民主权利罪	侵犯公民生命权利的犯罪	故意杀人罪和过失致人死亡罪。
	侵犯公民身体健康权利的犯罪	故意伤害罪，组织出卖人体器官罪，过失致人重伤罪和虐待被监护、看护人罪。
	侵犯公民性自由权利或健康权利的犯罪	强奸罪，负有照护职责人员性侵罪，强制猥亵、侮辱罪，猥亵儿童罪。
	侵犯公民人身自由权利的犯罪	非法拘禁罪，绑架罪，拐卖妇女、儿童罪，收买被拐卖的妇女、儿童罪，聚众阻碍解救被收买的妇女、儿童罪，组织残疾人、儿童乞讨罪，组织未成年人进行违反治安管理活动罪。
	侵犯公民其他自由权利的犯罪	强迫劳动罪，雇用童工从事危重劳动罪，非法搜查罪，非法侵入住宅罪，侵犯通信自由罪，私自开拆、隐匿、毁弃邮件、电报罪，侵犯公民个人信息罪。
	侵犯公民人格权的犯罪	诬告陷害罪，侮辱罪，诽谤罪。
	司法工作人员侵犯公民权利的犯罪	刑讯逼供罪，暴力取证罪，虐待被监管人罪。
	侵犯宗教信仰、少数民族有关权利的犯罪	煽动民族仇恨、民族歧视罪，出版歧视、侮辱少数民族作品罪，非法剥夺公民宗教信仰自由罪，侵犯少数民族风俗习惯罪。
	侵犯公民民主权利的犯罪	报复陷害罪，打击报复会计、统计人员罪，破坏选举罪。
	侵犯婚姻家庭权利的犯罪	暴力干涉婚姻自由罪、重婚罪、破坏军婚罪、虐待罪、遗弃罪、拐骗儿童罪。

[①] 刑法学编写组：《刑法学》（下册·各论），北京：高等教育出版社，2023 年，第 115 页。

———— **案例分析** ————

案例一

乐某，女，无业。2011 年 1 月乐某生育一女李梦某后，与李文某同居。2012 年 3 月乐某再生育一女李某。李文某于 2013 年 2 月 27 日因犯罪被羁押。2013 年 4 月 17 日，乐某离家数日，李梦某由于饥饿独自跑出家门，社区干部及邻居发现后将两幼女送往医院救治，后乐某于当日将两女儿接回。2013 年 4 月底的一天下午，乐某将两幼女置于其住所的主卧室内，留下少量食物、饮水，用布条反复缠裹窗户锁扣，并用尿不湿夹紧主卧室房门以防止小孩跑出，之后即离家不归。

乐某离家后曾多次向当地有关部门索要救助金，领取后即用于在外吸食毒品、玩乐，直至案发仍未曾回家。2013 年 6 月 21 日，社区民警至乐某家探望时，通过锁匠打开房门后发现李梦某、李某已死于主卧室内。经法医鉴定，两被害人无机械性损伤和常见毒物中毒致死的依据，不排除其因脱水、饥饿、疾病等因素衰竭死亡。

问题：

乐某的行为如何定性？

参考意见：

观点一：乐某构成故意杀人罪。乐某具有杀人的主观故意，其通过不作为放任危害结果的发生。

观点二：乐某的行为认定为遗弃罪。乐某将两个女儿锁在家里，只留下少量水和食物，不管不顾，遗弃家庭成员，并造成严重后果。

观点三：乐某构成虐待罪。乐某并无杀人故意，其少给两个女儿食物、饮水，造成严重后果，系虐待行为。

观点四：乐某构成过失致人死亡罪。乐某是两个女儿的生母，有抚养义务，但主观上并无杀害被害人的故意，其行为属于过失犯罪。

法院审判认为，乐某构成故意杀人罪。理由：乐某对李梦某、李某负有法定的抚养义务，明知将两名年幼的孩子留置在封闭房间内，在缺乏食物和饮水且无外援的情况下会饿死，仍离家一个多月，不回家照料女儿，其主观上具有放任两女儿死亡的故意，客观上也实施了不抚养、不照料并断绝两被害人获取外援的可能性，最终致使两人死亡。

本案的教育意义是抚育未成年子女不但是人类社会得以繁衍发展所必须遵循的最基本的人伦准则，更是每一位父母应尽的法定义务与责任。刑事法律的价值不仅在于惩治犯罪，修复被破坏的社会关系，同时，维护人类的基本道德底线，也是刑事法律不言而喻的基本价值功能。

案例二

高某某，男，1974年1月13日出生。2011年春节后，高某某与某校初一女生王某（时年13岁）开始网上聊天。2011年3月，高某与王某见面，为了便于联系，高某某给王某购买一部手机，并多次驾车接送王某放学、上学。其间，高某某先后四次在其租住房屋内奸淫王某。[①]

问题：

本案中，高某某的行为性质如何认定？

参考意见：

本案中，高某某是年满14周岁的男性，具有刑事责任能力。王某是初一女学生。由于高某某多次驾驶车接送王某放学、上学，其应该知道王某是不满14周岁的幼女。高某某对王某实施奸淫行为，即使没有违背王某的意志，也成立强奸罪。

案例三

黎某分三次共向陈某、李某借款6万元，还款期限届满后，黎某未归还。2018年3月26日，李某、陈某为索取上述债务，伙同被告人刘某、"胖子"（另案处理）在某大酒店前，将黎某强行带上陈某的本田小轿车。先是将黎某带至临某水库，要求黎某下到水里，并用拳头殴打黎某的胸部和背部。因担心被人找到，李某等人将黎某转移至另一水库，并再次让黎某下

---

① 最高人民法院公报：最高人民法院公布关于性侵害儿童犯罪案件的三起典型案例，2014年04期。

到水里，黎某在水里蹲了十余分钟。①

问题：

李某、陈某、刘某的行为如何定性？

参考意见：

李某、陈某与黎某间存在 6 万元的债权债务关系。债务期满，黎某未履行还款义务。李某、陈某伙同刘某强行将其带至水库两次，均要求黎某下到水里，其中一次还用拳头殴打了黎某的胸部和背部。李某、陈某、刘某为索取债务，强行非法限制了黎某人身自由，符合非法拘禁罪的成立要件。期间的殴打情节，属于本罪的从重处罚情节。

李某、陈某、刘某成立共同犯罪，均起了主要作用，均应按照其所参与的全部犯罪处罚。

案例四

2013 年 5 月 18 日 16 点，陈某骑自行车返回武汉某大学，当行至友谊大道一立交桥附近时，撞倒了 82 岁的樊某，陈某和樊某家人带着其到某医院急诊科看病，急诊科女医生段某诊断是右桡骨完全性横行骨折，要求樊某住院治疗，并缴纳 1000 元的住院押金。在樊某儿子和孙子要求陈某交出身份证做抵押时双方发生争执，陈某一刀刺在樊某儿子李某的衬衣扣子上。随后，又持刀冲进医生办公室将女医生段某挟持到门诊大楼外，并与赶来的警方发生对峙，同时要求警方提供车辆供其逃跑。当日 19 点，陈某乘坐警方提供的警车持刀挟持女医生段某，在武昌区临江大道新生路口附近，被民警制伏，女医生被解救。

问题：

陈某的行为如何定性？

参考意见：

本案中，陈某骑自行车将他人撞伤，在医院诊治期间，与伤者家属产生纠纷后，为离开现场，采取了持刀将女医生段某劫持为人质的行为，并与赶来的警方对峙，提出警方提供车辆供其逃跑的要求，在此期间，陈某

---

① 中国法院网：《限制人身自由索要到期借款 构成非法拘禁罪》，2019 年 6 月 17 日。

始终将刀架在人质段某的脖子上。其行为是绑架他人作为人质，也就是以人质的人身安全向警方发出威胁，提出不法要求，其行为符合绑架罪的构成要件，成立绑架罪。

案例五

王某与张某同居期间共育有五个小孩。2008年到2012年期间，王某与张某一起将其中的三个婴儿以6000元到2万元不等的价格卖给他人，获利3.6万元。① 被出售的子女均系在出生后一两个月内即卖给他人，两人被取同一姓名，第三个被出售的婴儿在出生前即已联系好买家。

问题：

出卖亲生子女的行为是否构成犯罪？

参考意见：

以非法获利为目的，出卖亲生子女也构成拐卖儿童罪。本案中，被出售的三个子女，其中两人被取相同姓名，一人在出生前确定出售，反映出王某与张某是以生育为手段，以出卖为目的，共同将自己所生的三名婴儿卖给他人，其行为均构成拐卖儿童罪，构成共同犯罪。

案例六

甲男因失去前女友乙，感情上接受不了，希望把她追回来。因为联系不上乙，甲到公安机关报警，编造谎言称其前女友乙偷了自己的现金27500元钱、一条金项链和一枚金戒指等财物。警方对甲的报案予以正式立案，前女友乙成了网上追逃人员。警方找到乙后，发现甲报的是假警。

问题：

甲的行为如何认定？

参考意见：

本案中，甲故意编造乙盗窃的事实，数额较大，向警方报案，表面看是为找到乙，但其行为却是意图使乙遭受刑事责任追究，其行为构成诬告

---

① 湖南省高级人民法院发布5起惩治拐卖妇女儿童犯罪典型案例，王承福等人拐卖儿童案，《长沙晚报》，2017年11月25日。

陷害罪。

案例七

2020 年 7 月 7 日，被告人郎某某在浙江省杭州市余杭区某快递驿站内，使用手机偷拍被害人谷某某，并将视频发布在某微信群。被告人何某某伙同郎某某捏造谷某某结识快递员并多次发生不正当性关系的微信聊天记录，并捏造"赴约途中""约会现场"等视频、图片。后郎某某将上述捏造的微信聊天记录截图及视频、图片陆续发布在该微信群，引发群内大量低俗、淫秽评论。之后，上述偷拍视频以及捏造的信息被相继扩散到 110 余个微信群（群成员总数 2 万余人），多个微信公众号、网站将其合辑转载（总阅读数 2 万余次），影响了谷某某的正常工作生活。法院经审理认为，被告人郎某某、何某某的行为均已构成诽谤罪。①

问题：

本案的典型意义如何？

参考意见：

网络不是法外之地。侵权有代价，造谣必严惩！本案彰显了网络时代背景下司法对社会行为的引领和示范作用，贯彻了宽严相济的刑事政策，在对行为人的行为性质做否定性评价的同时，也给了被告人改过自新的机会，实现了刑法惩罚和教育的双重功能，达到了法律效果和社会效果的完美统一。

案例八

2023 年 1 月，江苏无锡公安机关工作发现，网民"法不容情"大量发布查询公民户籍、婚姻状况、寄递物流、住宿、财产等信息的广告。经查，秦某等人通过法律工作者专用交流平台勾结执业律师，以虚构案件为由出具虚假文书、介绍信等文件，向司法机关、金融部门以及其他相关企事业

---

① 最高人民法院与中央广播电视总台联合举办的"新时代推动法治进程 2021 年度十大案件"之十大提名案件，女子取快递被造谣出轨案，2022 年发布。

单位调取大量公民个人信息出售牟利，涉案金额 300 余万元。[①]

问题：

秦某等人的行为如何定性？

参考意见：

本案中，秦某等人故意非法获取公民户籍、婚姻状况、寄递物流、住宿、财产等信息，上述信息属于公民个人信息的范畴；出售获利 300 余万元，属于情节特别严重的认定，构成侵犯公民个人信息罪。法律保障公民个人信息安全和合法权益，严惩侵犯公民个人信息犯罪。

---

① 何春中：《公安部通报打击侵犯公民个人信息犯罪十大案例》，《中国青年报》，2023 年 8 月 10 日。

第六章 侵犯财产罪

【导学】

推进全面依法治国，必须坚持以人民为中心，保障公民的财产权利不受侵犯。

侵犯财
产罪

> 理解刑法对侵犯财产罪的规定，结合法治实践案件养成刑事法治思维。

> 理论：抢劫罪，盗窃罪，诈骗罪，抢夺罪，侵占罪，职务侵占罪，挪用资金罪，敲诈勒索罪，本章其他罪名。
> 实务：案例分析。

第一节　抢劫罪

抢劫罪主要规定在《刑法》第263条，是侵犯财产罪中危害性最大、性质最严重的犯罪。

一、概念和构成特征

（一）概念

以非法占有为目的，以暴力、胁迫或者其他方法，当场强行劫取公私财物的行为。

（二）抢劫罪的构成要件

1. 抢劫罪侵犯的客体是复杂的客体，包括公私财产所有权和人身权。

本罪的犯罪对象是双重对象，人身和财物。关于财物，指的是公私财产，包括动产、财产性利益。是否包括不动产，理论上有争议。注意：被告人以暴力、胁迫手段强行夺回欠款凭证，并让债权人在被告人已写好的收条上签字，以消灭其债务的行为，符合抢劫罪的特征，应以抢劫罪定罪处罚。[①] 如果抢劫的是毒品、假币、淫秽物品等违禁品，是否属于抢劫公私财物？是，抢劫的违禁品数量作为量刑情节予以考虑。抢劫违禁品后又以违禁品实施其他犯罪的，应以抢劫罪与具体实施的其他犯罪实行数罪并罚。[②]

2. 抢劫罪的客观方面，是以暴力、胁迫或者其他方法，当场强行劫取公私财物的行为。实行行为由手段（方法）行为和目的行为构成。暴力指的是行为人对被害人使用伤害、殴打或者捆绑等直接伤害被害人身体的方式。暴力方法的目的是当场取得财物，暴力行为具有当场性和现实伤害性，对被害人的身体或者精神造成了伤害或者精神强制，致使被害人在受到暴力行为后不能反抗或不敢反抗。暴力行为，不论方式和强度，只要有具体的危害行为，即可成立暴力。暴力侵害对象一般是财物的所有者或保管者本人，也可以针对在场的与财物所有人或保管人有密切关系的人。一般认为，暴力侵害本罪中没有程度的限制，只要行为在事实上抑制了被害人的反抗，即可认定为本罪中的暴力，包括暴力致人重伤、死亡。注意：行为人为劫取财物而预谋杀人，或者在劫取财物过程中，为制服被害人的反抗而故意杀人的，以抢劫罪定罪处罚。[③] 胁迫，是指行为人以当场使用暴力相威胁，对被害人产生精神强制，使其不敢反抗。胁迫的特征是，面向被害人做出，以立即实施暴力相威胁，如果被害人敢反抗，将会立即实施暴力劫取财物。暴力和胁迫一般针对被抢劫财物的所有人，但也有直接针对被害人亲友的。例如，有两人合谋抢劫，两人进入一户人家中，家中只有一个老人和一个儿童。两人威胁老人，如果不把家中的钱拿出来就当场对该儿童实施暴力。老人迫于胁迫，只好将家中的钱款全部交出。这起案件中，就是以要伤害儿童来胁迫的方法劫取财物。所谓其他方法，是指为了当场

① 《最高人民法院（2000）刑他字第9号批复》。

② 最高人民法院《关于审理抢劫、抢夺刑事案件适用法律若干问题的意见》（法发〔2005〕8号）。

③ 最高人民法院《关于抢劫过程中故意杀人案件如何定罪问题的批复》（注释〔2001〕16号）。

非法占有财物，而采用的暴力、胁迫之外使被害人不知或不能反抗的方法，如用酒灌醉、用药物麻醉、利用催眠术催眠等方法。其他方法同样要求使得被害人处于不知或不能反抗的状态，即其他方法与被害人的不知或不能反抗的状态之间要有刑法上的因果关系。例如甲发现同住一屋的乙带有大量现金，于是在乙的水杯中放入了大量的安眠药，在乙深睡时将其身上的钱款全部取走，甲的行为构成抢劫罪。

3. 抢劫罪的犯罪主体是一般主体，为年满 14 周岁以上、有刑事责任能力的自然人。

4. 主观方面是直接故意，具有非法占有公共财物的目的。

二、认定

（一）既遂与未遂

抢劫罪侵犯的是复杂客体，其既侵犯财产权利又侵犯人身权利。关于本罪的既遂与未遂，理论上有不同观点。具备劫取财物或者造成他人轻伤以上后果两者之一的，均属抢劫既遂；既未劫取财物，又未造成他人人身伤害后果的，构成抢劫未遂。[1]

（二）本罪与非罪的界限

《刑法》第 263 条未规定本罪入罪的数额或情节标准，但是，实务中，数额和情节依然具有区别抢劫罪与非罪的功能。已满 14 周岁、不满 16 周岁的人使用轻微暴力或者威胁，强行索要其他未成年人随身携带的生活、学习用品或者钱财数量不大，且未造成被害人轻微伤以上或者不敢正常到校学习、生活等危害后果的，不认为是犯罪。已满 16 周岁、不满 18 周岁的人具有前款规定情形的，一般也不认为是犯罪。[2] 还要注意，实务中，因借贷或者其他财产纠纷，而强行扣押对方财物，或者强行索还借款、欠物的行为，不构成抢劫罪；因婚姻家庭纠纷，一方抢回彩礼、嫁妆，或者强行分割拿走家庭共同财产的行为，或者为子女离婚、出嫁女儿暴死等事情所激

---

[1] 最高人民法院《关于审理抢劫、抢夺刑事案件适用法律若干问题的意见》（法发〔2005〕8 号）。

[2] 最高人民法院《关于审理未成年人刑事案件具体应用法律若干问题的解释》（注释〔2006〕1 号）。

怒，纠集亲友多人打砸对方家庭财物，抢走财物的，一般不构成抢劫罪。

（三）关于"携带凶器抢夺"的认定

刑法规定，携带凶器抢夺的，以抢劫罪定罪处罚。携带凶器抢夺是指行为人随身携带枪支、爆炸物、管制刀具等国家禁止个人携带的器械进行抢夺，或者为了实施犯罪而携带其他器械进行抢夺的行为。行为人随身携带国家禁止个人携带的器械以外的其他器械抢夺，但有证据证明该器械确实不是为了实施犯罪而准备的，不以抢劫罪定罪。行为人将随身携带的凶器有意加以显示，能为被害人察觉到的，直接适用《刑法》第263条规定的，按抢劫罪定罪处罚。

（四）转化型抢劫

《刑法》第269条的规定，在理论上被称为转化型抢劫。构成转化型抢劫：第一，前提条件，行为人实施了盗窃、诈骗、抢夺的犯罪行为；第二，客观条件，行为人当场使用暴力或者以暴力相威胁；第三，主观条件，为了窝藏赃物、抗拒抓捕或者毁灭罪证。

关于前提条件，行为人实施盗窃、诈骗、抢夺行为，未达到"数额较大"，为窝藏赃物、抗拒抓捕或者毁灭罪证当场使用暴力或者以暴力相威胁，情节较轻、危害不大的，一般不以犯罪论处。但具有下列情节之一的，可依照《刑法》第269条的规定，以抢劫罪定罪处罚：（1）盗窃、诈骗、抢夺接近"数额较大"标准的；（2）入户或在公共交通工具上盗窃、诈骗、抢夺后在户外或交通工具外实施上述行为的；（3）使用暴力致人轻微伤以上后果的；（4）使用凶器或以凶器相威胁的；（5）具有其他严重情节的。[1]犯盗窃、诈骗、抢夺罪，主要是指行为人已经着手实施盗窃、诈骗、抢夺行为，一般不考察盗窃、诈骗、抢夺行为是否既遂。但是所涉财物数额明显低于"数额较大"的标准，又不具有《两抢意见》第5条所列五种情节之一的，不构成抢劫罪。[2]

已满14周岁、不满16周岁的人盗窃、诈骗、抢夺他人财物，为窝藏

---

[1] 最高人民法院《关于审理抢劫、抢夺刑事案件适用法律若干问题的意见》（法发〔2005〕8号）（简称《两抢意见》）。

[2] 最高人民法院《关于审理抢劫刑事案件适用法律若干问题的指导意见》（法发〔2016〕2号）。

赃物、抗拒抓捕或者毁灭罪证，当场使用暴力，故意伤害致人重伤或者死亡，或者故意杀人的，应当分别以故意伤害罪或者故意杀人罪处罚。

关于客观条件，也是实质条件，当场使用暴力或者以暴力相威胁，此处的"当场"是指行为人实施盗窃、诈骗、抢夺行为的现场以及被人追捕的整个过程与现场，包括行为人刚离开现场即被他人发现并抓捕的情形。对于以摆脱的方式逃脱抓捕，暴力强度较小，未造成轻伤以上后果的，可不认定为"使用暴力"，不以抢劫罪论处。

关于主观条件，窝藏赃物，是指保护已经取得的赃物不被恢复应有状态；抗拒抓捕，是指拒绝司法人员的拘留、逮捕和一般公民的扭送；毁灭罪证，是指毁坏、消灭本人犯罪证据。

同时满足上述三个条件，成立转化型抢劫。如果行为人在实行盗窃、诈骗、抢夺过程中，尚未取得财物时被他人发现，为了非法取得财物，而使用暴力或者以暴力相威胁，应直接认定为抢劫罪，不适用《刑法》第269条。

两人以上共同实施盗窃、诈骗、抢夺犯罪，其中部分行为人为窝藏赃物、抗拒抓捕或者毁灭罪证而当场使用暴力或者以暴力相威胁的，对于其余行为人是否以抢劫罪共犯论处，主要看其对实施暴力或者以暴力相威胁的行为人是否形成共同犯意、提供帮助。基于一定的意思联络，对实施暴力或者以暴力相威胁的行为人提供帮助或实际成为帮凶的，可以抢劫共犯论处。[①]

（四）本罪与绑架罪的界限

第一，主观方面不尽相同。本罪一般出于非法占有他人财物的目的，绑架罪出于勒索他人财物或者其他非经济目的。

第二，行为手段不尽相同。抢劫罪劫取财物具有"当场性"；绑架罪劫取财物一般不具有"当场性"，往往是先以杀害、伤害等方式发出威胁，索取赎金，事后取得。

二、抢劫罪的处罚

（一）法定刑

《刑法》第263条，规定了抢劫罪的处罚。犯本罪的，处三年以上、十

---

① 最高人民法院《关于审理抢劫刑事案件适用法律若干问题的指导意见》（法发〔2016〕2号）。

年以下有期徒刑，并处罚金。有加重情节的，处十年以上有期徒刑、无期徒刑或者死刑，并处罚金或者没收财产。

（二）加重处罚

关于抢劫罪的加重处罚情节，实务准确认定要结合相关司法文件。

1. 入户抢劫

入户抢劫是抢劫罪的加重处罚情节之一，是指为实施抢劫而入户抢劫的行为。认定"入户抢劫"时，应当注意以下三个问题：一是"户"的范围，户是供他人家庭生活和与外界相对隔离的住所，包括封闭的院落、牧民的帐篷、渔民作为家庭生活场所的渔船、为生活租住的房屋等。二是"入户"目的的非法性，是指以侵害户内人员的人身、财产为目的，入户后实施抢劫。入户时没有非法目的，入户后临时起意抢劫的，不宜认定为入户抢劫；三是暴力或者暴力胁迫行为必须发生在户内，如果发生在户外，不能认定为入户抢劫。

2. 在公共交通工具上抢劫

在公共交通工具上抢劫主要是指在从事旅客运输的各种公共汽车、大中型出租车、火车、地铁、轻轨、轮船、飞机等正在运营中的机动公共交通工具上，对旅客、司售、乘务人员实施的抢劫。其中不含小型出租车。接送职工的单位班车、接送师生的校车等大、中型交通工具，视为"公共交通工具"。

3. 抢劫银行或其他金融机构

抢劫银行或者其他金融机构，是指抢劫银行或者其他金融机构的经营资金、有价证券和客户的资金等。其他金融机构是指证券公司、信托投资公司、金融租赁公司、企业集团财务公司等银行以外依法从事货币资金融通和信用的机构。抢劫正在使用中的银行或者其他金融机构的运钞车的，也视为抢劫银行或者其他金融机构。但是，抢劫银行或者其他金融机构的除运钞车外的一般办公用品的，不属于抢劫银行或者其他金融机构。

4. 多次抢劫

《刑法》第263条第4项中的"多次抢劫"，是指抢劫三次以上。对"多次"的认定，应以行为人实施的每一次抢劫行为均已构成犯罪为前提，综合考虑犯罪故意的产生，犯罪行为实施的时间、地点等因素，客观分析认定。

5. 抢劫致人重伤、死亡

抢劫致人重伤、死亡，是抢劫罪加重处罚的一个情形，包括抢劫过程中直接致被害人重伤、死亡，也包括被害人为逃避抢劫，在逃跑过程中摔伤或者发生交通事故等，造成重伤、死亡的加重情形。对于被害人被抢劫后因情绪原因自杀或者自残造成的重伤、死亡后果，不能作为抢劫致人重伤、死亡。注意：行为人为劫取财物而预谋杀人，或者在劫取财物过程中，为制服被害人的反抗而故意杀人的，以抢劫罪定罪处罚。

6. 冒充军警人员抢劫

通过着装、所持证件或者口头宣称等方法冒充军警人员实施抢劫。该情节认定，注重对行为人是否穿着军警制服，携带枪支，是否出示军警证件等情节，进行综合审查判断，是否足以使他人误以为是军警人员。对于行为人仅穿着类似军警的服装或仅以言语宣称系军警人员但未携带枪支，也未出示军警证件而实施抢劫的，要结合抢劫地点、时间、暴力或威胁的具体情形，依照常人判断标准，确定是否认定为"冒充军警人员抢劫"。军警人员利用自身的真实身份实施抢劫的，不认定为"冒充军警人员抢劫"。

7. 持枪抢劫

持枪抢劫是指行为人使用枪支或者向被害人显示持有、佩带的枪支进行抢劫的行为。"枪支"的概念和范围，适用《枪支管理法》的规定。此处的"枪支"仅限于能发射子弹的真枪，不包括仿真手枪与其他假枪，不要求枪中装有子弹。

8. 抢劫军用物资或者抢险、救灾、救济物资

军用物资仅限于武装部队使用的物资；抢险、救灾、救济物资是指已确定用于或者正在用于抢险、救灾、救济的物资。

抢劫罪是多发性的侵犯财产和侵犯公民人身权利的犯罪。要依法严惩抢劫犯罪，切实维护社会治安稳定和人民群众生命财产安全。

第二节　盗窃罪

盗窃罪是常见、多发的侵犯财产型犯罪，主要规定在《刑法》第264条。

一、盗窃罪的概念与犯罪构成

（一）概念

盗窃罪是指以非法占有为目的，秘密窃取公私财物，数额较大或者多次盗窃、入户盗窃、携带凶器盗窃、扒窃公私财物的行为。

（二）犯罪构成

1. 侵犯的客体。盗窃罪侵犯的客体是公私财产所有权。犯罪对象是公私财物，财物包括有形物和无形物。财物的含义：（1）他人的财物。盗窃与自己同住的家人的财物一般不按盗窃处理。（2）有流通价值。盗窃对被害人有特殊意义的纪念品，即使被害人认为价值连城，但如果没有流通价值或达不到"数额较大"标准的，仍不能构成盗窃罪。（3）为他人所占有或者控制管理下的物。如果是无主物、遗失物，即使行为人认为自己是秘密窃取，也不能成立盗窃罪。（4）盗窃罪中的财物排除《刑法》其他罪名特别调整的物。《刑法》其他条文特别调整的物，按特别规定处理。例如盗窃枪支、弹药、爆炸物、危险物质等，由其他罪名调整。

2. 客观方面。盗窃罪的客观构成要件为以秘密窃取的方法，将公私财物转移到自己的控制之下，并非法占有的行为或者多次盗窃、入户盗窃、携带凶器盗窃、扒窃的行为。行为人采用自认为不使他人发觉的方法占有他人财物，只要行为人主观上是意图秘密窃取，即使客观上已被他人发觉或者注视，也不影响盗窃性质的认定。秘密窃取主要指的是行为人自以为是秘密的，而且其认知判断针对的是被害人，而不是财物周围的其他人。也就是说，窃取指的是行为人认为其窃取被害人的财物时被害人不知情。至于被害人是否不知情，以及其他人是否发觉，不影响盗窃罪的成立。实践中出现的利用木马病毒植入技术，通过网络窃取他人银行卡内存款的手段，一般也按照盗窃罪定罪处罚。

3. 主体要件。本罪主体为一般主体，年满 16 周岁的有刑事责任能力的自然人。单位不能成为盗窃罪的主体。

4. 主观方面。故意，非法占有目的是盗窃罪的主观要件。非法占有目的包括非法占有他人的财物，也包括非法占有属于自己所有但处于他人合法使用、保管之下的财物。

二、盗窃罪的认定

（一）罪与非罪的界限

《刑法》第 264 条规定，盗窃公私财物，数额较大的，或者多次盗窃、入户盗窃、携带凶器盗窃、扒窃的构成犯罪。因而区分盗窃罪与非罪的界限，关键是要确定数额较大的标准以及界定多次盗窃、入户盗窃、携带凶器盗窃、扒窃的含义。

1. 数额较大的标准。2013 年最高人民法院、最高人民检察院《关于办理盗窃刑事案件适用法律若干问题的解释》规定，盗窃公私财物价值 1000 元至 3000 元以上的，为"数额较大"。各省、自治区、直辖市高级人民法院、人民检察院可以根据本地区经济发展状况并考虑社会治安状况，在上述幅度范围内确定本地区执行的具体数额标准，报最高人民法院、最高人民检察院批准。注意：盗窃公私财物，具有下列情形之一的，"数额较大"的标准可以按照前条规定标准的 50% 确定：（1）曾因盗窃受过刑事处罚的；（2）一年内曾因盗窃受过行政处罚的；（3）组织、控制未成年人盗窃的；（4）自然灾害、事故灾害、社会安全事件等突发事件期间，在事件发生地盗窃的；（5）盗窃残疾人、孤寡老人、丧失劳动能力人的财物的；（6）在医院盗窃病人或者其亲友财物的；（7）盗窃救灾、抢险、防汛、优抚、扶贫、移民、救济款物的；（8）因盗窃造成严重后果的。

2. 多次盗窃。二年内盗窃三次以上的。

3. 入户盗窃。非法进入供他人家庭生活，与外界相对隔离的住所盗窃的。

4. 携带凶器盗窃。携带枪支、爆炸物、管制刀具等国家禁止个人携带的器械盗窃，或者为了实施违法犯罪携带其他足以危害他人人身安全的器械盗窃的

5. 扒窃。在公共场所或者公共交通工具上盗窃他人随身携带的财物的。

司法实务中区分盗窃罪与非罪的界限，通常应以盗窃公私财物是否达到"数额较大"作为基本判断标准。但是数额标准并不是区分盗窃罪与非罪的唯一标准。根据最高人民法院、最高人民检察院《关于办理盗窃刑事案件适用法律若干问题的解释》，盗窃公私财物数额较大，行为人认罪、悔罪、退赃、退赔，且具有下列情形之一，情节轻微的，可以不起诉或者免予刑事处罚；必要时，由有关部门予以行政处罚：（1）具有法定从宽处罚情节的；（2）没有参与分赃或者获赃较少且不是主犯的；（3）被害人谅解的；（4）其他情节轻微、危害不大的。另外，行为人是已满16周岁、不满18周岁的人，实施盗窃行为的次数未超过三次，盗窃数额虽已达到"数额较大"标准，但案发后能如实供述全部盗窃事实并积极退赃，且具有（1）系又聋又哑的人或者盲人（2）在共同盗窃中起次要或者辅助作用或者被胁迫（3）具有其他轻微情节的三种情节之一，可以认定为"情节显著轻微、危害不大"，就是说不认为是犯罪。已满16周岁、不满18周岁的人盗窃未遂或者中止的，可不认为是犯罪。[①]

（二）盗窃罪的特殊形态

以下行为按盗窃罪定罪处罚：

1. 盗窃毒品等违禁品，应当按照盗窃罪处理的，根据情节轻重量刑。

2. 盗窃增值税专用发票或者可以用于骗取出口退税、抵扣税款的其他发票的，以盗窃罪定罪处罚。

3. 偷开机动车，导致车辆丢失的，以盗窃罪定罪处罚。

4. 盗用他人公共信息网络上网账号、密码上网，造成他人电信资费损失数额较大的，构成盗窃罪。

5. 盗窃信用卡并使用的，以盗窃罪定罪处罚。

6. 邮政工作人员私自开拆邮件而窃取财物的，以盗窃罪定罪处罚。

---

① 最高人民法院《关于审理未成年人刑事案件具体应用法律若干问题的解释》（法释〔2006〕1号）。

（三）盗窃罪的既遂与未遂

关于盗窃行为的既遂，理论上有不同观点，如接触说、转移说、控制说、失控说、失控加控制说等。通说认为，盗窃罪是结果犯，应以被害人对被窃财物失去控制为标准，也就是失控说，以盗窃行为使财物的所有人或持有人失去对被盗财物的控制作为既遂的标准，否则是未遂。至于行为人是否达到了非法占有并任意处置该财物的目的，不影响既遂的认定。盗窃未遂，具有下列情形之一的，应当依法追究刑事责任：（1）以数额巨大的财物为盗窃目标的；（2）以珍贵文物为盗窃目标的；（3）其他情节严重的情形。盗窃既有既遂，又有未遂，分别达到不同量刑幅度的，依照处罚较重的规定处罚；达到同一量刑幅度的，以盗窃罪既遂处罚。

三、处罚

本罪的处罚规定在《刑法》第264条，分为三个量刑幅度。犯本罪的，处三年以下有期徒刑、拘役或者管制，并处或者单处罚金；数额巨大或者有其他严重情节的，处三年以上、十年以下有期徒刑，并处罚金；数额特别巨大或者有其他特别严重情节的，处十年以上有期徒刑或者无期徒刑，并处罚金或者没收财产。

我国刑法将盗窃数额较大、多次盗窃、入户盗窃、携带凶器盗窃、扒窃并列作为盗窃罪的基本行为类型，并适用同一法定刑。要准确适用法律，依法惩治盗窃犯罪活动，切实保障人民群众财产安全。

第三节　诈骗罪

诈骗罪规定在《刑法》第266条。实践中诈骗手段多样，让人防不胜防。

一、概念与犯罪构成

（一）概念

诈骗罪是指以非法占有为目的，使用欺骗方法，骗取公私财物，数额较大的行为。

（二）犯罪构成

1. 侵犯的客体，是公私财物的所有权。诈骗侵犯对象是公私财物，包括动产、不动产，也包括财产性利益。以欺诈、伪造证明材料或者其他手段骗取养老、医疗、工伤、失业、生育等社会保险金或者其他社会保障待遇的，属于《刑法》第266条规定的诈骗公私财物的行为。[①]

2. 客观方面，采用虚构事实或者隐瞒真相的方法，骗取公私财物，数额较大的行为。

诈骗罪的客观行为结构为：

行为人以非法占有财物为目实施欺骗行为→使被害人产生错误认识→被害人基于错误认识"自愿"处分财物→行为人取得财物→被害人遭受物损失。

欺骗行为包括虚构事实和隐瞒真相。虚构事实是编造某种不存在或者不可能发生的事实，骗取他人财物。隐瞒真相，是隐瞒客观上存在的事实情况，可以是部分事实真相的隐瞒，也可以是全部事实真相的隐瞒。行为人以虚假语言、虚假行为的方式让被害人相信行为人的意思表示或承诺。行为人实施欺骗行为的方式多种多样。被害人陷入错误认识，这是欺骗程度和欺骗后果的认定。欺骗程度要求达到足以使被害人产生错误认识的程度即可，即使欺骗行为不足以使一般人产生认识错误，也属于欺骗行为。被害人因为行为人的欺骗行为，在主观上产生对事实的错误认识，欺骗行为与错误认识之间必须具有直接因果关系。也就是编造虚假谎言或者隐瞒事实真相都是为使对方产生处分财产的错误认识，并做出行为人所希望的财产处分行为。至于虚假的事实是否符合常理，不影响诈骗罪的成立。被害人因为错误认识而处分财物。处分财物，包括交付财物给行为人或行为人指定的他人或免除行为人的债务等。受害人处分财物，指的是将财物所有权或临时的占有、使用权给予行为人，使财物脱离自己的控制。例如，冒充被害人的朋友借用或索要被害人的财物。如果是未脱离自己的控制，则不属于诈骗，例如甲在路边对乙说，有急事借乙的手机打一电话，乙遂

---

① 全国人民代表大会常务委员会《关于〈中华人民共和国刑法〉第二百六十六条的解释》（2014年4月24日第十二届全国人民代表大会常务委员会第八次会议通过）。

将手机交给甲，甲接过手机后立即狂奔，乙未能追上。本案中乙虽然交付了财物，但不是处分财物，而且尚未脱离自己的控制和管理，所以甲的行为非诈骗罪。行为人取得财物，被害人受损。行为人取得财物与被害人受损之间，也必须具备直接因果关系。被害人的损失应该是直接损失。

"数额较大"的标准，依据最高人民法院、最高人民检察院2011年《关于办理诈骗刑事案件具体应用法律若干问题的解释》，为诈骗公私财物价值3000元至1万元以上。

3. 犯罪主体，一般主体，年满16周岁的有刑事责任能力的人。

4. 主观方面，主观要件是故意，具有非法占有的目的。

二、诈骗罪的认定

（一）本罪与非罪的界限

诈骗罪与借贷纠纷的界限。借贷纠纷，是指因借用他人财物不能按时归还，在借用人与出借人之间产生的纠纷。一般借贷纠纷是一种民事法律关系，应受民事法律调整，一般不产生刑事责任。但是以借贷为名，实则行诈骗之实的，则以诈骗罪论处。

（二）与其他特殊诈骗犯罪的界限

《刑法》第266条规定，"本法另有规定的，依照规定"。

普通诈骗罪与其他特殊诈骗罪存在法条竞合关系，应根据特别法优于普通法的原则适用。"本法另有规定，依照规定"的诈骗犯罪，如刑法分则第4章专节规定了金融诈骗罪、集资诈骗罪、贷款诈骗罪、票据诈骗罪、金融凭证诈骗罪、信用证诈骗罪、信用卡诈骗罪、有价证券诈骗罪、保险诈骗罪，还有其他章节规定的，如合同诈骗罪、骗取出口退税罪、招摇撞骗罪、冒充军人招摇撞骗罪等。注意：制造、出售假冒他人署名的美术作品的，以侵犯著作权罪定罪处罚。冒充国家机关工作人员进行诈骗，同时构成诈骗罪（数额较大）和招摇撞骗罪的，依照处罚较重的规定定罪处罚。

（三）诈骗的未遂与处理

诈骗未遂，以数额巨大的财物为诈骗目标的，或者具有其他严重情节的，应当定罪处罚。以诈骗罪（未遂）定罪处罚的情形，主要是利用发送短信、拨打电话、互联网等电信技术手段对不特定多数人实施诈骗，诈骗数额难以查证，具有下列情形之一的：（1）发送诈骗信息五千条以上的；（2）拨打诈骗电话五百人次以上的；（3）诈骗手段恶劣、危害严重的。实施上述行为，数量达到第（1）（2）规定标准十倍以上的，或者诈骗手段特别恶劣、危害特别严重的，应当认定为《刑法》第 266 条规定的"其他特别严重情节"，也以诈骗罪（未遂）定罪处罚。诈骗既有既遂，又有未遂，分别达到不同量刑幅度的，依照处罚较重的规定处罚；达到同一量刑幅度的，以诈骗罪既遂处罚。

（四）诈骗罪与其他犯罪的界限

1. 诈骗罪与盗窃罪

诈骗罪与盗窃罪都是典型的侵犯财产犯罪。在实务中，非法占有财物行为存在既有秘密窃取手段又采取欺骗手段两种手段并存的情形。此时界分盗窃与诈骗，应从行为人采取的主要手段和被害人有无处分财物的意识两方面区分。

如果行为人获取财物时起决定性作用的手段是秘密窃取，诈骗行为只是为盗窃创造条件或做掩护，被害人也没有"自愿"交付财物的，就应当认定为盗窃；如果行为人获取财物时起决定性作用的手段是诈骗，被害人基于错误认识而"自愿"交付财物，盗窃行为只是辅助手段的，就应当认定为诈骗。[①]

2. 诈骗罪与招摇撞骗罪

招摇撞骗罪规定在《刑法》第 279 条，是指为谋取非法利益，假冒国家机关工作人员的身份或职称，进行诈骗，损害国家机关的威信及其正常活动的行为。冒充国家机关工作人员进行诈骗，同时构成诈骗罪（数额较大）和招摇撞骗罪的，依照处罚较重的规定定罪处罚。

（五）以诈骗罪处罚的情形

1. 以虚假或者冒用他人的身份证件办理移动电话入网手续，并使用、造成通讯资费损失数额较大的，根据 2000 年 5 月 12 日最高人民法院颁布的《关于审理扰乱电信市场管理秩序案件具体应用法律若干问题的解释》

---

① 最高人民法院发布第七批指导性案例，27 号臧进泉等盗窃、诈骗案。

第 9 条规定，应以诈骗罪定罪处罚。

2. 诉讼欺诈问题。行为人通过民事诉讼，以伪造证据、虚假陈述等手段骗取法院对其虚假证据的认可，使法院做出受害方支付行为人财物的判决，被称为诉讼欺诈或诉讼诈骗。《刑法修正案（九）》增设了虚假诉讼罪，明确规定，以捏造的事实提起民事诉讼，妨害司法秩序或者严重侵害他人合法权益的，构成虚假诉讼罪。有该行为同时非法占有他人财产或者逃避合法债务，又构成其他犯罪的，依照处罚较重的规定定罪从重处罚。2018 年 9 月 26 日，最高人民法院、最高人民检察院联合公布的《关于办理虚假诉讼刑事案件适用法律若干问题的解释》也明确该行为依照处罚较重的规定定罪从重处罚。也就是说，行为人的虚假诉讼行为同时构成诈骗罪的话，按照处罚较重的规定定罪处罚。

3. 关于用赌博方式进行诈骗的问题。行为人出于非法占有他人财产的目的，采取虚构事实、隐瞒真相、设置圈套的方法，诱使他人参加赌博，并以欺诈手段控制赌局的输赢结果，从而骗取他人财物，数额较大的，构成诈骗罪，应当依照《刑法》第 266 条规定定罪处罚。但是，对于经常性赌博的人在牌局中偶尔使用骗术骗取对方财物的，应以赌博罪处罚，其欺骗行为可以被赌博行为吸收评价，因此需要区分不同的案件情况，确定罪名。

4. 组织和利用邪教组织以欺骗手段收取他人财物的，以诈骗罪定罪处罚。

5. 使用欺骗手段骗取增值税专用发票或者可以用于骗取出口退税、抵扣税款的其他发票的，按诈骗罪定罪处罚（参见《刑法》第 210 条第 2 款规定）。

三、处罚

规定在《刑法》第 266 条，诈骗公私财物，数额较大的，处三年以下有期徒刑、拘役或者管制，并处或者单处罚金；数额巨大或者有其他严重情节的，处三年以上、十年以下有期徒刑，并处罚金；数额特别巨大或者有其他特别严重情节的，处十年以上有期徒刑或者无期徒刑，并处罚金或者没收财产。本法另有规定的，依照规定。

近年来，网络电信诈骗案件频发，骗术也不断推陈出新。应坚持以人民为中心，全面落实打防管控措施，坚决遏制电信网络诈骗犯罪多发高发态势。《中华人民共和国反电信网络诈骗法》自 2022 年 12 月 1 日起施行，为严厉打击、严密防范电信网络诈骗犯罪提供了专门保障。

第四节　抢夺罪

抢夺罪与抢劫罪、盗窃罪案件具有多发性和直接严重影响人民群众的生产生活的特点，在实务中，往往被并称为"两抢一盗"案件。

一、抢夺罪的概念与犯罪构成

（一）概念

抢夺罪是指以非法占有为目的，公然夺取公私财物，数额较大或者多次抢夺的行为。

（二）犯罪构成

1. 犯罪客体：侵犯的客体就是公私财物的所有权。犯罪对象只能是动产，并且是有形物。

2. 客观方面：公然夺取公私财物，数额较大或者多次抢夺的行为。公然夺取是指采用可以使被害人立即发觉的方式，公开夺取其持有或管理下的财物。当场夺取的行为手段的特征是，行为人采取拉拽夺取等方式，迅速使财物脱离所有人、占有人的控制，非法据为己有。抢夺多是乘人不备，但不以此为限。行为人当着被害人的面取走财物的，也可以成立抢夺。行为人对被害人没有采取暴力、胁迫等使被害人恐惧或者产生被强制状态的行为，被害人在财物被抢夺时是明知的。

抢夺公私财物数额较大，是构成抢夺罪的一个必要条件。根据 2013 年最高人民法院、最高人民检察院《关于办理抢夺刑事案件适用法律若干问题的解释》，抢夺公私财物价值 1000 元至 3000 元以上，认定为"数额较大"。各省、自治区、直辖市高级人民法院、人民检察院可以根据本地区经济发展状况，并考虑社会治安状况，在前款规定的数额幅度内，确定本地区执行的具体数额标准，报最高人民法院、最高人民检察院批准。注意：

抢夺公私财物，"数额较大"的标准，具有下列情形之一的，按照前条规定标准的50%确定：（1）曾因抢劫、抢夺或者聚众哄抢受过刑事处罚的；（2）一年内曾因抢夺或者哄抢受过行政处罚的；（3）一年内抢夺三次以上的；（4）驾驶机动车、非机动车抢夺的；（5）组织、控制未成年人抢夺的；（6）抢夺老年人、未成年人、孕妇、携带婴幼儿的人、残疾人、丧失劳动能力人的财物的；（7）在医院抢夺病人或者其亲友财物的；（8）抢夺救灾、抢险、防汛、优抚、扶贫、移民、救济款物的；（9）自然灾害、事故灾害、社会安全事件等突发事件期间，在事件发生地抢夺的；（10）导致他人轻伤或者精神失常等严重后果的。

多次抢夺也是构成抢夺罪的一个必要条件，一般是指两年内抢夺三次以上，这是《刑法修正案（九）》增设的入罪条件。

3. 犯罪主体：一般主体，年满16周岁的具有刑事责任能力的自然人。

4. 主观方面：主观构成要件为故意，即以非法占有为目的。

二、抢夺罪的认定

1.《刑法》第267条第2款规定，携带凶器抢夺的，依照抢劫罪定罪处罚。携带凶器抢夺，指的是携带枪支、爆炸物、管制刀具等国家禁止个人携带的器械进行抢夺，或者为了实施犯罪而携带其他器械进行抢夺的行为。本法条是对特殊的抢夺行为按抢劫罪定罪处罚所做的拟制规定，不是转化型犯罪，也不是依照抢劫罪的犯罪构成所规定的情形，而是特指行为人在抢夺过程中携带了凶器，但没有使用的行为。

2.《刑法》第269条规定，犯抢夺罪，为窝藏赃物、抗拒抓捕或者毁灭罪证而当场使用暴力或者以暴力相威胁的，按抢劫罪定罪处罚。按照最高人民法院《关于审理抢劫、抢夺刑事案件适用法律若干问题的意见》的规定，抢夺接近"数额较大"标准的，当场使用暴力或者以暴力相威胁，也转化为抢劫罪，本条是刑法关于抢劫罪转化犯的规定。

3. 抢夺公私财物的行为构成犯罪，同时造成被害人重伤、自杀、死亡等后果的，依据最高人民法院、最高人民检察院《关于办理抢夺刑事案件适用法律若干问题的解释》，致人重伤、自杀属于抢夺罪的"其他严重情节"；致人死亡属于其他特别严重情节，也就是均以抢夺罪定罪处罚。

（四）抢夺罪与其他罪的界限

1. 抢劫罪与抢夺罪

抢夺罪与抢劫罪都有公然夺取被害人财物的特点。区别在于：（1）侵犯的权利不同。抢夺罪只侵犯财产权，不侵犯人身权，抢劫罪则侵犯双重权利。（2）行为方式不同。抢劫罪采用暴力、胁迫或者其他方式对被害人的人身进行伤害或控制，并据此取得被害人财物。而抢夺罪的暴力手段只作用于被害人的财物，不及于被害人的人身。对于抢夺过程中因动作过猛导致的被害人受伤害，也应以抢夺罪处罚。（3）刑事责任年龄不同。抢劫罪的主体为年满14周岁的具有完全刑事责任能力的人，抢夺罪的主体为年满16周岁的人。

2. 抢夺罪与盗窃罪

抢夺罪和盗窃罪都是以非暴力方式取得被害人财物。区别在于：（1）行为手段不同。盗窃罪是采取不为受害人知晓的方式窃取财物，抢夺罪是行为人依靠自己的速度、力量优势，趁人不备夺取受害人的财物，受害人对于财物被夺取是知晓的。（2）被害人在财物失去时的认知状态不同。抢夺罪的被害人在财物被夺走时是知情的，盗窃罪的被害人，在财物失去时是不知情的，一般是事后才知情。

例如，行为人借用他人手机打电话，拿到手机后当面跑掉，占有手机。由于手机价值较大，按抢夺罪定罪处罚。因为被害人仍对手机有控制行为，如注视或看守，而且被害人在失去财物时是明知的，所以不是盗窃行为。但是，如果行为人借用手机后，在被害人没有注意的时候，脱离了被害人视野或看守范围，行为人再趁机持手机跑掉的，应按盗窃罪处理。因为此时财物已经脱离了被害人的控制，该行为属秘密窃取的行为。

3. 抢夺罪与聚众哄抢罪

两罪的共同点是不使用暴力、胁迫等强制方法公然夺取财物。区别在于：（1）聚众哄抢罪一般是指三人以上以哄闹、滋事等方式公然哄抢公私财物的行为。抢夺罪则没有人数的要求，一般是采用突然间强拉硬拽、抢夺等方式夺走财物所有人的财物。（2）处罚对象不同。聚众哄抢罪处罚的对象是首要分子和积极参加者，抢夺罪处罚的对象是抢夺行为的实施者。

三、处罚

规定在《刑法》第 267 条。犯本罪，数额较大的，或者多次抢夺的，处三年以下有期徒刑、拘役或者管制，并处或者单处罚金。数额巨大或者有其他严重情节的，处三年以上、十年以下有期徒刑，并处罚金，"数额巨大"指数额在 3 万元至 8 万元以上，"其他严重情节"，指如导致他人重伤的、自杀的。数额特别巨大或者有其他特别严重情节的，处十年以上有期徒刑或者无期徒刑，并处罚金或者没收。"数额特别巨大"，指在 20 万元至 40 万元以上的。"其他特别严重情节"，指如导致他人死亡的。

抢夺与抢劫、盗窃犯罪案件因其多发性和对群众人身财产安全、社会秩序的破坏，一直是我国立法和司法打击的重点。

第五节　侵占罪

《刑法》第 270 条，明确规定侵占罪，告诉的才处理。

一、侵占罪的概念与犯罪构成

（一）概念

侵占罪是指将代为保管的他人财物或遗忘物、埋藏物非法占为己有，数额较大，拒不退还的行为。

（二）犯罪构成

1. 侵犯的客体，是他人财物所有权。侵犯的对象是代为保管的他人财物和遗忘物、埋藏物。财物包括动产和不动产，私人财物和公共财物。

所谓遗忘物，有两个主要特征：第一，财物所有人因工作、生活关系在非公共场所从事活动时遗忘的财物；第二是财物所有人事后能及时想起遗忘物的场所。例如，住宿人遗忘在宾馆房间内的财物，病人遗忘在医院门诊或住院房间内的财物，购物者遗忘在商店柜台的钱包，乘客遗落在出租车上的财物，等等。如果是丢失在大街上、公园内、公交车上等公共场所的物，即使失主及时回忆起遗落地点，占有人拒不返还的，也只能按不当得利处理，而不能按侵占罪自诉。侵占遗忘物按侵占罪处理的典型案例是：购物人到行为人处购物时，将财物遗忘在行为人处，行为人或他人将财物侵占，拒不退还；出租车司机或乘客将其他乘客遗忘在出租车上的财物占为己有，拒不退还；等等。

埋藏物一般指埋藏在地下的财物。作为侵占罪中的埋藏物，应结合空间位置、权属和主观故意来确定，所以埋藏物指的是埋藏在地下，行为人在对权属不明知的情况下所取得的有主物。

2. 客观构成要件，将代为保管的他人财物或遗忘物、埋藏物非法占为己有，数额较大，拒不交出或拒不退还的行为。

首先，行为人合法占有他人所有财物。行为人在占有他人财物时必须没有非法占有目的。合法占有财物具体可以表现在以下几种关系中：（1）委托关系，指的是委托保管、委托运输、委托买卖、委托接收财物等关系。（2）租赁关系，指的是承租他人物品，逾期拒不返还，且非法占为己有的行为。（3）借用关系，指的是借用他人财物后，采取转移、藏匿等手段拒不归还的行为。借用关系中的财物，一般指的是借用人没有处分权的财物，如不动产或需登记的财物，例如借用他人汽车后变卖给他人，拒不归还或赔偿的，就构成侵占罪。但是借用、转移所有权时不需变更登记动产的，一般属于债务纠纷。（4）担保关系，指的是通过质押、留置占有他人财物后，在应当返还质押物或者留置物时拒不返还，非法据为己有的行为。（5）无因管理，指的是出于无因管理的目的，善意管理他人财物后将他人财物非法占为己有，拒不返还的行为。如果在委托保管管理过程中，所有人也参与其中，财物没有完全脱离所有人的控制，行为人对财物的侵占行为可能构成盗窃罪。

其次，占有后产生了非法占有的目的。最后，变成行为人非法所有，拒不退还或拒不交出。

本罪的突出特点是"变合法持有为非法所有"，有持有他人财物的事实（行为人占有，但无处分权）；有非法占为己有的行为（对财物进行处分的行为，包括消费、出卖、赠予等等）；有拒不退还或拒不交出的行为，数额较大。

3. 主体要件，主体为年满 16 周岁以上、有刑事责任能力的人。单位不能构成侵占罪的主体。

4. 主观构成要件，是直接故意，即有非法占有他人财物的目的。

二、认定

（一）既遂与未遂的界限

侵占罪的形态有一定特殊性，应以行为人拒绝退还或者拒绝交出为本罪既遂的标准。将代为保管的他人财物或者他人的遗忘物、埋藏物非法据为己有，数额较大，拒不退还或者拒不交出的，才成立本罪。对于侵占的财物，行为人交出或者退还的，不构成本罪。

（二）罪与非罪的界限

此处一般指借贷纠纷与侵占罪的界限。借贷关系中，存在借用特定物品要归还特定物品，借用物品只需要归还同种类物品的区分。如借用别人的电动车，就要归还"别人的电动车"这一特定物品；借用人民币，归还同价值的人民币即可。理论上前者称为特定物，后者称为种类物。特定物要归还物本身，种类物不需要。借用关系中，借用特定物拒不退还与借用种类物拒不退，前者可以构成侵占罪，后者则纯属民事纠纷，不构成犯罪。

（三）侵占非法财物的处理

非法财物包括赃物、违禁品等，对于侵占非法财物的行为，应区分不同情况予以处理：（1）明知是他人犯罪所得的赃物而侵占或销售的，构成掩饰、隐瞒犯罪所得罪。（2）行为人侵占他人的毒品后持有的，构成非法持有毒品罪。如果销售的，构成贩卖毒品罪。（3）对代为保管的财物不知道是赃物而侵占的，以主客观相统一的原则，按侵占罪处理。（4）侵占代为保管的淫秽物品后贩卖的，构成贩卖淫秽物品牟利罪。

（四）侵占罪与其他罪的区别

1. 侵占罪与盗窃罪

侵占罪和盗窃罪的主要区别在于：（1）犯罪的行为方式不同。侵占的行为人是从合法控制状态转为拒不退还或将遗忘物和埋藏物占为己有。盗窃罪的行为人则是采取积极行动，将他人控制下的财物转移到自己控制的范围内。（2）行为人与犯罪对象的关系不同。侵占代为保管的财物的行为人是在合法占有保管物的前提下，由于拒不退还而转变为犯罪，但是盗窃则没有此前提。（3）行为人的主观认知内容不尽相同。侵占的行为人，如果侵占的是遗忘物和埋藏物，其主观上并不一定明知物的所有人，但是盗窃的行为人一般知道物的所有人或占有人。（4）既遂标准不同。侵占罪必须是侵占财物后，所有人或合法管理人要求行为人退还，但行为人拒不退还的才构成既遂。盗窃罪则是被盗财物，离开所有人控制时即构成既遂，即使事后行为人返还，也不影响既遂的成立。

2. 侵占罪与诈骗罪

两罪的主要区别在于：诈骗罪的财物转移是行为人采取虚构事实、隐瞒真相的方法，使被害人自愿交付财物；而侵占罪是所有人因为信赖行为人才交付财物，要求行为人代为保管，而不是因为对方的欺骗而交付财物。

三、处罚

规定在《刑法》第 270 条。犯本罪的，处二年以下有期徒刑、拘役或者罚金；数额巨大的或者有其他严重情节的，处二年以上、五年以下有期徒刑，并处罚金。

犯本罪，告诉的才处理。也就是说侵占罪属于告诉才处理的犯罪，无论何种情况的侵占行为均属自诉案件，不能以公诉形式出现。

一般而言，侵占罪的社会危害程度明显轻于抢劫、盗窃、诈骗等侵财犯罪，但是侵占罪作为一种侵犯他人财产权益的犯罪行为，其社会影响不容忽视。

第六节 职务侵占罪

职务侵占罪规定在《刑法》第 271 条，多发于企业经营过程中，通常具有刑民交叉的特点，该类案件往往由于股东之间、管理层之间、单位与员工之间的经济利益纠葛而引发。《刑法修正案（十一）》对其进行了修改。

一、职务侵占罪的概念与犯罪构成

（一）概念

职务侵占罪是指公司、企业或者其他单位的工作人员利用职务上的便利，将本单位财物非法占为己有，数额较大的行为。

（二）犯罪构成

1. 侵犯的客体是公司、企业或者其他单位的财产所有权。犯罪对象是单位的财物。

2. 客观方面表现为，利用职务上的便利，将数额较大的单位财物据为己有的行为。本罪行为人占有单位财物，是利用了自己管理、经营、占有单位财物的便利，是构成本罪的必要条件。如果是利用了自己可接近单位财物的便利，将其他人保管的单位财物秘密窃取的，则构成盗窃罪而非职务侵占罪。

关于将本单位财物非法占为己有的手段，刑法没有做具体规定。实践中，手段多样，如利用职务便利窃取、骗取本单位财物等等。此处的占有，不以合法持有为前提。

关于本罪中的数额较大，2022 年 4 月 29 日最高人民检察院、公安部联合发布的修订后的《关于公安机关管辖的刑事案件立案追诉标准的规定（二）》明确，公司、企业或者其他单位的工作人员，利用职务上的便利，将本单位财物非法占为己有，数额在 3 万元以上的，应予追诉。[①]

3. 犯罪主体，是公司、企业或者其他单位的工作人员，包括公司和其他企业的董事、监事、职工。主体范围可以是聘用人员，也可以是正式的合同制人员。但是，个体工商户中从事劳务活动的雇员侵占雇主财产的，构成侵占罪，而非职务侵占罪。

4. 犯罪主观方面，为故意，即具有非法占有的目的。非法占有的目的，排除行为人与被害人有经济纠纷等情况。例如，职工因工资长期被拖欠而将其负责收回的单位销售款据为己有，拒不交给单位，并以所占有款与拖欠工资相抵扣作为理由的，不构成职务侵占罪。

二、职务侵占罪的认定

（一）不同犯罪主体职务侵占行为性质的认定

1. 国有公司、企业或者其他国有单位从事公务的人员，国有公司、企业或者其他国有单位委派到非国有公司、企业以及其他单位从事公务的人

---

① 最高人民法院、最高人民检察院《关于办理贪污贿赂刑事案件适用法律若干问题的解释》规定，职务侵占罪数额较大按照本解释关于受贿罪、贪污罪相对应的数额标准规定的二倍、五倍执行。

员，利用职务便利侵占公共财物的，应认定为贪污罪。

2. 对村民小组长利用职务上的便利，将村民小组集体财产非法占为己有，数额较大的，以职务侵占罪定罪处罚。村民委员会等村基层组织人员利用职务便利侵吞集体财产的，也以职务侵占罪论处。但是，上述人员在协助行政机关从事行政管理工作时侵占公共财物的，构成贪污罪。

3. 在国有资本控股、参股的股份有限公司中，从事管理工作的人员除受国家机关、国有公司、企业、事业单位委派从事公务的以外，不属于国家工作人员，对其利用职务上的便利，将本单位财物非法占为己有，数额较大的，以职务侵占罪定罪处罚。

4. 不具有国家工作人员身份的保险公司的工作人员，利用职务上的便利，编造未曾发生的保险事故，进行虚假理赔，骗取保险金，归自己所有的，按职务侵占罪定罪处罚。

5. 行为人与公司、企业或者其他单位的工作人员勾结，利用公司、企业或者其他单位人员的职务便利，共同将该单位财物非法占为己有，数额较大的，以职务侵占罪共犯论处。公司、企业或者其他单位中不具有国家工作人员身份的人与国家工作人员勾结，分别利用各自的职务便利，共同将本单位财物非法占为己有的，按照主犯的犯罪性质定罪。

（二）职务侵占罪与其他罪的区别

1. 与盗窃罪的区别

职务侵占罪与盗窃罪的区别在于，是否利用职务便利。虽然是单位的财物，但是行为人利用了职务上的便利，将自己保管、占有的单位财产占为己有的是职务侵占罪；没有利用职务便利，窃取单位财物的是盗窃罪。盗窃罪的主体是一般主体。本罪的主体是公司、企业或其他单位的工作人员。

2. 与诈骗罪的区别

利用职务便利骗取单位财物的，是职务侵占罪；没有利用职务便利骗取单位财物的，是诈骗罪。本罪的主体是特殊主体，诈骗罪的主体是一般主体。

3. 与贪污罪的区别

（1）主体不同。职务侵占罪的主体是公司、企业或者其他单位的人员，贪污罪的主体则限于国家工作人员，包括受国家机关、国有公司、企业、事业单位、人民团体委托管理、经营国有财产的人员。（2）犯罪对象不同。职务侵占罪的对象是本单位的财物，它既可能是公共财物，也可能是私有财物，而贪污罪则只能是公共财物。

三、处罚

规定在《刑法》第 271 条。犯本罪，数额较大的，处三年以下有期徒刑或者拘役，并处罚金；数额巨大的，处三年以上、十年以下有期徒刑，并处罚金；数额特别巨大的，处十年以上有期徒刑或者无期徒刑，并处罚金。

职务侵占是近年来企业内部较为多发的刑事案件。职务侵占罪主要侵害的是单位财产，公司内部人员实施职务侵占的背信行为，实际上是对公司忠实义务的一种违反。职务侵占罪被认为是站在职业操守对立面的犯罪。

第七节　挪用资金罪

挪用资金罪是一种常见的非国家工作人员的职务犯罪，刑法将其归为侵犯财产罪。本罪设立于 1997 年，其前身是 1995 年 2 月 28 日全国人大常委会颁布的《关于惩治违反公司法的犯罪的决定》中第 11 条所规定的公司、企业人员挪用单位资金罪。

一、挪用资金罪的概念与构成特征

（一）概念

挪用资金罪是指公司、企业或者其他单位的人员利用职务上的便利，挪用本单位资金归个人使用或者借贷给他人，数额较大，超过三个月未还的，或者虽未超过三个月，但是数额较大，进行营利活动的，或者进行非法活动的行为。

（二）构成要件

1. 本罪侵犯的客体是公司、企业或其他单位的财产权。具体侵犯的是单位对财产的占有权、使用权和收益权。犯罪对象限于本单位的资金，包括本单位所有的资金，也包括因为经营管理的需要，在本单位实际控制、使用中的资金，如本单位在经济往来当中转手的其他单位或个人的款项。

司法实践当中，行为人挪用尚未成立的公司资金是否可以构成本罪。根据最高人民检察院《关于挪用尚未注册成立公司资金的行为适用法律问题的批复》，该行为应当按照挪用资金罪定罪处罚。如果挪用公司持有的虚拟货币，是不是挪用本单位的资金？也就是虚拟货币是不是资金？对此理论和实务中是有分歧的。请读者关注一下相关的案件和理论。

2. 本罪在客观方面表现为利用职务上的便利，挪用单位资金归个人使用或者借贷给他人使用。注意，此处的"挪用资金"是利用职务上的便利，非法擅自动用单位资金归本人或者他人使用，但准备日后退还。客观方面的理解，注意以下几个方面：一是利用职务上的便利，是指利用本人在职务上主管、经管或者经手单位资金的方便条件，如单位的出纳员利用保管现金的职务便利。未利用职务上的便利，只因工作关系而熟悉作案环境条件，或者凭工作人员身份便于出入单位，比较容易接近作案目标等便利条件的，不属于利用职务上的便利，不能构成挪用资金罪。二是挪用本单位资金归个人使用或者借贷给他人使用的界定。"挪用"一词，是"挪"和"用"两种行为结合而成的，"挪"就是利用职务上的便利，将本单位资金转移至本人或他人控制之下，"用"就是将资金用于本人或他人的某种需要。"挪"是前提，而"用"是目的。根据最高人民法院《关于如何理解刑法第二百七十二条规定的"挪用本单位资金归个人使用或者借贷给他人"问题的批复》，挪用单位资金归个人使用或者借给他人使用，是指公司、企业或其他单位的非国家工作人员利用职务上的便利，挪用本单位资金归本人或其他自然人使用，或者挪用人以个人名义将挪用的资金借给其他自然人和单位的行为。关于归个人使用的界定，根据 2010 年最高人民检察院、公安部《关于公安机关管辖的刑事案件立案追诉标准的规定（二）》，包括将本单位资金供本人亲友和其他自然人使用；以个人名义将本单位资金供其他单位使用；个人决定以单位名义将本单位资金供给其他单位使用，谋取个人利益的。借贷给他人，是指挪用人以个人名义将所挪用的资金借给其他自然人或单位。三是挪用资金的具体行为，包括三种情况：第一种是挪用本单位资金，数额较大，超过三个月未还的。此处所说的"挪用"是指将资金用于生活开支等其他方面，如购买生活资料、旅游观光、偿还债务等。超期未还型挪用资金罪要求挪用资金数额较大，根据最高人民检察院、公安部修订后的《关于公安机关管辖的刑事案件立案追诉标准的规定（二）》是挪用本单位资金数额在 5 万元以上，超过三个月未还的。挪用资金超过三个月未还，是指挪用资金的时间从挪用行为发生之日起已经超过三个月并且未归还。第二种是挪用本单位资金数额较大，进行营利活动的。营利活动，是指挪用本单位资金进行经营或者其他谋取利润的行为，如经商、投资、炒股等的营利活动。此种类型必须是挪用资金数额较大，根据《关于公安机关管辖的刑事案件立案追诉标准的规定（二）》，此处"数额较大"的标准为 5 万元。注意，没有挪用时间和是否归还的限制。第三种是挪用本单位资金进行非法活动的，非法活动是国家法律禁止的一切活动，包括一般违法行为和犯罪行为，如赌博、走私、贩毒等。由于挪用资金进行非法活动的行为本身就具有严重的社会危害性，《刑法》第 272 条对此没有规定挪用数额和挪用时间的限制。此种类型"数额较大"的标准是 3 万元以上。①

3. 本罪的主体是特殊主体，即公司、企业或其他单位的工作人员。国有公司、企业或单位中从事公务的国家工作人员，或者国有单位委派到非国有单位从事公务的国家工作人员，利用职务之便挪用本单位财物的，注意不构成本罪，应以挪用公款罪论处。也就是本罪的主体不具有国家工作人员身份。

4. 本罪的主观方面是直接故意，且具有非法挪用本单位资金的目的，没有非法占有的目的。

二、挪用资金罪的认定

（一）既遂与未遂

关于本罪既遂与未遂的界限，挪用本单位资金行为是准备日后归还的，也就是没有非法占有目的。就挪用资金罪而言，其侵犯的客体是单位对资金的占有权、使用权和收益权，只要行为人已经将资金转移到本人或他人

---

① 最高人民法院、最高人民检察院《关于办理贪污贿赂刑事案件适用法律若干问题的解释》规定，挪用资金罪数额较大，按照挪用资金用途是超过三个月未归还、营利活动、非法活动的不同，标准分别为 10 万元、10 万元、6 万元。

控制之下，单位失去了对资金的控制，就是挪用，即标志着单位对资金的占有权、使用权、收益权已经实际遭到侵犯，行为人是否使用资金对此并没有实际的影响。因此挪用资金罪应当以行为人或者他人对资金的实际控制为既遂的标准。行为人已经着手实施，但由于其意志以外的原因没有能够控制资金的，只能构成挪用资金罪的未遂。

（二）挪用资金罪与职务侵占罪的界限

两罪都是公司、企业或其他单位内部人员利用职务的便利侵犯本单位财产的行为。关于两罪的区别，主要在于犯罪客体和犯罪对象不同，犯罪的客观方面不同，犯罪的主观方面不同。要注意：挪用本单位资金，有能力退还而携款潜逃的，应以职务侵占罪论处，因为此行为体现的是对资金非法占有的故意。

三、挪用资金罪的处罚

《刑法修正案（十一）》修改了本条的法定刑。根据《刑法》第 272 条的规定，第 1 款规定本罪的法定刑，分为三个量刑档次。第 2 款规定的是具有国家工作人员身份的工作人员，挪用本单位资金的，要依照挪用公款罪定罪处罚。第 3 款是《刑法修正案（十一）》新增的，关于对挪用资金罪可以从宽处理的规定，要求必须同时符合以下两个条件，一是在提起公诉前，二是行为人必须将挪用的资金退还。其中犯罪较轻的可以减轻或者免除处罚。本款是针对挪用资金犯罪，考虑到实践中追赃工作的实际情况和更利于保护涉案企业财产权益的需要所做的特别规定，也与实践中司法机关对量刑情节的考虑和刑法总则中的从宽精神是一致的。

实践中，挪用资金罪是民营企业常见的经济犯罪。刑法规定挪用资金罪，就是为了警示擅自挪用单位资金的行为，保障公司、企业或者其他单位资金的安全和使用、收益权。针对民营企业刑事案件多发的态势，要推动民营企业筑牢守法合规经营的底线。

第八节　敲诈勒索罪

敲诈勒索犯罪是常见的侵犯财产犯罪，规定在《刑法》第 274 条。

一、敲诈勒索罪的概念与构成特征

（一）概念

敲诈勒索罪是指以非法占有为目的，以威胁或者要挟方法，强行索要公私财物，数额较大或者多次敲诈勒索的行为。

（二）犯罪构成

1. 本罪侵犯的客体为复杂客体，其主要客体是公私财产所有权，次要客体是他人的人身权利或者其他权益。

这是由本罪特定的犯罪方法所决定的。犯罪对象是公私财物，包括动产、不动产、生产资料、生活资料，司法实践中以勒索钱财居多。

2. 本罪在客观方面表现为以威胁或者要挟的方法，向公私财物的所有人或者持有人强索财物的行为，可从以下三点来理解。

（1）对威胁和要挟的理解。两者都是能够引起他人心理恐惧的精神强制方法，没有本质区别。略有不同的是，威胁可以用任何侵害他人的方法相恐吓；而要挟，通常是抓住他人的把柄以揭露其隐私相恐吓。被害人是否确实产生恐惧并被迫交付财物，不影响本罪的构成。对威胁、要挟的理解，还应当把握威胁、要挟方法的特点：①行为人以将要实施积极的侵害行为，对财物所有人或持有人进行恐吓。比如以将要实施杀害、伤害、揭发隐私、毁灭财物等相恐吓。由此可见，本罪只能以作为方式实施，不可能是不作为。②行为人扬言将要危害的对象，可以是财物的所有人或者持有人，也可以是与他们有利害关系的人，例如财物所有人或持有人的亲属。③发出威胁或要挟的方式可以多种多样，比如可以当着被害人的面用口头、书面或其他方式，也可以通过电话、书信方式表示，也可以是行为人亲自发出，也可以是委托第三者转达；可以是明示，也可以是暗示。④威胁或要挟要实施的侵害行为有多种，有的是可以当场实现的，如杀害、伤害；有的是当场不可能实现，必须日后才能实现的，如揭发隐私。需要注意的是行人威胁将要实施危害行为并非意味着发出威胁之时，不实施任何侵害行为，如威胁将要实施伤害行为，但在威胁发出之时实施相对较轻的殴打行为；或者威胁将要实施杀害行为，但在威胁发出之时实施伤害行为。只是当场实施较轻加害行为，同时威胁将来实施较重加害行为的方式，可能影响行为人实际触犯的罪名和符合的具体犯罪数量，应当结合具体案件情况予以判断。

（2）采用威胁或要挟的方法，敲诈勒索财物。敲诈勒索行为与他人交付财物之间可以表现为三种不同的情况：①行为人要求被害人必须在其指定的时间、地点交付财物，否则会在日后将其威胁的内容付诸实现。②行为人当面对被害人以当场实施暴力相威胁，要求其答应在规定的时间和地点交付财物。③行为人以日后将要对被害人实施侵害相威胁，要求当场交付财物。这表明对于敲诈勒索罪来说，行为人绝对不可能以当场实现威胁的内容相恐吓，当场非法占有他人财物，这是本罪与抢劫罪的显著区别。

（3）刑法规定敲诈勒索的财物价值达到数额较大，或者虽未达到数额较大，但属于多次敲诈勒索的，才构成敲诈勒索罪。数额较大或者多次敲诈勒索，是敲诈勒索行为构成犯罪的基本条件。数额较大的标准，根据最高人民法院、最高人民检察院2013年《关于办理敲诈勒索刑事案件适用法律若干问题的解释》（以下简称《敲诈勒索解释》）的规定，敲诈勒索公私财物价值2000元至5000元以上的为"数额较大"，各省、自治区、直辖市高级人民法院、人民检察院可以根据本地区经济发展情况、社会治安状况，在本款规定的数额幅度内，共同研究确定本地区执行的具体数额标准，报最高人民法院、最高人民检察院批准。注意：敲诈勒索财物有下列情形之一的，数额较大的标准，可以按照上述规定标准的50%确定：①曾因敲诈勒索受过刑事处罚的；②一年内曾因敲诈勒索受过行政处罚的；③对未成年人、残疾人、老年人或者丧失劳动能力人敲诈勒索的；④以将要实施放火、爆炸等危害公共安全犯罪或者故意杀人、绑架等严重侵犯公民人身权利犯罪相威胁敲诈勒索的；⑤以黑恶势力名义敲诈勒索的；⑥利用或者冒充国家机关工作人员、军人、新闻工作者等特殊身份敲诈勒索的；⑦造成其他严重后果的。注意这些特殊情形的入罪标准。多次敲诈勒索是指两年内敲诈勒索三次以上。

3. 本罪的主体为一般主体，即年满16周岁、具有刑事责任能力的自然人。

4. 本罪的主观方面是直接故意且以非法占有为目的。

如果不是为了非法占有公私财物，而是依法主张权利，存在权利基础，那就是合法行为，不构成敲诈勒索罪。如债权人以将要向法院起诉为前提，要求债务人尽快还款，就不符合本罪的要求。

注意，本罪在实践中的表现形式多样。近年来，随着我国信息技术的发展，以在微博、微信、QQ、论坛等网络信息平台上发布、删除等方式处理负面信息为由，实施威胁或者要挟，索取他人财物的现象日益突出，符合本罪构成的话，会以本罪追究刑事责任。

二、敲诈勒索罪的认定

（一）本罪与非罪的界限

敲诈勒索是以非法占有为目的，实施敲诈勒索的行为。只有敲诈勒索财物的数额达到较大程度或者多次敲诈勒索，才构成敲诈勒索罪。此处注意：实践当中，消费领域的过度维权，索要高额赔偿是合法的民事维权还是非法的敲诈勒索罪？比如实践中，2008年，郭某因女儿摄入含三聚氰胺的某某牌奶粉患肾结石而开始维权，向某公司及其控股股东某某公司索赔300万，以敲诈勒索罪被判有期徒刑五年。2017年4月，法院对该案进行再审宣判，改判郭某无罪。如何界定"正当维权"与"敲诈勒索"？行使权利和敲诈勒索罪之间的关系比较复杂，审判实践与理论研究上存在分歧争议。该案对我国的司法实践具有典型意义。

（二）与抢劫罪的界限

仅从字面看，"威胁"既是抢劫罪的手段之一，又是敲诈勒索罪的基本行为方式。但是，两罪的"威胁"的存在以下三个方面的不同：一是敲诈勒索罪的威胁可以是当面威胁，也可以不当面威胁，可以由自己发出威胁也可以由第三者转达威胁；抢劫罪必须是行为人当着被害人的面发出威胁。二是敲诈勒索罪，可以以当场实现或者日后实现威胁内容相恐吓；抢劫罪，必须以当场实现威胁的内容相恐吓。三是敲诈勒索罪，可以迫使被害人当场或日后交付财物；抢劫罪，必须是当场夺取财物或者迫使被害人交付财物。

三、敲诈勒索罪的处罚

《刑法》第274条规定了本罪的法定刑，处三年以下有期徒刑、拘役或者管制，并处或者单处罚金；数额巨大或者有其他严重情节的，处三年以上、十年以下有期徒刑，并处罚金；数额特别巨大或者有其他特别严重情节的，处十年以上有期徒刑，并处罚金。量刑档次的划分采取了数额加情节的标准，区分为数额较大的情节，数额巨大或者其他严重情节，数额特别巨大或者其他特别严重情节的。根据《敲诈勒索解释》，数额巨大，3万元至10万元以上；数额特别巨大，30万元至50万元以上。另外，《敲诈勒索解释》关于其他严重情节、其他特别严重情节的界定，采用了行为加数额的认定方式即具有《敲诈勒索解释》第2条第3项至第7项规定的情形之一，加之数额达到数额巨大、数额特别巨大情节80%的。

实践中，敲诈勒索罪的行为表现方式多种多样。随着我国依法治国的大力推进，我国公民的法律意识与维权意识均有提升。过度维权涉罪问题常与敲诈勒索罪相关。全面依法治国须增强全民法治观念，引导和支持人们理性表达诉求、依法维护权益。

第九节　本章其他罪名

侵犯财产罪是故意非法占有、挪用、损毁公私财物的行为。规定在刑法分则第五章第263—276条之一，目前一共13个罪名。其中，《刑法修正案（十一）》修改了第271条第1款（职务侵占罪）、第272条（挪用资金罪）。按照侵犯财产故意内容的不同，分为占有型、挪用型、毁损型三类。本章在刑法章节里法律条文最少，但争议案件多。

	占有型	抢劫罪、抢夺罪、聚众哄抢罪、敲诈勒索罪、盗窃罪、诈骗罪、侵占罪、职务侵占罪、拒不支付劳动报酬罪。
侵犯财产罪	挪用型	挪用资金罪、挪用特定款物罪。
	毁损型	故意毁坏财物罪、破坏生产经营罪。

────── **案例分析** ──────

案例一

董某某、宋某某（时年17周岁）迷恋网络游戏，平时经常结伴到网吧上网，时常彻夜不归。2010 年 7 月 27 日 11 时许，因在网吧上网的网费用完，二人即伙同王某（作案时未达到刑事责任年龄）到某市红旗街社区健身器材处，持刀对张某某和王某某实施抢劫，抢走张某某 5 元现金及手机一部。后将所抢的手机卖掉，所得赃款用于上网。法院判决认为，罪名成立，判处有期徒刑二年六个月，缓刑三年，同时禁止董某某和宋某某在三十六个月内进入网吧、游戏机房等场所。①

问题：

对董某某、宋某某为行为性质，如何适用刑事禁止令？

参考意见：

董某某、宋某某（时年 17 周岁）持刀抢走张某某 5 元现金及手机一部，该行为以暴力手段当场劫取张某某财物，同时侵犯人身权利和财产权利，符合抢劫罪的构成特征。王某因作案时未达到刑事责任年龄，不负刑事责任。

关于本案的禁止令适用，符合《刑法》第 72 条的规定，符合最高人民法院、最高人民检察院、公安部、司法部《关于对判处管制、宣告缓刑的犯罪分子适用禁止令有关问题的规定（试行）》。一是判处的刑罚是缓刑；二是本案行为人长期迷恋网络游戏，因需要网费诱发了抢劫犯罪，网吧等场所与其犯罪有密切联系。因此，人民法院是根据犯罪分子的犯罪原因、犯罪性质、犯罪手段等，充分考虑"网吧"与犯罪分子所犯罪行的关联程度，有针对性地决定禁止其在缓刑考验期限内进入"网吧"这一特定区域、场所，有助于预防再次犯罪，帮助改过自新。

案例二

2021 年 11 月 18 日，某人民法院的公众号上，发布了一篇名为"灵川一男子偷菜被判刑"的消息。内容显示，毛某先后三次到唐某的地里盗割韭菜，并将这些盗得的韭菜进行售卖，共获利 8 元。此外，毛某还盗摘了另一名被害人李某的青豆去卖。法院认为，毛某以非法占有为目的，多次盗窃他人财物的行为已经触犯刑法，且因其有前科，遂判处有期徒刑六个

---

① 最高人民法院 2013 年 1 月 31 日发布指导案例，第 14 号董某某、宋某某抢劫案。

月，并处罚金人民币 1000 元。[①] 针对社会公众关注的"获利八元"的这一情节，该院副院长解释说，那 8 元钱只是被告人被当场查获并且承认的销赃所得。行为人盗了两百多斤的韭菜，按市值的话大概是八百元，再加上一些青豆，差不多是九百元。

问题：

多次盗窃成立盗窃罪的理解与适用？

参考意见：

刑法规定，多次盗窃成立盗窃，是指二年内盗窃三次以上。是否是只要是二年内次数达到三次就成立该罪呢？"多次盗窃"需要结合行为人的盗窃手段、主观恶性等进行综合判断。犯罪有社会危害性、刑事违法性、应受刑罚处罚性的特征，有但书的例外规定。多次盗窃入罪既要符合其次数要求，也要符合盗窃行为的社会危害性，不能仅仅依据犯罪次数和频率定罪，更不能据此处理多次盗窃情形。

本案中，盗窃三次、获利 8 元、判刑六个月的信息引发广泛争议。实际是行为人盗了两百多斤的韭菜再加上一些青豆，盗窃物品价值差不多是九百元，当地盗窃罪适用的入罪起点金额是 1000 元以上，而且行为人还有犯罪前科，综上信息，法院不是单纯地依照二年盗窃三次的标准入罪，而是综合考量判断的。

案例三

重庆章女士收到一个快递，里面是一张商家回馈客户的刮刮卡，刮开一看中了 20 元和一袋大米。章女士扫描了刮刮卡上的兑奖二维码，进入领奖微信群，按要求下载了一款"利欧数字 LEO"APP，在 APP 上发送兑奖码，真的领到了 25.9 元的奖励。随后，章女士又被拉到"商家长期任务群"做任务，关注淘宝商家就能领福利。章女士一天就做了 21 单，领到了200 余元。第二天，章女士做了一单"爱心公益单"，给红十字会转账 300元，领到 450 元返利。后来，章女士抢到一单 1 万元的任务，她不假思索

---

① 南宁普法：《男子偷韭菜获利 8 元被判半年？当地法院回应！》，https://sf.nanning.gov.cn/ nnpf/yasf/t5043600.html，2021 年 12 月 10 日。

地转账了。接着又是一单 8 万元的大任务，章女士又转账 8 万元。但是，这次客服却告诉她操作错误，要继续转账才能修复。接下来，章女士为了"修复数据"，又多次转账共 108 万，总共被骗 117 万。[①]

问题：

本案中诈骗犯罪的行为结构如何？

参考意见：

行为人为非法占有张女士的财物，编造虚假的刮刮卡中奖信息（20 元和一袋大米），使张女士产生错误认识。为加深其错误认识，行为人一是发出了小额奖励（25.9 元），二是引诱张女士做任务领费用，从小额支出及时收到收益费用、小额支付返利的依次递加，不断加深张女士对做任务能领收入的认知和判断。基于错误认识，张女士"自愿"转账给行为人，此时行为人已骗取章女士部分财物，章女士对这部分财物失去控制，此时诈骗已然成立。客服又编造操作错误、继续转账才能修复的谎言，启动新一轮的诈骗行为，使张女士产生继续转账才能收到对方支付返利的错误认识，继续"自愿"多次转账，行为人取得财产，章女士丧失财物，诈骗再次完成。

诈骗手段日新月异，小奖励、小礼品等很可能是骗子的诱饵，不要相信"先转账后返利"，天上不会掉馅饼，不要贪小便宜。

案例四

2018 年某天，余某某到某手机批发商店，以微信支付购买手机为由，让店员骆某某将一部售价为 4700 元的 iPhone8 手机激活，后其用该手机登录微信，支付 0.47 元欲骗过骆某某，其准备拿走手机时被店员发现未足额支付，便拿着手机跑出店外，骆某某等手机店店员在后面追赶。余某某跑到附近某小区三楼楼道处藏匿，在听到骆某某等人要报警时，便下楼承认错误并将手机归还给骆某某，后余某某被民警带走调查。[②]

---

① 首都网警：《警方发布！2023 年电信网络诈骗十大典型案例》，https://baijiahao.baidu.com/s?id=1777069370907346123&wfr=spider&for=pc，2023 年 9 月 15 日。

② 黄山市屯溪区人民检察院："刑事检察"，《【案例评析】盗窃罪、诈骗罪及抢夺罪的比较分析——由一起盗窃案件引发的思考》，2018 年 10 月 9 日。

问题：

余某某的行为如何定性？

参考意见：

观点一认为是公开盗窃，构成盗窃罪。本案中，余某某以买手机为名，让店员将手机交给她登录微信付款，后以隐瞒其支付 0.47 元小额钱款的真相企图骗店员其已经支付 4700 元，有诈骗的主观故意。在店员发现其没有全额付款时，余某某见诈骗不成，便携带手机逃出店外，此时获取手机的方式是公开和平转移占有，既有骗又有偷的行为，获取财物的主要手段是盗窃，因此该行为宜认定为盗窃。

观点二认为构成诈骗罪。余某某在手机店假借购买手机为由，让店员将新手机交给她，以便她登录微信转账付款，编造虚假的谎言让店员相信她有购买意愿和支付能力，此后店员产生错误认识，确信余某要购买手机并支付。基于这个错误认识店员处分手机，将手机交付给余某某，余某某得到手机，没有付款的真实想法，店员失去对手机的控制，此时诈骗罪成立。其后余某某佯装付款、携带手机逃跑等事后行为不影响诈骗罪的成立。

观点三认为构成抢夺罪。余某某从营业员处拿到手机后，佯装付钱，被店员识破后便拿着手机逃离现场的行为，符合抢夺罪"趁人不备公然夺取财物"的特征，所以余某某的行为宜认定为抢夺罪。

案例五

2008 年，某珠宝公司的员工小王在深圳机场办理行李托运手续时中途离开，将一个装有 14500 百余克黄金首饰的小纸箱放在行李手推车上方的篮子内，并单独停放在柜台前一米的黄线处。

现场监控视频显示，小王离开 33 秒后，机场清洁工梁某出现在这个纸箱旁。大约半分钟后，梁某开始行动，她将纸箱搬进机场一间厕所。小王约 4 分钟后返回，发现纸箱不见，随即向公安机关报警。

当天下午 2 时许，梁某下班，将纸箱带回住处置于床底下，另取出一部分黄金首饰放入其丈夫放在床边的衣服口袋内。同事找到梁某，告知机场有旅客丢失黄金并已报警。民警后到梁某家中询问其是否从机场带回物品，梁某否认，民警遂对其进行劝说。直到床下存放的纸箱被民警发现，梁某才承认该纸箱就是从机场带回的。当民警继续追问是否还有首饰未交出时，梁某仍予否认。民警随后从其丈夫的衣服口袋内查获另一部分黄金首饰。最后民警将价值人民币 300 万元的黄金首饰追回，尚有 136.49 克黄金首饰去向不明。

对于梁某究竟是"捡"还是"盗"，到底应该以侵占罪起诉还是以盗窃罪起诉，社会各界对此进行了热烈讨论。深圳市检察机关审查研究后认为，梁某的行为虽然也有盗窃的特征，但构成盗窃罪的证据不足，更符合侵占罪的构成特征。[①]

问题：

盗窃罪与侵占罪的区别？

参考意见：

盗窃罪是以非法占有为目的，秘密窃取数额较大的公私财物或者多次盗窃、入户盗窃、携带凶器盗窃、扒窃的行为。盗窃罪通常是采取秘密窃取方式，不法取得处于他人占有之下的财物。侵占罪是指以非法占有他人财物为目的，将代为保管的他人财物或者他人遗忘物、埋藏物非法占为己有，数额较大拒不交出、拒不退还的行为。侵占罪是自己先暂时合法占有他人所有财物，后不法取得。盗窃罪与侵占罪区分的关键点是两罪的犯罪对象。盗窃罪犯罪对象是"他人占有的财物"，侵占罪的犯罪对象是"本人占有的财物"。围绕此关键点，两者的区别主要在于：

1. 前提不同。侵占罪是行为人在侵占他人财物之前，已实际持有或控制（占有）他人财物。盗窃行为发生前，被盗财物仍处于物主的实际占有、控制下。

2. 非法占有目的产生的时间不同，犯罪故意形成的时间不同。侵占，是在合法占有财物之后产生犯罪意图；盗窃，是在财物处于他人占有财物之时产生犯罪意图。

3. 犯罪客观方面不同。前者为变合法持有为非法占有；盗窃罪客观方

面表现为秘密窃取。

案例六

林某在担任某公司财务总监期间，利用其负责管理公司财务及现金会员费的职务之便，侵占公司财产人民币 10 万元，并通过修改公司财务软件数据进行平账以掩盖其罪行。①

问题：

林某的行为构成何罪？

参考意见：

林某利用担任公司财务总监，负责管理公司财务及现金会员费的职务之便，将公司财产非法占为已有，数额达到人民币 10 万元，其行为符合职务侵占罪的构成。

案例七

张某在担任某村村民小组长期间，利用保管小组集体资金的职务便利，私自挪用 22.2781 万元用于其工厂的经营活动。案发后，被告人主动归还所挪用的全部集体资金。

问题：

张某的行为如何认定？

参考意见：

本案中，张某担任村民小组长，村民小组的界定是认定该案的关键点之一。

根据最高人民法院研究室的研究意见，《刑法》第 272 条规定的"其他单位"包括村民小组，村民小组组长可以成为挪用资金罪的犯罪主体。村民小组组长利用职务上的便利，挪用本单位资金归个人使用或者借贷给他人，数额较大、超过三个月未还的，或者虽未超过三个月，但数额较大、进行营利活动的，或者进行非法活动的，应当依照《刑法》第 272 条第 1

① 萍乡市中级人民法院：《公司财务监守自盗犯 职务侵占罪获刑》，http://pxzy.jxfy.gov.cn/article/detail/2019/06/id/4039157.shtml，2019 年 6 月 13 日。

款的规定，以挪用资金罪定罪处罚。[①]

本案中，张某符合挪用资金罪的主体要求，客观方面利用保管村民小组集体资金的职务便利，私自挪用 22.2781 万元用于其工厂的经营活动，属于故意挪用资金用于经营活动，数额较大，构成挪用资金罪。

村民小组长身处最基层，工作中应当恪尽职守，不触犯法律底线，不做侵害群众切身利益的事情。

案例八

2014 年 9 月，某网包括主编、副主编在内的相关人员，采取公关公司招揽介绍、业内人员物色筛选等方式，寻找具有"上市""拟上市""重组""转型"等题材的上市公司或知名企业作为"目标"对象进行非法活动。对于愿意"合作"的企业，在收取高额费用后，通过夸大正面事实或掩盖负面问题进行"正面报道"；对不与之合作的企业，在某网等平台发布负面报道，以此要挟企业投放广告或签订合作协议，单位和个人从中获取高额广告费或好处费。警方初步查证，该网先后迫使 100 多家 IPO 企业、上市公司建立了合作关系，收取每家企业 20 万至 30 万费用，累计数亿元。[②]

问题：

该案通过有偿新闻非法获取巨额利益的行为性质如何认定？

参考意见：

敲诈勒索罪是指以非法占有为目的，以威胁或者要挟的方法，强索公私财物，数额较大或者多次敲诈勒索的行为。其行为结构是：以非法占有为目的行为人对他人实施威胁要挟→被害人产生恐惧心理→被害人基于恐惧心理处分财产→行为人取得财产→被害人遭受财产损失。

本案中，某网主编、副主编等在内相关人员，选定符合其要求的上市

---

① 最高人民法院研究室《关于村民小组是否属于刑法第二百七十二条规定的"其他单位"问题的研究意见》，1999 年 7 月 3 日。

② 中央网络安全和信息化委员会办公室：《国家网信办公布"网络敲诈和有偿删帖"十大典型案例》，https://www.cac.gov.cn/2015-01-26/c_1114134178.htm?from=timeline，2015 年 1 月 26 日。

公司或知名企业作为目标，以在某网等平台发布负面报道向其发出要挟，使被胁迫上市公司或知名企业产生负面报道影响其发展的恐惧心理，基于恐惧支付其高额的投放广告费或被迫支付签订合作协议的费用，数额较大，该行为符合敲诈勒索罪的构成。

第七章 妨害社会管理秩序罪

【导学】

法治是治国理政的基本方式，在坚持和完善中国特色社会主义制度、推进国家治理体系和治理能力现代化进程中，刑法需要不断完善。

妨害社会管理秩序罪 {
> 刑法坚持从我国国情出发，立足我国社会治理实践，对妨害社会管理秩序行为的规制不断修改完善。

> 理论：妨害公务罪，袭警罪，冒名顶替罪，高空抛物罪，寻衅滋事罪，催收非法债务罪，侵犯英雄烈士名誉、荣誉罪，本章其他罪名。
> 实务：案例分析。
}

第一节 妨害公务罪

妨害公务罪，它是妨害社会管理秩序罪当中的一个常见犯罪罪名。妨害社会管理秩序罪分为九节，是刑法分则中涉及条款最多、罪名数量最多、涵盖范围最广的犯罪。

一、妨害公务罪的概念与构成特征

（一）概念

妨害公务罪规定在《刑法》第 277 条，是指以暴力、威胁的方法，阻碍国家机关工作人员、人大代表、红十字会工作人员依法执行职务，履行职责，或者故意阻碍国家安全机关、公安机关依法执行国家安全工作任务，未使用暴力、威胁方法造成严重后果的行为。需要注意，《刑法修正案（十一）》修改了第 277 条第 5 款，增设了袭警罪。

（二）犯罪构成

1. 侵犯的客体为公务活动的正常秩序。公务活动的范围法条通过列举的方式进行了明确，具体包括国家机关工作人员依法执行的职务，人民代表大会代表依法执行的代表职务，红十字会工作人员依法履行的职责，国家安全机关、公安机关依法执行的国家安全工作任务。侵害的对象是正在依法执行职务、执行代表职务、履行职责的上述四类人员。

国家机关工作人员、人民代表大会代表、红十字会工作人员以外的其他人员能否成为妨害公务罪侵害的对象呢？根据最高人民检察院《关于以暴力威胁方法阻碍事业编制人员依法执行行政执法职务是否可对侵害人以妨害公务罪论处的批复》，该罪侵害的对象还包括依照法律、行政法规的规定执行行政执法职务的国有事业单位人员，或者国家机关中受委托从事行政执法职务的事业编制人员。关于本罪的侵害对象"国家机关工作人员"的解释，要做实质性解释，而不应拘泥于其是否具有公务员身份和编制。需要特别注意，袭警罪的独立成罪，使目前的妨害公务罪侵犯对象就不包括遭受暴力袭击的正在依法执行职务的人民警察。

2. 客观方面表现为行为人以暴力、威胁的方法阻碍国家机关工作人员、人大代表依法执行职务，或者在自然灾害、突发事件中以暴力、威胁的方法阻碍红十字会工作人员依法履行职责，或者虽未使用暴力威胁的方法，但故意以任何手段阻碍国家安全机关与公安机关工作人员依法执行的国家安全工作任务，造成严重后果。

本罪的客观方面有两种构成方式，一是以暴力、威胁方法为要件，阻碍国家机关工作人员、人大代表、红十字会工作人员的公务活动。暴力指对上述人员实施殴打、捆绑或者其他人身强制行为，使其不能正常履行职务或者是职责。威胁是指行为人以杀害、伤害、毁坏财产、破坏名誉等相恐吓，对上述人员进行精神强制，以迫使其放弃，或者不能正确履行职务或者是职责。二是不以暴力威胁的方法为要件，而要求造成严重后果的阻碍国家安全公务活动的行为。此处的"严重后果"主要是指国家安全机关、公安机关执行国家安全工作任务，受到严重妨害，如严重妨害对危害国家安全犯罪案件的侦破。上述构成方式中，妨碍国家机关工作人员依法执行职务是妨害公务罪的典型类型。

无论哪种方式，都需要注意，首先危害行为所针对的对象必须是在依法执行职务或者是职责。如果阻碍其非公务行为或者非法活动的，则不构成本罪。比如阻碍国家机关工作人员的滥用职权行为，这时候的阻止就不能视为妨害公务行为。其次，危害行为只能发生在国家机关工作人员、人大代表、红十字会工作人员以及国家安全机关与公安机关工作人员，依法执行职务或职责期间。其中红十字会工作人员依法执行职责，还必须发生在自然灾害或突发事件中。在事前或者事后对有关人员进行阻碍，不会影响公务职责的履行，不能以本罪论处。最后针对不同的犯罪对象而实施的妨害公务行为构成本罪的条件不同。这是本罪要重点掌握的内容之一，必须明确使用暴力、威胁方法的类型范围；不以行为人使用暴力或者威胁方法为必要，但要求行为人的行为造成了严重后果的类型范围。

3. 犯罪主体。本罪的主体是一般主体，指的是年满16周岁、具有刑事责任能力的自然人。至于行为人与国家机关工作人员的职务行为有无特定关系，则在所不问，因而国家机关工作人员也可以成为本罪主体。

4. 主观方面。本罪的主观方面表现为故意，即明知是妨害公务行为而有意实施的主观心理状态。

二、认定

（一）本罪与非罪的界限

对国家机关工作人员的非法活动进行抗争的行为，能不能认定为本罪？不能。

对于人民群众因合理要求没有得到满足而与国家机关工作人员发生轻微冲突的行为，也不宜认定为本罪，应当正确疏导，避免矛盾扩大。对于使用了轻微暴力、胁迫手段，但客观上不足以阻碍国家机关工作人员依法执行职务的行为，也不宜认定为犯罪，应当批评教育。如果行为人对侵害对象的身份或者执行公务的合法性发生认识错误而实施了妨害公务的行为，是否构成本罪？不构成。

因此在认定本罪的时候，要同时满足犯罪的构成要件，要注意主客观相一致的原则。对本罪与非罪的理解，还需要明确，不是所有的妨害公务行为都认定为妨害公务罪，因为我国刑法还对妨碍某些职务活动的行为做出了专门规定，比如拒不执行判决、裁定罪，抗税罪等。因此妨害公务罪与其他扰乱正常公务秩序的法律之间，出现了法条竞合的情形。此时应当按照特别法优于普通法的原则处理。因为相对于妨害公务罪而言，这些罪名的设置凸显的是刑法对妨害相关公务活动的特殊保护。伴随着《刑法修正案（十一）》的施行，暴力袭击正在依法执行职务的人民警察的，成立袭警罪。

（二）罪数问题

妨害公务的行为可能成为其他犯罪的手段，在这种情况下原则上从一重罪论处，但刑法有特别规定的，应当依照刑法的特别规定处理。如《刑法》第318条第1款第5项规定，组织他人偷越国（边）境，以暴力、威胁方法抗拒检查的，仅为该罪的加重法定情节之一。第157条第2款规定以暴力、胁迫方法抗拒缉私的就以走私罪和妨害公务罪，实行数罪并罚。

三、妨害公务罪的处罚

《刑法》第277条第1款规定，犯本罪的，有三年以下有期徒刑、拘役、管制或者罚金。从其法定刑来看，我国刑法为妨害公务罪配置的刑事责任较为轻缓，说明了本罪中的暴力行为，不包括致人重伤、死亡的严重行为，后者应当以相关犯罪论处。

妨害公务罪是实践中的常见犯罪，主要是使用暴力、威胁手段阻碍执行公务。要增强对相关法律法规的理解，认知妨害公务行为的严重性。在遇到公务人员依法执行公务时，避免采取过激行为或阻碍公务执行，理性表达诉求。

第二节　袭警罪

近年来，暴力袭警时有发生，多起性质恶劣的袭警案件引发广泛关注和强烈反响。是否单独设立袭警罪，立法中一直存在争论。《刑法修正案（十一）》施行之前，袭警行为只是妨害公务罪的一种特殊表现形式。2021年3月1日，袭警罪正式实施后，短短几天，多地办理袭警"第一案"。

一、袭警罪的概念与构成特征

（一）概念

袭警罪规定在《刑法》第277条第5款，是暴力袭击正在依法执行职务的人民警察的行为。其罪状包含了暴力袭击与使用枪支、管制刀具，或者以驾驶机动车撞击等手段，严重危及警察人身安全的行为。

（二）犯罪构成

1. 犯罪客体。本罪侵犯的客体是人民警察公务活动的正常秩序。人民警察代表国家行使执法权，肩负着打击违法犯罪、维护社会稳定、维持司法秩序、执行生效裁判等重要职责。在依法履职过程中，人民警察遭受违法犯罪分子暴力侵害、打击报复的事件时有发生。2019年12月27日最高人民法院、最高人民检察院、公安部联合印发《关于依法惩治袭警违法犯罪行为的指导意见》，明确了惩治袭警违法犯罪行为的法律适用。2021年3月1日起施行的《刑法修正案（十一）》增设了袭警罪。

2. 客观方面行为，暴力袭击正在依法执行职务的人民警察的行为。该行为构成本罪应当具备以下条件。一是必须是实施了暴力袭击的行为。暴力袭击人民警察，一般是实施撕咬、踢打、抱摔、投掷等对民警人身进行攻击的，还包括借助外力，使用枪支、管制刀具，或者以驾驶机动车撞击等手段，严重危及其人身安全的。这种暴力的程度更高，危害更严重。威胁方法不构成本罪。二是暴力袭击的对象必须是正在依法执行职务的人民警察。如果行为人袭击的对象不是人民警察或者袭击的人民警察不是正在依法执行职务，都不构成本款规定的犯罪。《人民警察法》规定，人民警察包括公安机关、国家安全机关、监狱、劳动教养管理机关的人民警察和人民法院、人民检察院的司法警察。辅警是不是本罪的犯罪对象？实践中存在争议。辅警没有独立的执法权，在有正式人民警察带领执法的场合，认为暴力袭击辅警也是暴力袭击正在执行公务的警察，构成本罪。

3.犯罪主体。本罪的主体是一般主体，年满16周岁、具有刑事责任能力的人。

4.本罪的主观方面是故意，行为人明知是正在依法执行职务的人民警察，对其暴力袭击会妨碍人民警察公务活动的正常进行，仍希望或者放任该结果发生。

二、袭警罪的认定

（一）本罪与非罪的界限

实践中，对正在依法执行职务的人民警察虽未实施暴力袭击，但以实施暴力相威胁的，则不构成袭警罪。符合妨害公务罪规定的，以妨害公务罪定罪处罚。也就是说暴力袭击是认定本罪的关键点之一。要注意，醉酒的人实施袭警犯罪行为，要追究刑事责任；教唆、煽动他人实施袭警犯罪行为或者为他人实施袭警犯罪行为提供工具、帮助的，以共犯论处。但是适用的罪名要根据其行为方式来确定。

（二）与相关犯罪的界限

如果暴力袭警，导致警察重伤、死亡的，怎么来认定呢？此时出现袭警罪与故意伤害罪、故意杀人罪的界分，要根据具体案件，以故意伤害罪或者故意杀人罪定罪，酌情从重处罚。那相反，行为人只是辱骂民警或者袭警情节轻微的呢？尚不构成犯罪，如果构成违反治安管理行为的，将依法给予治安管理处罚。

如果袭警是在民警非执行职务期间，但是因其职务行为对其实施暴力袭击、拦截、恐吓等行为，怎么认定？是在民警非执行职务期间，不是正在依法执行职务的人民警察，还有暴力之外的手段，这就要根据其行为，以故意伤害罪、故意杀人罪、寻衅滋事罪等定罪，并根据袭警的具体情节酌情从重处罚。

总之，并不是所有袭击人民警察的行为都构成袭警罪。暴力袭击正在依法执行职务的人民警察的，才以袭警罪定罪处罚。

三、处罚

关于袭警罪的处罚，其法定刑是处三年以下有期徒刑、拘役或者管制；

使用枪支、管制刀具，或者以驾驶机动车撞击等手段，严重危及其人身安全的，处三年以上、七年以下有期徒刑。

刑法中增设袭警罪，在保护警察执法权威的同时，也体现了国家对打击袭警犯罪的态度。尊重警察执法，是对法治的信仰、对公平正义的信赖和言行底线。同时在执行中，警察要考虑规范执法，要注意公权力违法对法治权威的损害甚至更大。

第三节　冒名顶替罪

近几年来，越来越多冒名顶替他人上学、就业的事件被曝光出来，引发了社会的广泛关注。冒名顶替罪的增设，填补了法律的空白，有助于社会风气的净化，提升法律的威慑力。

一、概念与构成特征

（一）概念

冒名顶替罪，是盗用、冒用他人身份，顶替他人取得的高等学历教育入学资格、公务员录用资格、就业安置待遇的行为。规定在《刑法》第282条之二，共有三款。

（二）犯罪构成

1. 本罪侵犯的客体是复杂客体，侵犯了社会管理秩序，同时侵犯了被冒名顶替公民的人身权利。

2. 客观方面表现为，盗用、冒用他人身份，顶替他人取得的高等学历教育入学资格、公务员录用资格、就业安置待遇的行为。注意两个方面，一是盗用、冒用了他人身份。盗用、冒用他人身份是指盗用、冒用能够证明他人身份的证件、证明文件、身份档案、材料信息，以达到自己替代他人的社会或者法律地位，行使他人相关权利的目的。实践中这些证件、证明文件、身份档案、材料信息等包括出生证明、身份证、户口簿、护照、军官证、学籍档案、录取通知书、数字证件等等。盗用、冒用他人身份的情形，可以是采用非法手段获取用于证明他人身份的证件、材料信息后使用，也可以是以合法手段获取后使用，如捡到后使用。还要注意，取得用于证明他人身份的特定数据信息后，以他人身份登录数据信息系统的，也属于盗用、冒用。盗用、冒用的一般是他人真实的身份。二是顶替他人取得的高等学历教育入学资格、公务员录用资格、就业安置待遇。高等学历教育入学资格是指经过考试合格等程序依法获取的高等学历教育的入学资格，根据《高等教育法》的相关规定，包括专科教育、本科教育和研究生教育。公务员录用资格主要是根据《公务员法》规定的公务员录用程序取得的公务员录用资格。就业安置待遇是根据法律法规和相关政策规定，由各级人民政府对特殊主体予以安排就业、照顾就业等的优待，如《退役军人保障法》规定的，为退役军人安排工作的安置。要注意，高等学历教育入学资格、公务员录用资格、就业安置待遇是他人取得的，即相关资格和待遇与他人的身份一一对应，行为人要实施顶替他人已经取得的资格待遇的行为，才能构成本罪。

3. 犯罪主体是一般主体，年满 16 周岁、具有刑事责任能力的人。

4. 主观方面是故意。

二、冒名顶替罪的认定

（一）共犯问题

组织、指使实施冒名顶替行为的，实践中主要是组织、指使他人帮助实现冒名顶替，通常构成冒名顶替行为的共同犯罪。从相关实践案例反映出冒名顶替犯罪往往具有较长的犯罪链条，涉及多个环节和多个主体。如冒名顶替上大学等案件反映出，冒名顶替者本人在实施顶替行为时，多数还是学生，实施冒名顶替行为是受家长、学校相关人员等其他行为人的安排和指使。

（二）国家工作人员实施冒名顶替相关行为的界定

实践中，国家工作人员可能使用其公职、公务带来的影响力实施冒名顶替犯罪，或者组织、指使他人实施冒名顶替犯罪，此时的处理是同时构成其他犯罪的，依照数罪并罚的规定。如国家机关工作人员在招收公务员工作中徇私舞弊的，可能涉嫌《刑法》第 418 条招收公务员徇私舞弊，要本罪和招收公务员徇私舞弊罪，数罪并罚。

三、处罚

规定在《刑法》282 条之二。犯本罪的，处三年以下有期徒刑、拘役或者管制，并处罚金。

《刑法修正案（十一）》的修订，贯彻落实了党中央决策部署，适应了新时代人民群众日益增长的美好生活需要，进一步了贯彻宽严相济的刑事政策，及时调整了实践中反映突出的问题。

第四节　高空抛物罪

近年来，高空抛事件不断发生，小到果核、塑料瓶，大到花盆，等等，一旦从高空落下，就有可能变成伤人利器，成为"悬在城市上空之痛"。2023 年 3 月 1 日，"高空抛物"正式入刑。当天，江苏溧阳市人民法院就审理了被媒体称为全国首例的高空抛物罪案件。

一、高空抛物罪

（一）概念

依据《刑法》第 291 条之二，是从建筑物或者其他高空抛掷物品，情节严重的行为。关于高空抛物行为的规制，2019 年 10 月 21 日最高人民法院发布《关于依法妥善审理高空抛物、坠物案件的意见》，依法妥善审理高空抛物、坠物案件。2023 年 3 月 1 日，《刑法修正案（十一）》正式生效，"高空抛物"正式入刑。

（二）犯罪构成

1. 本罪侵犯的客体是公共管理秩序。

2. 本罪的客观方面是从建筑物或者其他高空抛掷物品，情节严重的。关于该规定的理解，注意两个方面。一是行为人实施了从建筑或者其他高空抛掷物品的行为。此处的建筑物包括居住建筑、公共建筑，也包括构筑物。居住建筑、公共建筑比较好理解。构筑物，是指不具备、不包含或者不提供人类居住功能的人工建筑，如桥梁、电塔、水泥杆等。其他高空是指距离地面有一定高度的空间，如热气球、脚手架等。行为人必须实施了抛掷物品的行为。抛掷物品是指向外投、扔、丢弃物品的行为。主观上是故意的。二是必须情节严重。这是给该罪设定的入罪门槛，只有情节严重的才能构成本罪。不是所有的高空抛物行为都构成犯罪，有些高空抛物行为属于《民法典》规定范畴，有些属于《治安管理处罚法》规定范畴。对于高空抛物行为，应当根据行为人的动机、抛物场所、抛掷物的情况以及造成的后果等因素，全面考量行为的社会危害程度，准确判断行为性质。本罪的情节严重，主要指高空抛掷物品多次实施的，经劝阻仍继续实施的，在人员密集场所实施的，高空抛掷物品数量较大的，所抛掷物品为硬物、重物等危险物品，抛掷物品造成公共场所秩序混乱或造成一定损害，及其他情节严重的情形。①

3. 犯罪主体，一般主体，年满 16 周岁、具有刑事责任能力的人。

4. 主观方面，是故意。过失高空坠物不构成本罪。

二、认定

（一）罪数问题

高空抛物行为同时构成其他犯罪的，怎么处理呢？依照处罚较重的规定定罪处罚。比如行为人高空抛物的行为危及公共安全的，既符合高空抛物罪的构成，也符合以危险方法危害公共安全罪的构成时，按照处罚较重的，即以危险方法危害公共安全定罪处罚。高空抛物的情形可以作为处罚的量刑情节予以考虑。

另外，如果高空抛物的行为是为伤害、杀害特定人员实施的，或者为故意毁害财物实施的，怎么认定？也是从一重处。

（二）与以危险方法危害公共安全罪的界限

高空抛物入刑后，本罪的适用要把握好与以危险方法危害公共安全罪的界限。主要是从行为性质、侵害的客体、构成条件这三个方面区分。

---

① 高铭暄，马克昌主编：《刑法学》，北京：北京大学出版社、高等教育出版社，2022 年，第 548 页。

三、处罚

关于该罪的处罚，《刑法》第291条之二规定，犯本罪的，处一年以下有期徒刑、拘役或者管制，并处或者单处罚金。

随着高层住宅越来越多，高空抛物行为严重威胁着人民群众的生命财产安全。高空抛物罪的入刑，对于有效防范、遏制高空抛物行为的发生，引领正向社会价值，形成良好社会风尚具有重要作用。

第五节　寻衅滋事罪

寻衅滋事罪是实践中常见的犯罪，近年来该罪名有被泛化适用的倾向。①

一、寻衅滋事罪的概念和特征

（一）概念

寻衅滋事罪是指寻衅滋事，破坏社会秩序的行为。《刑法》第293条以列举的方式明确了寻衅滋事行为的四种情形。

（二）构成要件

1. 本罪侵犯的客体是社会公共秩序。公共秩序包括公共场所秩序和社会生活中人们应当遵守的共同准则。寻衅滋事犯罪大多发生于公共场所，针对不特定对象或公共对象，往往会给公民的人身、人格或公私财产造成损害，侵犯到公民的人身权利或财产权利，但不宜据此认定寻衅滋事罪侵犯的是复杂客体。寻衅滋事罪，实质上是指向公共秩序，是向整个社会挑战，蔑视社会主义道德和法治。

2. 本罪的客观方面表现为行为人实施了寻衅滋事，破坏社会秩序的行为。所谓寻衅滋事，最高人民法院、最高人民检察院《关于办理寻衅滋

---

① 最高法刑事审判第四庭：《关于"新时代农村刑事犯罪对乡村振兴战略的影响"暨"寻衅滋事行为的刑事规制"课题在浙江、福建的调研报告》，https://www.court.gov.cn/zixun/xiangqing/409112.html，2023年8月16日。

事刑事案件适用法律若干问题的解释》（以下简称《本罪司法解释》）给出了界定，指行为人为寻求刺激、发泄情绪、逞强耍横等，无事生非，实施《刑法》第293条规定的行为。也包括因日常生活中的偶发矛盾纠纷，借故生非，实施《刑法》第293条规定的行为的，但是，矛盾是由被害人故意引发，或者被害人对矛盾激化负有主要责任的除外。生活中的矛盾纠纷，有的时候是因婚恋、家庭、邻里、债务等纠纷引起的，如果这种情形下实施殴打、辱骂、恐吓他人或者损毁、占用他人财物等行为的，一般不认为是寻衅滋事。

　　《刑法》第293条就本罪的罪状描述为下列四种情形。第一，随意殴打他人，情节恶劣的。殴打本质上是一种伤害行为，是指行为人采用拳打、脚踢或者使用棍棒等器具，直接对他人的身体行使有形力的行为。通常认为，本罪中的殴打最多只能致人轻伤，不能造成重伤、死亡的结果。如果故意殴打造成致人重伤、死亡的结果，会涉嫌什么罪？故意伤害罪、故意杀人罪等罪名。这个情形要求殴打是随意的，那随意就是此种类型中的核心要素。随意的含义，理论上有不同的看法。一般认为是任凭自己的意思随心所欲，对于法律或社会生活共同准则毫无顾忌。随意殴打他人，情节恶劣的才构成犯罪。怎么判定达到情节恶劣了呢？《本罪司法解释》明确列举了此处情节恶劣的七种认定情形：致一人以上轻伤或者二人以上轻微伤的；引起他人精神失常、自杀等严重后果的；多次随意殴打他人的；凶器随意殴打他人的；随意殴打精神病人、残疾人、流浪乞讨人员、老年人、孕妇、未成年人，造成恶劣社会影响的；在公共场所随意殴打他人，造成公共场所秩序严重混乱的；其他情节恶劣的情形。规定涉及了伤害的人数、后果、次数、方式、对象、地点等。第二，追逐、拦截，辱骂、恐吓他人，情节恶劣的。此处的"恐吓"是指以威胁性语言或者行动吓唬他人。行为的情节恶劣依据《本罪司法解释》，进行了相应的界定，具体包括六种情形：多次追逐、拦截、辱骂、恐吓他人，造成恶劣社会影响的；持凶器追逐、拦截、辱骂、恐吓他人的；追逐、拦截、辱骂、恐吓精神病人、残疾人、流浪乞讨人员、老年人、孕妇、未成年人，造成恶劣社会影响的；引起他人精神失常、自杀等严重后果的；严重影响他人的工作、生活、生产、经营的；其他情节恶劣的情形。第三，强拿硬要或者任意损毁、占用公私财物，情节严重的。此处的"情节严重"，包括强拿硬要公私财物价值 1000 元以上，或者任意损毁、占用公私财物价值 2000 元以上的；多次强拿硬要或者任意损毁占用公私财物，造成恶劣社会影响的；强拿硬要或者任意损毁、占用精神病人、残疾人、流浪乞讨人员、老年人、孕妇、未成年人的财物，造成恶劣社会影响的；引起他人精神失常、自杀等严重后果的；严重影响他人的工作、生活、生产、经营的；其他情节严重的情形。第四，在公共场所起哄闹事，造成公共场所秩序严重混乱的。公共场所，包括车站、码头、机场、医院、商场、公园、运动场等传统公共场所，是不特定人或者多数人可以自由出入的供公众使用或者服务于人民大众的活动场所。特别注意，网络环境下，还包括虚拟的信息网络空间。起哄闹事是指多人一起胡闹，生事捣乱，制造事端。造成公共场所秩序严重混乱是其入罪的结果要件，具体应根据公共场所的性质、公共活动的重要程度、公共场所的人数、起哄闹事的时间、公共场所受影响的范围和程度等因素进行综合判断。一般而言，是指公共场所的秩序受到严重破坏，发生群体性恐慌、逃离、重大交通堵塞等严重混乱局面，造成群众伤亡或者公私财物遭受重大损失。就在网络空间编造、散布谣言的行为来说，此处的"造成公共场所秩序严重混乱"，也应是通过信息网络或以信息网络为工具，造成现实社会中公共秩序的严重混乱。本罪的客观方面，入罪都对情节有具体要求，司法解释内容比较多，学习的时候要注意。

3. 犯罪主体为一般主体，年满 16 周岁、具有刑事责任能力的自然人。

4. 犯罪主观方面表现为故意，行为人在主观上往往具有寻求刺激、发泄不良情绪、逞强争霸、耍威风取乐等流氓动机，以破坏社会公共秩序为目的。这是本罪与故意伤害罪、抢劫罪、敲诈勒索罪、故意毁坏财物罪等区分的关键。

二、寻衅滋事罪的认定

（一）罪与非罪的界定

关于罪与非罪的认定，《刑法》第 293 条第 1 款，对于四种寻衅滋事行为的入罪，分别从情节恶劣、情节严重或者造成公共场所秩序严重混乱等方面进行了限定，符合了法定要求的才构成犯罪，对此有关司法解释已做了较为明确的规定。特别注意，在目前的网络环境下，在网络空间的寻衅滋事行为，也可能会涉嫌构成寻衅滋事罪。利用信息网络辱骂、恐吓他人，情节恶劣，破坏社会秩序的；编造虚假信息，或者明知是编造的虚假信息，在信息网络上散布，或者组织、指使人员在信息网络上散布，起哄闹事，造成公共秩序严重混乱的，依照寻衅滋事罪定罪处罚。网络空间不是法外之地。

（二）与抢劫罪的界限

客观方面表现不同；主观方面的犯罪目的和动机不同；客体不同。

（三）罪数问题

实施寻衅滋事行为，同时符合寻衅滋事罪和故意杀人罪、故意毁坏财物罪、抢劫罪等罪的构成要件的，依照处罚较重的犯罪定罪处罚。

三、处罚

《刑法》第293条第1款规定，犯本罪的，处五年以下有期徒刑、拘役或者管制，第2款规定纠集他人，多次实施寻衅滋事行为，严重破坏社会主义秩序的，处五年以上、十年以下有期徒刑，可以并处罚金。第2款的"纠集他人"是指在共同犯罪中聚合、集合、集结他人，实施寻衅滋事行为。根据司法解释的规定，"多次"是三次以上。

寻衅滋事罪是在理论上饱受争议的一个罪名。该罪的罪刑规范较为模糊，极易出现罪名适用泛化现象。关于本罪，理论认为侵害的不论是公共秩序还是社会秩序，都是非常抽象的概念。有学者认为，该罪最大的特点是模糊，而模糊会导致法律适用的任性与随意。

第六节　催收非法债务罪

为依法规制采取暴力、"软暴力"等手段催收高利放贷等产生的非法债务的行为，《刑法修正案（十一）》增设本条规定。

一、概念与构成特征

（一）概念

该罪规定在《刑法》第293条之一，是使用暴力、胁迫，或者限制他人人身自由、侵入他人住宅，或者恐吓、跟踪、骚扰他人等手段，催收高利放贷等产生的非法债务，情节严重的行为。

（二）犯罪构成

1. 本罪侵犯的客体是社会公共秩序和他人的人身、财产权利。

2. 本罪客观方面表现为使用暴力、胁迫，或者限制他人人身自由、侵入他人住宅，或者恐吓、跟踪、骚扰他人等非法手段，催收高利放贷等产生的非法债务，情节严重的行为。

注意三个方面：一是行为人实施了催收行为，"催"是方式，"收"是目的。二是行为人是催收的是高利放贷等产生的非法债务，既包括高利贷，也包括由高利贷延伸的所谓挚息、利息。法条中的等字，说明除了高利放贷外，还有其他非法债务。根据实践中的情况，包括赌债、毒债等违法行为所产生的债务以及其他违法犯罪行为所产生的债务。三是催收高利放贷等产生的非法债务，要情节严重才构成犯罪。情节严重是对行为人催收非法债务行为的整体评价。什么样的情形属于情节严重，有待于有关机关进一步明确。

催收非法债务罪有三种法定情形：一是使用暴力、胁迫方法催收非法债务。暴力是指以殴打、伤害他人身体的方法。胁迫是指对被害人施以威胁、压迫，进行精神上的强制。行为人使用暴力、胁迫方法是为了催收高利贷等产生的非法债务。二是限制他人人身自由或侵入他人住宅。限制他人人身自由的方式多样，如捆绑，关押，扣留身份证件，不让随意外出或者与外界联系，等等。侵入他人住宅，表现为未经住宅内用户同意，非法强行闯入他人住宅，或者无正当理由进入他人住宅，经住户要求其退出，仍拒不退出的行为。三是恐吓、跟踪、骚扰他人的。这些方式属于软暴力，其形式多样，比如说邮寄子弹等威胁他人身安全，利用信息网络发送恐吓信息，对他人及其亲属实施尾随、守候、盯梢等，破坏生活设施，泼洒污物，断水断电等。上述三种情形催收非法债务，每一种情形都需要达到情节严重，才构成本罪。

二、催收非法债务罪的认定

《刑法修正案（十一）》施行前，司法实践中，催收非法债务往往伴随着跟踪、伤害、限制人身自由、毁坏财物等行为，可能触及故意伤害、非法拘禁、寻衅滋事、非法侵入他人住宅罪等罪名。催收非法债务罪入刑后，要注意相关行为刑法定性的变化，尤其是以下两种情形：

1. 催收高利放贷等产生的非法债务，而限制他人人身自由的情形，情节严重的，构成催收非法债务罪。如果不是以催收非法债务为目的实施拘禁他人，按照《刑法》第238条非法拘禁罪定罪处罚。

2. 行为人实施恐吓、跟踪、骚扰等软暴力行为的目的是催收非法债务，达到情节严重的标准的，构成本罪。如果追逐、拦截、辱骂、恐吓他人，破坏社会秩序的，构成寻衅滋事罪。如果实施恐吓、跟踪、骚扰等催收非法债务的行为，同时构成寻衅滋事罪的，依照处罚较重的犯罪定罪处罚。

三、本罪的处罚

催收非法债务，情节严重的，处三年以下有期徒刑、拘役或者管制，并处或者单处罚金。

刑法将采取"暴力"或者"软暴力"手段催收非法债务的行为，定为催收非法债务罪，为依法精准打击催收非法债务类型的犯罪奠定了坚实基础，填补了立法的空白。

第七节　侵害英雄烈士名誉、荣誉罪

近年来社会上有些人出于各种目的侮辱、诽谤英雄烈士，通过互联网、书刊等公开对党和国家长期宣传、人民群众高度尊崇的英雄烈士进行诋毁、丑化、贬损、质疑和否定，造成了恶劣的社会影响。实践中，"辣笔小球"侵害英雄烈士名誉、荣誉案被媒体称为该罪的全国首案。

一、概念与构成特征

（一）概念

本罪规定在《刑法》第299条之一，是指侮辱、诽谤或者以其他方式侵害英雄烈士的名誉、荣誉，损害社会公共利益，情节严重的行为。2022年1月11日，最高人民法院、最高人民检察院、公安部印发《关于依法惩治侵害英雄烈士名誉、荣誉违法犯罪的意见》（公通字〔2022〕5号）（以下简称《意见》），进一步明确了英烈名誉、荣誉保护范围和入罪标准等。

（二）犯罪构成

关于本罪的犯罪构成，重点阐述客观方面的行为。一是侵害的对象，是英雄烈士。《刑法》第291条之一规定的"英雄烈士"，《意见》明确，主要是指近代以来，为了争取民族独立和人民解放，实现国家富强和人民幸福，促进世界和平和人类进步而毕生奋斗、英勇献身的英雄烈士。英雄烈士是指已经牺牲、去世的英雄烈士，既包括个人，也包括群体；既包括有名英雄烈士，也包括无名英雄烈士。已牺牲、去世，尚未评定为烈士，但其事迹和精神为我国社会普遍公认的英雄模范人物或者群体，可以认定为"英雄烈士"。"辣笔小球"案件贬低、嘲讽的是屹立在喀喇昆仑的五名卫国戍边英雄官兵。二是行为方式，指以侮辱、诽谤或者以其他方式。侮辱是指通过语言文字或者其他方式辱骂、贬低、嘲讽英雄烈士的行为。诽谤是指针对英雄烈士捏造事实并进行散播，公然丑化、贬损英雄烈士，损害英雄烈士名誉、荣誉的行为。实践中比较常见的是通过网络、文学作品等形式侮辱、诽谤英雄烈士的情况。"辣笔小球"案件就是通过在微博上使用个人注册的账号"辣笔小球"发布侮辱信息的方式，以语言文字侮辱英雄烈士。三是侵害的结果，损害社会公共利益，情节严重。这是构成本罪的要件之一，也是侵害英雄烈士的名誉、荣誉可能导致的后果。司法实践中，对侵害英雄烈士名誉、荣誉的行为是否达到"情节严重"，《意见》规定，应当结合行为方式，涉及英雄烈士的人数，相关信息的数量、传播方式、传播范围、传播持续时间，相关信息实际被点击、浏览、转发次数，引发的社会影响、危害后果以及行为人前科情况等综合判断。根据案件具体情况，必要时，可以参照适用最高人民法院、最高人民检察院《关于办理利用信息网络实施诽谤等刑事案件适用法律若干问题的解释》（法释〔2013〕21号）的规定。"辣笔小球"发布的微博内容在网络上迅速扩散，引发公众强烈愤慨，造成恶劣社会影响。

（二）认定

实践中如果行为人侮辱、诽谤或者以其他方式侵害健在的英雄模范人物的名誉、荣誉，应当依照本法关于侮辱罪、诽谤罪的规定追究行为人的刑事责任，不适用本罪。但是，被侵害的英雄烈士群体中既有已经牺牲的烈士，也有健在的英雄模范人物的，《意见》明确，可以统一适用侵害英雄烈士名誉、荣誉罪。

三、处罚

犯本罪的，处三年以下有期徒刑、拘役、管制或者剥夺政治权利。

《刑法修正案（十一）》将侮辱、诽谤英雄烈士的行为入刑，是以法治思维和法治方式反对历史虚无主义。在当前法治中国的建设中，我们既要有道德的谴责，更要用法律的利剑，以刑法之名捍卫英烈权益。

第八节　本章其他罪名

妨害社会管理秩序罪是故意妨害国家对社会的管理活动，破坏社会正常秩序，情节严重的行为。规定在刑法分则第六章第277—367条，本章共分9节，目前是146个罪名。

妨害社会管理秩序罪
- 扰乱公共秩序罪；
- 妨害司法罪；
- 妨害国（边）境管理罪；
- 妨害文物管理罪；
- 危害公共卫生罪；
- 破坏环境资源保护罪；
- 走私、贩卖、运输、制造毒品罪；
- 组织、强迫、引诱、容留、介绍卖淫罪；
- 制作、贩卖、传播淫秽物品罪。

章节	罪名	对应法条
扰乱公共秩序罪	妨害公务罪	《刑法》第277条第1—4款
	袭警罪	《刑法》第277条第5款
	煽动暴力抗拒法律实施罪	《刑法》第278条
	招摇撞骗罪	《刑法》第279条

章节	罪名	对应法条
扰乱公共秩序罪	伪造、变造、买卖国家机关公文、证件、印章罪	《刑法》第280条第1款
	盗窃、抢夺、毁灭国家机关公文、证件、印章罪	《刑法》第280条第1款
	伪造公司、企业、事业单位、人民团体印章罪	《刑法》第280条第2款
	伪造、变造、买卖身份证件罪	《刑法》第280条第3款
	使用虚假身份证件、盗用身份证件罪	《刑法》第280条之一
	冒名顶替罪	《刑法》第280条之二
	非法生产、买卖警用装备罪	《刑法》第281条
	非法获取国家秘密罪	《刑法》第282条第1款
	非法持有国家绝密、机密文件、资料、物品罪	《刑法》第282条第2款
	非法生产、销售专用间谍器材、窃听、窃照专用器材罪	《刑法》第283条
	非法使用窃听、窃照专用器材罪	《刑法》第284条
	组织考试作弊罪	《刑法》第284条之一第1款、第2款
	非法出售、提供试题、答案罪	《刑法》第284条之一第3款
	代替考试罪	《刑法》第284条之一第4款
	非法侵入计算机信息系统罪	《刑法》第285条第1款
	非法获取计算机信息系统数据、非法控制计算机信息系统罪	《刑法》第285条第2款
	提供侵入、非法控制计算机信息系统程序、工具罪	《刑法》第285条第3款
	破坏计算机信息系统罪	《刑法》第286条
	拒不履行信息网络安全管理义务罪	《刑法》第286条之一

章节	罪名	对应法条
扰乱公共秩序罪	非法利用信息网络罪	《刑法》第287条之一
	帮助信息网络犯罪活动罪	《刑法》第287条之二
	扰乱无线电通讯管理秩序罪	《刑法》第288条
	聚众扰乱社会秩序罪	《刑法》第290条第1款
	聚众冲击国家机关罪	《刑法》第290条第2款
	扰乱国家机关工作秩序罪	《刑法》第290条第3款
	组织、资助非法聚集罪	《刑法》第290条第4款
	聚众扰乱公共场所秩序、交通秩序罪	《刑法》第291条
	投放虚假危险物质罪	《刑法》第291条之一第1款
	编造、故意传播虚假恐怖信息罪	《刑法》第291条之一第1款
	编造、故意传播虚假信息罪	《刑法》第291条之一第2款
	高空抛物罪	《刑法》第291条之二
	聚众斗殴罪	《刑法》第292条第1款
	寻衅滋事罪	《刑法》第293条
	催收非法债务罪	《刑法》第293条之一
	组织、领导、参加黑社会性质组织罪	《刑法》第294条第1款
	入境发展黑社会组织罪	《刑法》第294条第2款
	包庇、纵容黑社会性质组织罪	《刑法》第294条第3款
	传授犯罪方法罪	《刑法》第295条
	非法集会、游行、示威罪	《刑法》第296条
	非法携带武器、管制刀具、爆炸物参加集会、游行、示威罪	《刑法》第297条
	破坏集会、游行、示威罪	《刑法》第298条
	侮辱国旗、国徽、国歌罪	《刑法》第299条
	侵害英雄烈士名誉、荣誉罪	《刑法》第299条之一

续表

章节	罪名	对应法条
扰乱公共秩序罪	组织、利用会道门、邪教组织、利用迷信破坏法律实施罪	《刑法》第300条第1款
	组织、利用会道门、邪教组织、利用迷信致人重伤、死亡罪	《刑法》第300条第2款
	聚众淫乱罪	《刑法》第301条第1款
	引诱未成年人聚众淫乱罪	《刑法》第301条第2款
	盗窃、侮辱、故意毁坏尸体、尸骨、骨灰罪	《刑法》第302条
	赌博罪	《刑法》第303条第1款
	开设赌场罪	《刑法》第303条第2款
	组织参与国（境）外赌博罪	《刑法》第303条第3款
	故意延误投递邮件罪	《刑法》第304条
妨害司法罪	伪证罪	《刑法》第305条
	辩护人、诉讼代理人毁灭证据、伪造证据、妨害作证罪	《刑法》第306条
	妨害作证罪	《刑法》第307条第1款
	帮助毁灭、伪造证据罪	《刑法》第307条第2款
	虚假诉讼罪	《刑法》第307条之一
	打击报复证人罪	《刑法》第308条
	泄露不应公开的案件信息罪	《刑法》第308条之一第1款
	披露、报道不应公开的案件信息罪	《刑法》第308条之一第3款
	扰乱法庭秩序罪	《刑法》第309条
	窝藏、包庇罪	《刑法》第310条
	拒绝提供间谍犯罪、恐怖主义犯罪、极端主义犯罪证据罪	《刑法》第311条
	掩饰、隐瞒犯罪所得、犯罪所得收益罪	《刑法》第312条
	拒不执行判决、裁定罪	《刑法》第313条

续表

章节	罪名	对应法条
妨害司法罪	非法处置查封、扣押、冻结的财产罪	《刑法》第314条
	破坏监管秩序罪	《刑法》第315条
	脱逃罪	《刑法》第316条第1款
	劫夺被押解人员罪	《刑法》第316条第2款
	组织越狱罪	《刑法》第317条第1款
	暴动越狱罪	《刑法》第317条第2款
	聚众持械劫狱罪	《刑法》第317条第2款
妨害国（边）境管理罪	组织他人偷越国（边）境罪	《刑法》第318条
	骗取出境证件罪	《刑法》第319条
	提供伪造、变造的出入境证件罪	《刑法》第320条
	出售出入境证件罪	《刑法》第320条
	运送他人偷越国（边）境罪	《刑法》第321条
	偷越国（边）境罪	《刑法》第322条
	破坏界碑、界桩罪	《刑法》第323条
	破坏永久性测量标志罪	《刑法》第323条
妨害文物管理罪	故意损毁文物罪	《刑法》第324条第1款
	故意损毁名胜古迹罪	《刑法》第324条第2款
	过失损毁文物罪	《刑法》第324条第3款
	非法向外国人出售、赠送珍贵文物罪	《刑法》第325条
	倒卖文物罪	《刑法》第326条
	非法出售、私赠文物藏品罪	《刑法》第327条
	盗掘古文化遗址、古墓葬罪	《刑法》第328条第1款
	盗掘古人类化石、古脊椎动物化石罪	《刑法》第328条第2款
	抢夺、窃取国有档案罪	《刑法》第329条第1款
	擅自出卖、转让国有档案罪	《刑法》第329条第2款

章节	罪名	对应法条
危害公共卫生罪	妨害传染病防治罪	《刑法》第 330 条
	传染病菌种、毒种扩散罪	《刑法》第 331 条
	妨害国境卫生检疫罪	《刑法》第 332 条
	非法组织卖血罪	《刑法》第 333 条第 1 款
	强迫卖血罪	《刑法》第 333 条第 1 款
	非法采集、供应血液、制作、供应血液制品罪	《刑法》第 334 条第 1 款
	采集、供应血液、制作、供应血液制品事故罪	《刑法》第 334 条第 2 款
	非法采集人类遗传资源、走私人类遗传资源材料罪	《刑法》第 334 条之一
	医疗事故罪	《刑法》第 335 条
	非法行医罪	《刑法》第 336 条第 1 款
	非法进行节育手术罪	《刑法》第 336 条第 2 款
	非法植入基因编辑、克隆胚胎罪	《刑法》第 336 条之一
	妨害动植物防疫、检疫罪	《刑法》第 337 条第 1 款
破坏环境资源保护罪	污染环境罪	《刑法》第 338 条
	非法处置进口的固体废物罪	《刑法》第 339 条第 1 款
	擅自进口固体废物罪	《刑法》第 339 条第 2 款
	非法捕捞水产品罪	《刑法》第 340 条
	危害珍贵、濒危野生动物罪	《刑法》第 341 条第 1 款
	非法狩猎罪	《刑法》第 341 条第 2 款
	非法猎捕、收购、运输、出售陆生野生动物罪	《刑法》第 341 条第 3 款
	非法占用农用地罪	《刑法》第 342 条
	破坏自然保护地罪	《刑法》第 342 条之一

续表

章节	罪名	对应法条
破坏环境资源保护罪	非法采矿罪	《刑法》第343条第1款
	破坏性采矿罪	《刑法》第343条第2款
	危害国家重点保护植物罪	《刑法》第344条
	非法引进、释放、丢弃外来入侵物种罪	《刑法》第344条之一
	盗伐林木罪	《刑法》第345条第1款
	滥伐林木罪	《刑法》第345条第2款
	非法收购、运输盗伐、滥伐的林木罪	《刑法》第345条第3款
走私、贩卖、运输、制造毒品罪	走私、贩卖、运输、制造毒品罪	《刑法》第347条
	非法持有毒品罪	《刑法》第348条
	包庇毒品犯罪分子罪	《刑法》第349条第1款、第2款
	窝藏、转移、隐瞒毒品、毒赃罪	《刑法》第349条第1款
	非法生产、买卖、运输制毒物品、走私制毒物品罪	《刑法》第350条
	非法种植毒品原植物罪	《刑法》第351条
	非法买卖、运输、携带、持有毒品原植物种子、幼苗罪	《刑法》第352条
	引诱、教唆、欺骗他人吸毒罪	《刑法》第353条第1款
	强迫他人吸毒罪	《刑法》第353条第2款
	容留他人吸毒罪	《刑法》第354条
	非法提供麻醉药品、精神药品罪	《刑法》第355条
	妨害兴奋剂管理罪	《刑法》第355条之一
组织、强迫、引诱、容留、介绍卖淫罪	组织卖淫罪	《刑法》第358条第1款
	强迫卖淫罪	《刑法》第358条第1款
	协助组织卖淫罪	《刑法》第358条第4款
	引诱、容留、介绍卖淫罪	《刑法》第359条第1款
	引诱幼女卖淫罪	《刑法》第359条第2款
	传播性病罪	《刑法》第360条第1款

续表

章节	罪名	对应法条
制作、复制、出版、贩卖、传播淫秽物品牟利罪	制作、复制、出版、贩卖、传播淫秽物品牟利罪	《刑法》第363条第1款
	为他人提供书号出版淫秽书刊罪	《刑法》第363条第2款
	传播淫秽物品罪	《刑法》第364条第1款
	组织播放淫秽音像制品罪	《刑法》第364条第2款
	组织淫秽表演罪	《刑法》第365条

二、《刑法修正案（十一）》关于本章修改

《刑法修正案（十一）》已于2021年3月1日施行。关于本章修改，相对内容较多，具体涉及第277条第5款（增设袭警罪），第303条〔修改开设赌场罪，增设组织参与国（境）外赌博罪〕，第330条第1款（妨害传染病防治罪），第338条（污染环境罪），第408条之一第1款（食品药品监管渎职罪），第431条第2款（为境外窃取、刺探、收买、非法提供军事秘密罪），第450条（本章适用的主体范围）；增加了第280条之二（冒名顶替罪），第291条之二（高空抛物罪），第293条之一（催收非法债务罪），第299条之一（侵害英雄烈士名誉、荣誉罪），第334条之一，非法采集人类遗传资源、走私人类遗传资源材料罪），第336条之一（非法植入基因编辑、克隆胚胎罪），第341条第3款（非法猎捕、收购、运输、出售陆生野生动物罪），第342条之一（破坏自然保护地罪），第344条之一（非法引进、释放、丢弃外来入侵物种罪），第355条之一（妨害兴奋剂管理罪）。

《刑法修正案（十一）》的条文不涉及罪名，相关罪名是最高人民法院、最高人民检察院《关于执行〈中华人民共和国刑法〉确定罪名的补充规定（七）》确定的。其中，它根据《刑法修正案（十一）》补充了17个新罪名。而本章新增的罪名最多，包括袭警罪、高空抛物罪等12个罪名。

本章《刑法修正案（十一）》增设
- 袭警罪；冒名顶替罪；高空抛物罪；催收非法债务罪；
- 侵害英雄烈士名誉、荣誉罪；组织参与国（境）外赌博罪；
- 非法采集人类遗传资源、走私人类遗传资源材料罪；
- 非法植入基因编辑、克隆胚胎罪；
- 非法捕猎、收购、运输、出售陆生野生动物罪；
- 破坏自然保护地罪；
- 非法引进、释放、丢弃外来入侵物种罪；
- 妨害兴奋剂管理罪。

为什么要出台刑法修正案？刑法是规定犯罪、刑事责任和刑罚的法律，其强制性最为严厉。应社会发展和打击犯罪形势变化的需要，刑法需要完善，将不再适应社会发展要求的有关条文进行修改、补充。刑法修正案就如同打在刑法这件衣服上的"补丁"，通过对刑法条文不断地修改，以保持刑法长久的生命力。1997 年至今，我国已颁布十二个刑法修正案。

──────── **案例分析** ────────

案例一

2021 年 3 月 3 日上午，吕某与其父亲吕某江违反禁令标志指示，将一辆重型半挂牵引车停放在某镇工业大道路边，并在车内休息。某公安局交警支队中队民警带领两名辅警在巡逻中发现该车辆违章停车，上前依法调查处理。在民警要求驾驶员吕某江出示驾驶证、行驶证时，吕某江拒不配合执法，手推民警。其子吕某见状后跳下车，用拳击打民警头部，又对其中一名辅警实施殴打，后被警察当场制服。经鉴定所鉴定，民警所受之伤属轻微伤。[①]

问题：

吕某和其父亲吕某江的行为如何定性？

参考意见：

本案中，民警带领两名辅警在巡逻中发现该车辆违章停车，依法上前

[①] 光明网：《判了！常州袭警第一案！》https://m.gmw.cn/baijia/2021–04/01/1302204380.html，2021 年 4 月 1 日。

调查处理，属于正在执行公务。吕某江拒不配合执法，手推民警，其子用拳击打民警头部，又对其中一名辅警实施殴打，此时民警和在其带领下实施公务的辅警都属于依法执行职务的民警。父亲吕某江手推民警，属于一般的阻碍执法行为，不属于暴力袭警行为。吕某的行为属于暴力袭击正在依法执行职务的人民警察，涉嫌袭警罪。袭警罪自 2021 年 3 月 1 日起施行，案件发生在 2021 年 3 月 3 日上午，本案构成袭警罪。

《刑法修正案（十一）》对妨害公务罪进行了修改，增设袭警罪，明确暴力袭警行为与一般妨害公务行为定罪量刑有区别。《刑法修正案（十一）》从立法层面肯定了人民警察的执法权威，特别强调了对警察依法执行公务的法律保护。

案例二

2019 年 2 月 6 日 20 时许，曹某某酒后送朋友到某医院就诊。其间，曹某某持挂号单到医院二楼找医生，无端与值班医生高某发生言语冲突，遂拿起听诊器扔向高某。高某躲开后，曹某某又用拳头、手机击打高某的头面部，致高某鼻骨粉碎性骨折及其他多处损伤，构成轻伤二级。在场的值班护士韩某上前阻拦，曹某某脚踢韩某。后其他医务人员将曹某某拉开，其仍在楼道谩骂，引起住院病人及家属围观，直至公安人员赶到将曹某某制服带走。[①]

问题：

曹某某的行为应如何认定？

参考意见：

曹某某酒后陪同朋友就医，无端与值班医生高某发生言语冲突，遂拿起听诊器扔向高某，用拳头、手机击打高某的头面部，致高某鼻骨粉碎性骨折及其他多处损伤，属于典型的随意殴打他人，医生构成轻伤二级，并脚踢上前阻拦的护士，谩骂医生，情节恶劣，符合寻衅滋事罪的构成。

---

① 中国法院网：《曹会勇寻衅滋事案——殴打医务人员致 1 人轻伤，系累犯》，https://www.chinacourt.org/article/detail/2020/05/id/5202378.shtml，2020 年 5 月 11 日。

近年来，出现多起患者或患者陪同人员在医院滋事扰序、伤害医务人员的案件。对涉医违法犯罪行为，要依法严肃追究、坚决打击。

案例三

2020 年 5 月 24 日，某村民陈某正坐在家门口休息，忽然眼前不远处两把菜刀先后从天而降，差点砸中正在一旁采辣椒的村民。大家发现不对劲赶紧向当地警方报案。原来当天下午，徐某某和朋友王某某在她的公租房内因言语不和发生争执，继而发生了肢体冲突，在打斗的过程中，徐某某拿出一把菜刀，准备砍王某某，被王某某夺走后，又被徐某某抢回，抢到之后徐某某就把菜刀往楼下扔去，随后楼下有人对她进行了指责，徐某某当时比较生气便又扔下了一把菜刀。①

问题：

徐某某行为如何定性？

参考意见：

本案中，徐某某两次从楼上家中抛掷菜刀，其高空抛物行为虽未造成人身伤害或重大财产损失的严重后果，但其抛掷的物品是菜刀，还前后抛掷两次，其从建筑物抛掷物品的行为，情节严重，构成高空抛物罪。

本案发生于 2020 年 5 月 24 日，高空抛物罪自 2023 年 3 月 1 日起施行，法院审理该案时（2021 年 3 月 1 日）适用高空抛物罪规定，符合刑法溯及力"从旧兼从轻"原则。

案例四

2021 年 9 月 10 日晚，李某来到一 KTV 向王某讨要赌债，当王某表示没钱支付时，讨债未果的李某便拿出随身携带的折叠刀在 KTV 大厅将王某捅伤。经鉴定，王某损伤程度评定为轻微伤。②

---

① 光明网：《高空抛物入刑全国首案！女子三楼扔下两把菜刀被判六个月》，https://m.gmw.cn/baijia/2021–03/02/1302143791.html，2021 年 3 月 2 日。

② 中国法院网：催收非法债务罪，你听说过吗？，https://www.chinacourt.org/article/detail/2022/10/id/6976286.shtml，2022 年 10 月 26 日。

问题：

李某的行为如何认定？

参考意见：

李某向王某讨要赌债，当王某表示没钱支付时，李某拿出随身携带的折叠刀在 KTV 大厅将王某捅伤。李某为索取赌债，故意用暴力手段将王某捅成轻微伤，属于用暴力方法催收非法债务，构成催收非法债务罪。

第八章 贪污贿赂罪

【导学】

坚持运用法治思维和法治方式惩治腐败，我们党要坚定不移地推进党风廉政建设和反腐败斗争。

贪污贿赂罪

明晰刑法关于贪污贿赂罪的界定，理解我国对贪污贿赂犯罪的依法从严惩治，促进国家工作人员的依法行政、廉政，保障国家权力在法治的轨道上运行。

理论：贪污罪，挪用公款罪，受贿罪，行贿罪，《刑法修正案（十二）》本章修改，本章其他罪名。

实务：案例分析。

第一节 贪污罪

一、贪污罪的概念与构成特征

（一）概念

《刑法》第382条规定，国家工作人员利用职务上的便利，侵吞、窃取、骗取或者以其他手段非法占有公共财物的是贪污罪。

受国家机关、国有公司、企业、事业单位、人民团体委托管理、经营国有财产的人员，利用职务上的便利，侵吞、窃取、骗取或者以其他手段非法占有国有财物的，以贪污罪论。

由上述两款的规定看，刑法规定了贪污罪和以贪污罪论两种大的情形。该罪的构成，具有以下四个特征。

（一）犯罪构成

1. 本罪的犯罪客体是复杂客体，既侵犯公职人员的职务廉洁性，又侵犯公共财物所有权。其中，公职人员的职务廉洁性，是本罪的主要客体。本罪的犯罪对象是公共财物。我国《刑法》第91条、第271条第2款、第382条第2款，对本罪的对象做了相应规定。《刑法》第91条规定，公共财产是指下列财产：国有财产；劳动群众集体所有的财产；用于扶贫和其他公益事业的社会捐助或者专项基金的财产；在国家机关、国有公司、企业、集体企业和人民团体管理、使用或者运输中的私人财产，以公共财产论。《刑法》第271条第2款规定，国有公司、企业或者其他国有单位中从事公务的人员和国有公司、企业或者其他国有单位委派到非国有公司、企业以及其他单位从事公务的人员利用职务上的便利，将本单位财物非法占为己有，数额较大的，依照贪污罪定罪处罚。此种情形认为，在特定情况下贪污罪的犯罪对象也可以是非公共财物。《刑法》第382条第2款规定，受国家机关、国有公司、企业、事业单位、人民团体委托管理、经营国有财产的人员，利用职务上的便利，侵吞、窃取、骗取或者以其他手段非法占有国有财物的，以贪污论。此种情形成立贪污罪，必须是非法占有国有财物。

2. 本罪的客观方面表现为行为人，利用职务上的便利，侵吞、窃取、骗取或者以其他手段非法占有公共财物的行为。所谓"利用职务上的便利"，是指利用本人职务范围内的权力和地位所形成的便利条件，即主管、直接经手、管理财物的职权之便，包括直接的管理权，也包括利用职务上有隶属关系的其他国家工作人员的职务便利（即对管理公共财物的人员具有领导权）。职务上便利条件的根源也有两种：（1）是根源于行为人本身的职务，即行为人本身的职务，使其具有主管、直接经手、管理财物的便利条件；（2）根源于国家机关、国有公司、企业、事业单位、人民团体的委托。如果只是利用与职务无关，仅因工作关系熟悉作案环境或者易于接近作案目标，凭工作人员身份容易进入某些单位等方便条件非法占有公共财物的，不成立贪污罪。

实施了"侵吞、窃取、骗取或者以其他手段非法占有公共财物的行为"，侵吞，是将自己因职务便利而占有、管理的公共财物非法占有，将暂由自己管理、经营、使用的公共财物直接非法占有。窃取是行为人利用职务上的便利，采用秘密方法，将自己合法管理的公共财物窃为己有。骗取是行为人利用职务上的便利，采用虚构事实或者隐瞒真相的方法，非法占有公共财物，假借职务上的合法形式，采取欺骗手段，使具有处分权的受骗人产生认识错误，进而取得公共财物。其他方法：其他利用职务便利的手段。传统理论认为，国家工作人员谎报出差费用，或者多报出差费用，骗取公款的，成立贪污罪。但理论上有不同观点，认为这种行为并没有利用职务上的便利，应成立诈骗罪。

3. 本罪的主体是特殊主体，具体包括两类人员，第一类是国家工作人员；第二类是受委托管理、经营国有财产的人员。具体包括：（1）国家机关工作人员；（2）国有公司、企业、事业单位、人民团体中从事公务的人员；（3）国家机关、国有公司、企业、事业单位委派到非国有公司、企业、事业单位、社会团体从事公务的人员；（4）其他依照法律从事公务的人员，以国家工作人员论；（5）受国家机关、国有公司、企业、事业单位、人民团体委托管理、经营国有财产的人员。

村民委员会等村基层组织人员协助人民政府从事下列行政管理工作时，属于"其他依照法律从事公务的人员"：（1）救灾、抢险、防汛、优抚、移民、救济款物的管理；（2）社会捐助公益事业款物的管理；（3）国有土地的经营、管理；（4）土地征用补偿费用的管理；（5）代征、代缴税款；（6）有关计划生育、户籍、征兵工作；（7）协助人民政府从事的其他行政管理工作。村民委员会等村基层组织人员在从事上述七项规定的公务时，利用职务上的便利，非法占有公共财物的，构成贪污罪。

4. 犯罪主观方面，是故意，并且以非法占有为目的，而非暂时的使用。

二、贪污罪的认定

（一）罪与非罪界限

1. 与错账、错款行为的界限

现实生活当中，账上少款、短款的情形时有发生。对此，应注意查清少款、短款的原因。如果错账、错款是由于行为人业务不熟练或者工作疏漏所造成的，则不具备贪污罪的主、客观特征，因而不能按贪污罪处理；如果是由于贪污造成的，则应按贪污罪定罪处罚。

2. 与不当套取科研经费的界限

对于涉及科研经费的职务犯罪案件，既要严肃打击涉案领域重要的职务犯罪，同时也要避免扩大打击面。从主体身份上看，科研人员并非都是国家工作人员；从工作内容上看，科研人员从事的是科研活动，并非公务活动；从行为手段上看，套取科研经费的手段也许是非法的。如其获得科研经费后依约完成研究任务、取得预期科研成果，也不会对作为国家财产的科研经费造成损失。因此，对于科研人员不当套取国家科研经费的行为，一般不宜认定为贪污罪。

3. 与一般贪污违法行为的界限

根据《刑法》第 383 条的规定，贪污数额较大或者有其他较重情节的，才构成贪污罪。没有较重情节，数额未达到较大程度的，仅属于一般贪污违法行为，对之不应追究刑事责任。

（二）与他罪的界限

1. 与盗窃罪、诈骗罪、侵占罪的界限

从主观上看，上述几种犯罪都是故意，并且都以非法占有为目的。从客观上看，贪污罪也可以使用侵占、盗窃、诈骗的手段，因此容易混淆。

（1）犯罪的客体和对象不同。贪污罪侵犯的是复杂客体，对象是公共财物；盗窃罪、诈骗罪、侵占罪则仅侵犯了公私财产所有权，对象是公私财物。

（2）犯罪的客观方面不同。是否利用职务上的便利侵吞、窃取、骗取公共财物，是区分贪污罪与盗窃罪、诈骗罪、侵占罪的关键。

（3）犯罪主体不同。前者是特殊主体，而盗窃罪、诈骗罪、侵占罪是一般主体。

2. 与职务侵占罪的界限

本罪与职务侵占罪在主观上都是故意犯罪，并且都以非法占有为目的；在客观上都以利用职务上的便利为必备要件。二者的主要区别是：（1）犯罪客体不同。前者侵犯的是复杂客体，后者仅侵犯了公司、企业或者其他单位的财产所有权。（2）犯罪主体不同。前者的主体是国家工作人员以及受国家机关、国有公司、企业、事业单位、人民团体委托管理、经营国有财产的人员，后者的主体是公司、企业或者其他单位中除国家工作人员以外的其他工作人员。

（三）既遂与未遂的认定

作为以非法占有为目的的财产性职务犯罪，贪污罪应当以行为人是否实际控制财物作为区分贪污罪既遂与未遂的标准。对于行为人利用职务上的便利，实施了虚假发票平账等贪污行为，但公共财物尚未被实际转移，或者尚未被行为人控制就被查获的，应当认定为贪污未遂。行为人控制公共财物后，是否将财物据为己有以及财物的具体去向，不影响贪污罪既遂的认定，例如将赃款进行了捐赠等，不影响其贪污罪的成立。

（四）共同犯罪的认定

非国家工作人员与国家工作人员勾结，利用国家工作人员的职务便利，共同侵吞、窃取、骗取或者以其他手段非法占有公共财物的，以贪污罪共犯论处。

公司、企业或其他单位中，不具有国家工作人员身份的人与国家工作人员勾结，共同将本单位财物非法占为己有的，按照主犯的犯罪性质定罪。

各共同犯罪人在共同犯罪中的地位、作用相当，难以区分主从犯的，可以贪污罪定罪处罚。

三、贪污罪的处罚

《刑法》第383条对贪污罪的处罚，就刑种、刑度均做了具体规定。

（一）本罪的法定刑

1. 贪污数额较大或者有其他较重情节的，处三年以下有期徒刑或者拘役，并处罚金。依据最高人民法院、最高人民检察院《关于办理贪污贿赂刑事案件适用法律若干问题的解释》，贪污数额在3万元以上、不满20万元的，是此处"数额较大"的认定标准。"其他较重情节"是贪污数额1万元以上、不满3万元，具有下列情形之一：（1）贪污救灾、抢险、防汛、优抚、扶贫、移民、救济、防疫、社会捐助等特定款物的；（2）曾因贪污、受贿、挪用公款受过党纪、行政处分的；（3）曾因故意犯罪受过刑事追究的；（4）赃款赃物用于非法活动的；（5）拒不交代赃款赃物去向或者拒不配合追缴工作，致使无法追缴的；（6）造成恶劣影响或者其他严重后果的。

2. 贪污数额巨大或者有其他严重情节的，处三年以上、十年以下有期徒刑，并处罚金或者没收财产。贪污数额在20万元以上、不满300万元的，是目前适用的贪污"数额巨大"的标准。"其他严重情节"是贪污数额在10万元以上、不满20万元，有"其他较重情节"中的下列情形之一的。

3. 贪污数额特别巨大或者有其他特别严重情节的，处十年以上有期徒刑或者无期徒刑，并处罚金或者没收财产；数额特别巨大，并使国家和人民利益遭受特别重大损失的，处无期徒刑或者死刑，并处没收财产。

贪污数额在300万元以上的，是"数额特别巨大"。"其他特别严重情节"是指贪污数额在150万元以上、不满300万元，具有其他较重情节中的下列情形之一的。

（二）多次贪污未经处理

该条还规定，对多次贪污未经处理的，按照累计贪污数额处罚。

（三）可以从轻、减轻、免除处罚的情形

"犯第一款罪，在提起公诉前如实供述自己罪行、真诚悔罪、积极退赃，避免、减少损害结果的发生，有第一项规定情形的，可以从轻、减轻或者免除处罚；有第二项、第三项规定情形的，可以从轻处罚。"

（四）终身监禁

"犯第一款罪，有第三项规定情形被判处死刑缓期执行的，人民法院根据犯罪情节等情况可以同时决定在其死刑缓期执行二年期满依法减为无期徒刑后，终身监禁，不得减刑、假释。"

注意：国家工作人员在国内公务活动或者对外交往中接受礼物，依照国家规定应当交公而不交公，数额较大的，依照贪污罪定罪处罚。

贪污罪不仅危害公共财产，而且侵犯国家工作人员职务行为的廉洁性，主体有国家工作人员这一特殊身份，应以零容忍的态度严惩腐败。

第二节　挪用公款罪

一、挪用公款罪的概念与构成特征

（一）概念

《刑法》第384条做了明确规定，"国家工作人员利用职务上的便利，挪用公款归个人使用，进行非法活动的，或者挪用公款数额较大、进行营利活动的，或者挪用公款数额较大、超过三个月未还的，是挪用公款罪。"

（二）犯罪构成

1. 本罪侵犯的客体是复杂客体，即本罪既侵犯国家公职人员的职务廉洁性，也侵犯公共财产的所有权部分权能。所有权包括占有、使用、收益、处分四项权能，挪用公款罪的"挪用"是指改变公款用途，并未侵犯所有权中的处分权。

本罪的犯罪对象是公款，这里的"公款"，主要是指公共财产中呈现货币或者有价证券形态的部分。

需要注意的是，本罪的犯罪对象不限于公款，根据《刑法》第384条第2款的规定，用于救灾、抢险、防汛、优抚、扶贫、移民、救济款物等，也可以成为本罪的犯罪对象。

2. 本罪的客观方面是利用职务上的便利，挪用公款归个人使用，进行非法活动的，或者挪用公款数额较大、进行营利活动的，或者挪用公款数额较大、超过三个月未还的行为。

（1）行为人利用了职务上的便利。所谓利用职务上的便利，是指行为人利用本人职务所形成的主管、管理、经手公款的便利条件。

（2）挪用公款归个人使用，根据2002年全国人民代表大会常务委员会《关于〈中华人民共和国刑法〉第三百八十四条第一款的解释》，包括三种情形：将公款供本人、亲友或者其他自然人使用的；以个人名义将公款供其他单位使用的；个人决定以单位名义将公款供其他单位使用，谋取个人利益的。如果经单位领导集体研究决定，将公款给个人使用或者单位负责人为了单位的利益，决定将公款给个人使用，不以挪用公款罪定罪处罚。

（3）挪用行为的具体表现形式为三种类型。挪用是未经合法批准，或者违反财经纪律，擅自使公款脱离单位的行为。行为人挪用之后是否使用该公款，不影响挪用公款的认定。①非法活动型。所谓非法活动就是国家法律、法规所禁止的活动，包括犯罪活动和一般违法活动，如走私、贩毒、赌博等活动。该种类型入罪的数额起点为3万元，没有挪用时间限制。②营利活动型，即国家法律所允许的牟利活动，如开商店、办工厂等。这种挪用行为构成犯罪，要求挪用数额较大，但不受挪用时间和是否归还的限制。该类型"数额较大"的起点为5万元。注意，挪用公款进行营利活动所获取的利息、收益等违法所得应当追缴，但不计入挪用公款的数额；不受挪用时间限制。③超期未还型。挪用公款归个人使用，数额较大，超过三个月未还。这种挪用行为是上述两种类型之外的情形。这里所说的未还，是指被司法机关、主管部门或者有关单位发现前未还。该种类型，公款用途是进行非法活动、营利活动之外的其他活动，一般指生活消费使用，"数额较大"的起点为5万元，挪用公款的时间超过三个月。挪用公款罪的用途不同，行为性质的界定有差异，因而应当按照实践中客观、实际的使用性质予以判断。

3. 本罪的主体是特殊主体，即只能由国家工作人员构成。受国家机关、国有公司、企业、事业单位、人民团体委托管理、经营国有财产的非国家工作人员，不能成为本罪的主体，其挪用国有资金归个人使用的，应当依照挪用资金罪定罪处罚。

4. 本罪的主观方面是故意，即明知其是公款而有意违反有关规定予以挪用，其目的是暂时使用公款。

二、挪用公款罪的认定

（一）本罪与他罪的界限

1. 本罪与贪污罪的界限

两罪的客体都是复杂客体，既侵犯国家公职人员职务的廉洁性，也侵犯公共财产所有权；客观方面的要件都包含利用职务上的便利的内容；主观方面的罪过形式都是故意。两罪的次要客体存在一定差别，犯罪对象不完全相同，客观方面的行为方式不同，主体的范围不同。除了构成要件上的区别外，两罪的另一个重要区别是其犯罪目的不同：本罪以暂时使用公款为目的，而贪污罪则是以非法占有公共财物为目的。

在特定情况下，挪用公款罪可以向贪污罪转化。挪用公款是否可以转化为贪污，应当按照主客观相一致的原则，具体判断和认定行为人主观上是否具有非法占有公款的目的。向贪污罪转化的情形包括：（1）携带挪用的公款潜逃的；（2）挪用公款后，采取虚假发票平账、销毁有关账目等手段，使所挪用的公款已难以反映在单位财务账目上，且没有归还行为的；（3）行为人截取单位收入不入账，非法占有，使所占有的公款难以在单位财务账目上反映出来，且没有归还行为的；（4）有证据证明行为人有能力归还所挪用的公款，并隐瞒挪用的公款去向的。

2. 本罪与挪用资金罪的界限

本罪与挪用资金罪在主客观方面都有相同之处。主观方面的罪过形式都是故意，并且都以使用单位资金为目的。客观方面都表现为行为人利用职务上的便利，挪用单位资金的行为，行为的表现形式也一样。但是，两罪的客体和对象、主体均存在明显区别：（1）犯罪的客体和对象不同。本罪的客体是复杂客体，既侵犯公共财产的所有权，也侵犯国家公职人员职务的廉洁性，犯罪的对象是公款；挪用资金罪的客体是简单客体，即只侵犯单位资金的所有权，犯罪的对象是非国有单位的资金。（2）犯罪的主体不同。本罪的主体是国家工作人员，挪用资金罪的主体是非国家工作人员。

3. 本罪与挪用特定款物罪的界限

本罪与挪用特定款物罪在行为方式上均表现为挪用，在犯罪对象和主观要件上也有诸多相似之处。但是，两罪的客体、客观行为、对象、主体均存在区别。在把握两罪界限时，应特别注意其挪用用途不同。本罪一般是挪用公款归个人；挪用特定款物罪是将特定款物挪归单位其他事项使用，未能专款专用。

（二）罪数问题

对于行为人挪用公款给他人使用，并索取或者非法收受他人财物构成受贿罪的，或者挪用公款进行非法活动，其非法活动又构成其他犯罪等情况的，应分别按挪用公款罪和受贿罪，或者挪用公款罪和其非法活动构成的有关犯罪实行数罪并罚。

（三）本罪共同犯罪与非共同犯罪的界限

使用人与挪用人是否构成挪用公款罪的共同犯罪，应根据不同的情况做不同的处理。如果使用人与挪用人共谋，指使或者参与策划取得挪用款的，应按挪用公款罪的共同犯罪处理。如果使用人并没有与挪用人共谋，没有指使或者参与策划取得挪用款的，只是简单地使用了挪用人挪用的公款，则不能按挪用公款罪的共同犯罪处理，使用人的行为不构成犯罪。

三、挪用公款罪的处罚

《刑法》第384条规定，犯本罪的，处五年以下有期徒刑或者拘役；情节严重的，处五年以上有期徒刑。挪用公款数额巨大不退还的，处十年以上有期徒刑或者无期徒刑。挪用用于救灾、抢险、防汛、优抚、扶贫、移民、救济款物归个人使用的，从重处罚。

第三节　受贿罪

一、受贿罪的概念与构成特征

（一）受贿罪概念

《刑法》第385条、第388条做了明确规定，国家工作人员利用职务上的便利，索取他人财物的，或者非法收受他人财物，为他人谋取利益的，是受贿罪。国家工作人员在经济往来中，违反国家规定，收受各种名义的回扣、手续费，归个人所有的，以受贿论处。

国家工作人员利用本人职权或者地位形成的便利条件，通过其他国家工作人员职务上的行为，为请托人谋取不正当利益，索取请托人财物或者收受请托人财物的，以受贿论处。

由上述两条的规定看，刑法规定了受贿罪和以受贿罪论两种的情形。

（二）犯罪构成

1. 本罪侵犯的客体为国家工作人员职务行为的廉洁性。本罪的犯罪对象是贿赂。我国刑法将贿赂表述为财物。2016年最高人民法院、最高人民检察院《关于办理贪污贿赂刑事案件适用法律若干问题的解释》明确，贿赂犯罪中的"财物"，包括货币、物品和财产性利益。财产性利益，包括可以折算为货币的物质利益如房屋装修、债务免除等，以及需要支付货币的其他利益如会员服务、旅游等。

2. 本罪在客观方面表现为行为人利用职务上的便利，索取他人财物，或者非法收受他人财物，为他人谋取利益的行为。"利用职务上的便利"包括利用本人职务上主管、负责、承办某项公共事务的职权，利用职务上有隶属、制约关系的其他国家工作人员的职权，担任单位领导职务的国家工作人员通过不属于自己主管的下级部门的国家工作人员的职务为他人谋取利益的。"索取他人财物"，简称索贿，是指主动向他人索要、勒索并收受财物，体现索贿人的主动性和交付财物者的被动性。"非法收受他人财物"，是指对他人给付的财物予以接受，体现给付财物的主动性和收受财物的被动性。"为他人谋取利益"包括承诺、实施和实现三个阶段的行为之一。

受贿罪的行为方式，包括以下四种：

（1）索贿。国家工作人员利用职务便利，主动向对方要求、索要、勒索贿赂，不以为他人谋取利益为条件。

（2）收受贿赂。对方提出给予贿赂的约定，国家工作人员被动接受行贿者给予的贿赂。必须具备为他人谋取利益的条件。"为他人谋取利益"包括：实际或者承诺为他人谋取利益的；明知他人有具体请托事项的；履职时未被请托，但事后基于该履职事由收受他人财物的。国家工作人员索取、收受具有上下级关系的下属或者具有行政管理关系的被管理人员的财物价值 3 万元以上，可能影响职权行使的，视为承诺为他人谋取利益。

（3）商业受贿。经济往来中，违反规定，收受各种名义的回扣、手续费，归个人所有的。

（4）斡旋受贿。必须为请托人谋取不正当利益。是指国家工作人员利用本人职权或者地位形成的便利条件，通过其他国家工作人员职务上的行为，为请托人谋取不正当利益，索取请托人财物或者收受请托人财物的行为。"谋取不正当利益"，是指行贿人谋取的利益违反法律、法规、规章、政策规定，或者要求国家工作人员违反法律、法规、规章、政策和行业规范的规定，为自己提供帮助或者方便条件。违背公平、公正原则，在经济、组织人事管理等活动中，谋取竞争优势的。[①]

3. 本罪的犯罪主体为特殊主体，即只能由国家工作人员构成。

4. 本罪的主观方面表现为故意，即明知自己利用职务便利向他人索取财物或者收受他人财物的行为会造成侵害职务行为廉洁性的后果，希望或者放任危害结果发生的心理态度。

司法实践中，受贿故意的重要判断标准是行为人认识到索取、收受财物与职务行为的关联性。

二、受贿罪的认定

（一）罪与非罪的界限

1. 本罪与接收亲友馈赠的界限。区分二者的关键在于是否具有"权"与"钱"交易的内容。具体需要判断以下两个方面：一是是否存在请托事项。如果没有请托事项，收受他人财物，属于感情投资，一般不宜认定为受贿。二是馈赠的方式是否正当、数额是否适当。

2. 本罪与取得合法报酬的界限。合法报酬，是指行为人在法律、政策允许的范围内，利用自己的知识和劳动，在业余时间为他人提供服务而获得的报酬。获取合法报酬的行为，不存在行为人利用职务上的便利为他人谋取利益的问题，因此，与受贿罪有着本质的区别。

3. 本罪与一般受贿行为的界限。根据《刑法》第 386 条和第 383 条的规定，区别二者应从数额和情节两个方面把握。

4. 以受贿罪论的情形。最高人民法院、最高人民检察院《关于办理受贿刑事案件适用法律若干问题的意见》（2007 年 7 月 8 日）具体规定，常见的以受贿论的受贿形式包括交易形式的受贿（以明显低于市场的价格，向请托人购买房屋、汽车等物品；以明显高于市场的价格，向请托人出售房屋、汽车等物品的；等等）；收受干股形式的受贿；以开办公司等假合作名义收受贿赂；委托理财型受贿；赌博型受贿；特定关系人挂名领薪型受贿；指使给予他人财物的受贿；名借实给型受贿（未办理权属登记）等。

---

① 2012 年 12 月 16 日最高人民法院、最高人民检察院《关于办理行贿刑事案件具体应用法律若干问题的解释》第 12 条。

（二）本罪与他罪的界限

1. 本罪与贪污罪的界限

两者的区别表现在：（1）犯罪客体和对象不同。本罪的客体是国家工作人员职务行为的廉洁性；后者的客体则是复杂客体，既侵犯国家公职人员的职务行为的廉洁性，也侵犯公共财产所有权。前者的犯罪对象为他人财物，后者则是公共财物。（2）客观方面表现不同。本罪的客观方面表现为行为人利用职务上的便利，索取他人财物或者非法收受他人财物，为他人谋取利益；后者则表现为行为人利用职务上的便利，使用侵吞、窃取、骗取或者其他方法，非法占有公共财物。（3）主体的范围不同。本罪的主体只能是国家工作人员；贪污罪的主体除了国家工作人员之外，还可以由受国家机关、国有公司、企业、事业单位、人民团体委托管理、经营国有财产的人员构成。

2. 本罪与敲诈勒索罪的界限

收受型受贿与敲诈勒索罪不难区分，容易混淆的是索贿与敲诈勒索罪。两者的区别主要在于：（1）客体不同。索贿行为侵犯的客体是国家工作人员的职务廉洁性，是单一客体；敲诈勒索的主要客体是公私财产所有权，次要客体是他人的人身权利或者其他权益，属于复杂客体。（2）主体不同。索贿主体为国家工作人员；敲诈勒索主体为一般主体。（3）客观方面也不同。受贿罪中的索贿行为是利用职务上的便利，在他人有求于自己时，主动向对方索贿，并不采取暴力、胁迫等手段；敲诈勒索罪中的勒索行为表现为使用暴力、胁迫手段，使被害人产生精神上的恐惧而被迫交出财物。

（三）既遂的认定

本罪通常以收取财物为既遂。只要行为人收受贿赂，无论是否实际给他人谋取利益，均不影响受贿罪既遂的成立。行为人在受贿之后，因受托事项未办成，或是得知被举报、查处，而将收受的财物退还给行贿人的，不影响受贿罪既遂的成立。国家工作人员出于受贿的故意，收受他人财物之后，将赃款赃物用于单位公务支出或者社会捐赠的，不影响受贿罪的认定。

（四）共同受贿犯罪的认定

特定关系人与国家工作人员通谋，共同收受财物的，对特定关系人以受贿罪的共犯论处。特定关系人以外的其他人与国家工作人员通谋，由国家工作人员利用职务上的便利为请托人谋取利益，收受请托人财物后双方共同占有的，以受贿罪的共犯论处。国家工作人员与特定关系人以外的人成立共犯，双方必须共同占有财物。

三、受贿罪的处罚

《刑法》第 386 条规定，对犯本罪的，根据受贿所得数额及情节，依照《刑法》第 383 条（贪污罪）规定的法定刑处罚。索贿的从重处罚。

第四节　行贿罪

行贿罪是实践常见的职务犯罪之一，行贿与受贿是一体两面，对行贿行为决不能纵容。

一、行贿罪的概念与构成特征

《刑法》第 389 条明确规定，为谋取不正当利益，给予国家工作人员以财物的，是行贿罪。同时，本条规定了以行贿论的情形，具体是在经济往来中，违反国家规定，给予国家工作人员以财物，数额较大的，或者违反国家规定，给予国家工作人员以各种名义的回扣、手续费的。此种行贿被认为是行贿的特殊类型，通常称为"经济行贿"。注意，行贿罪要求具有谋取不正当利益的目的，以行贿论的情形，则没有此项要求。因被勒索给予国家工作人员以财物，没有获得不正当利益的，不是行贿。

由该条的规定看，刑法除了规定受贿罪、以受贿罪论处两种情形外，还对什么不是行贿做了明确规定。

（二）构成要件

1. 犯罪客体：国家工作人员的职务廉洁性，犯罪对象是国家工作人员。

2. 犯罪客观方面：为谋取不正当利益，给予国家工作人员以财物的行为。

行贿罪要求的是行贿人为谋取不正当利益，给予国家工作人员以财物。此处的"谋取不正当利益"，是指行贿人谋取违反法律、法规、规章或者政策规定的利益，或者要求对方违反法律、法规、规章、政策、行业规范的规定提供帮助或者方便条件。在招标投标、政府采购等商业活动中，违背公平原则，给予相关人员财物，以谋取竞争优势的，属于"谋取不正当利益"。[①]此处的"财物"包括货币、物品和财产性利益。

还要注意，第389条明确规定，因被勒索给予国家工作人员以财物，没有获得不正当利益的，不是行贿。

3. 犯罪主体：一般主体，即年满16周岁并具有刑事责任能力的自然人。

4. 犯罪主观方面：故意，并且具有谋取不正当利益的目的，是典型的目的犯。

二、行贿罪的认定

（一）罪与非罪的界限

1. 本罪与馈赠的界限。两者的区别表现在：（1）目的不同。行贿的目的在于让对方利用职务之便为自己谋取不正当的利益；馈赠则是为了增加亲朋好友间的情谊。（2）内容和方式不同。行贿往往是秘密的，附条件的；馈赠则是公开的，无条件的。

2. 本罪与不当送礼的界限。区分两者的关键在于：行为人主观上是否具有利用他人职务上的便利为自己谋取不正当利益的目的。实践中，以下三种情况是不当送礼，不按行贿罪论处：（1）行为人为谋取正当利益而向有关人员送财物；（2）行为人为答谢他人的帮助而送少量财物；（3）行为人为谋取不正当利益，因被对方勒索而给予对方财物的，最终没有获得不正当利益的。

3. 本罪与一般行贿违法行为的界限。评价行为是否入罪，一般从行贿数额、情节进行综合判断。为谋取不正当利益，向国家工作人员行贿的数额在3万元以上的，构成行贿罪。如果行贿数额在1万元以上、不满3万元，要再加上下列情形之一，以行贿罪追究刑事责任：（1）向三人以上行贿的；（2）将违法所得用于行贿的；（3）通过行贿谋取职务提拔、调整的；（4）向负有食品、药品、安全生产、环境保护等监督管理职责的国家工作

---

① 最高人民法院、最高人民检察院《关于办理商业贿赂刑事案件适用法律若干问题的意见》，2008年11月20日发布。

人员行贿，实施非法活动的；（5）向司法工作人员行贿，影响司法公正的；（6）造成经济损失数额在 50 万元以上、不满 100 万元的。[①]

注意：有行贿，才有受贿。但是并不是构成受贿罪，就一定构成行贿罪。

	行贿者			受贿者
为了谋取不正当利益	主动给予	已获得不正当利益	行贿罪	国家工作人员：受贿罪
		未获得不正当利益		
	因勒索被动给予	已获得不正当利益		
		未获得不正当利益	不构成	
为了谋取正当利益	主动给、被动给	已获得、未获得正当利益		

（二）本罪与单位行贿罪的界限

本罪与单位行贿罪在客体、客观方面和主观方面都相同，两者的明显区别在于犯罪主体不同。本罪的主体是自然人，后者的主体是单位。如果行为人是为了个人的不正当利益而行贿的是个人行贿；反之，如果行为人是为了单位的不正当利益而行贿的是单位行贿。

但在个人利益与单位利益存在重合或者交叉的情况下，两者可能会存在认定上的困难，区别的关键在于两个方面：

（1）行贿所体现的意志。如果行贿的决定由单位集体做出或者由单位负责人做出，行贿所体现的就是单位意志；反之，如果体现个人意志，则是个人行贿。

（2）不正当利益的归属。行贿罪是为个人谋取不正当利益，单位行贿罪是为单位谋取整体利益。

所以，如果行贿行为所谋取的利益归个人所有，则按照个人行贿处理；反之，则是单位犯罪。司法实践中出现的单位中的自然人为单位谋取不正当利益的同时也顺带为自己谋取不正当利益的情况，自然人要就自己所获得的利益承担行贿罪的责任，同时作为单位行贿罪中的直接负责的主管人

---

① 最高人民法院、最高人民检察院《关于办理贪污贿赂刑事案件适用法律若干问题的解释》。

员或者直接责任人也要承担责任。

（三）本罪既遂与未遂的认定

区分二者的关键在于行为人是否已将财物交付给国家工作人员或者其他相关人员。财物已经交付的，构成犯罪既遂。即便是受贿人因受托事项未办成又将贿赂退回的，也应以受贿罪论处。如果只是着手实行交付财物的行为，但由于遭到拒绝或者其他原因没有交付成功的，则按照犯罪未遂处理。

纵观其他国家和地区刑法对行贿罪的规定，很多都根据行贿行为的发展阶段，将行贿行为规定为行求、期约和交付三种行为。我国刑法仅规定"交付"一种行贿行为，从理论上讲对其他两种行为可以按照行贿罪预备或者未遂来处理，但是司法实践中对这两类行为基本都未予追究。

三、行贿罪的处罚

行贿罪的处罚规定在《刑法》第 390 条。《刑法修正案（十二）》对本条的修改，一是修改了法定刑的量刑幅度，调整了行贿罪的起刑点和刑罚档次，与受贿罪相衔接；二是增加了从重处罚情节。

对犯行贿罪的，处三年以下有期徒刑或者拘役，并处罚金；因行贿谋取不正当利益，情节严重的，或者使国家利益遭受重大损失的，处三年以上、十年以下有期徒刑，并处罚金；情节特别严重的，或者使国家利益遭受特别重大损失的，处十年以上有期徒刑或者无期徒刑，并处罚金或者没收财产。从重处罚情形为包括有下列情形之一的：（1）多次行贿或者向多人行贿的；（2）国家工作人员行贿的；（3）在国家重点工程、重大项目中行贿的；（4）为谋取职务、职级晋升、调整行贿的；（5）对监察、行政执法、司法工作人员行贿的；（6）在生态环境、财政金融、安全生产、食品药品、防灾救灾、社会保障、教育、医疗等领域行贿，实施违法犯罪活动的；（7）将违法所得用于行贿的。

行贿人在被追诉前主动交代行贿行为的，可以从轻或者减轻处罚。其中，犯罪较轻的，对调查突破、侦破重大案件起关键作用的，或者有重大立功表现的，可以减轻或者免除处罚。[①]

①《刑法修正案（十二）》第 5 条，自 2024 年 3 月 1 日起施行。

党的十九大、二十大提出"坚持受贿行贿一起查"，党的第二十届中央纪委二次全会提出"进一步健全完善惩治行贿的法律法规"。系统治理行贿犯罪问题，需要进一步发挥刑法的重要作用。

第五节 《刑法修正案（十二）》本章修改

为适应我国经济社会发展情况，《刑法修正案（十二）》就行贿和民营企业内部人员腐败相关犯罪进行了修改完善。关于本章的修改有4条，涉及单位受贿罪、行贿罪、对单位行贿罪、单位行贿罪。其中，单位受贿罪、对单位行贿罪的修改，集中在刑罚方面。第387条单位受贿罪的刑罚，由原来最高判处五年有期徒刑的一档刑罚，修改为"三年以下有期徒刑或者拘役"和"三年以上十年以下有期徒刑"两档刑罚。第391条对单位行贿罪的刑罚，增加一档"三年以上七年以下有期徒刑，并处罚金"，体现了对相关犯罪行为惩处力度的加大。关于行贿罪，完善了其处罚规定，第一档刑罚中的"五年以下"改为"三年以下"；第二档刑罚中的"五年以上"改为"三年以上"，第三档刑罚明确列举了从重处罚的七种情形，详见本章行贿罪处罚内容。关于单位行贿罪，修改体现在调整、提高其刑罚，由原来最高判处五年有期徒刑的一档刑罚，修改为"三年以下有期徒刑或者拘役，并处罚金"和"三年以上十年以下有期徒刑，并处罚金"两档刑罚。此次修改，贯彻落实从严惩治行贿犯罪的精神。

第六节 本章其他罪名

贪污贿赂罪指国家工作人员实施的贪污、受贿，或者国有单位实施的受贿、私分国有资产等侵犯国家廉政建设制度，以及其他人员或单位实施的与受贿具有对向性的情节严重的行为，规定在刑法分则第八章第382—396条，一共14个罪名，包括贪污罪、挪用公款罪、受贿罪、单位受贿罪、利用影响力受贿罪、行贿罪、对有影响力的人行贿罪、对单位行贿罪、介绍贿赂罪、单位行贿罪、巨额财产来源不明罪、隐瞒境外存款罪、私分国有资产罪、私分罚没款物罪。

党的二十大报告要求"以零容忍态度反腐惩恶","坚决惩治群众身边的'蝇贪'"。贪污贿赂犯罪是主要职务犯罪类型。刑法严密刑事法网，加大刑罚惩罚力度，是对党和国家一如既往从严惩治贪污腐败犯罪的贯彻落实。

贪污贿赂罪
- 贪污罪、挪用公款罪；
- 受贿罪、单位受贿罪、利用影响力受贿罪；
- 行贿罪、对有影响力的人行贿罪、对单位行贿罪、介绍贿赂罪、单位行贿罪；
- 巨额财产来源不明罪、隐瞒境外存款罪；
- 私分国有资产罪、私分罚没财物罪。

———— **案例分析** ————

案例一

2003 年，吴某甲通过时任某县常务副县长的吴某乙（已判决）的帮助，以优惠价格购买某商贸公司名下土地以及某县烟草局的 5 处国有资产，经处置，吴某甲共计获利人民币 1006 万余元。为感谢吴某乙的帮助，吴某甲代吴某乙出资人民币 20 万余元提前还清吴某乙的商铺贷款；吴某乙为从吴某甲处"投资"赚取收益，交给吴某甲"投资款"人民币 10 万元，吴某甲以支付利息的名义送给吴某乙人民币 18 万元；在吴某乙女儿赴英国留学前，吴某甲送给吴某乙 2000 英镑。另，吴某甲在担任某县某局局长期间，接受管理服务对象请托，在投资项目资质审查、承揽工程项目等事项上为他人提供帮助，收受他人财物共计人民币 134 万元。①

问题：

吴某甲的行为如何认定？

参考意见：

本案中，吴某甲以优惠价格购买 5 处国有资产，处置后共计获利人民

———

① 三湘风纪网：湖南省监察委员会、湖南省高级人民法院、湖南省人民检察院联合发布第二批行贿犯罪典型案例，2024 年 1 月 3 日。

币 1006 万余元。为感谢国家工作人员吴某乙的帮助，为吴某乙还清商铺贷款人民币 20 万余元，给予吴某乙所谓的"投资"收益人民币 10 万元所谓的利息人民币 18 万元，在吴某乙女儿赴英国留学前送给吴某乙 2000 英镑。上述行为属于为谋取不正当利益，给予国家工作人员财物的行为，应以行贿罪定罪量刑。吴某甲，在担任某县某局局长期间，作为国家工作人员，利用职务上的便利，为他人在投资项目资质审查、承揽工程项目等事项上为提供帮助，非法收受他人财物 134 万元，该行为构成受贿罪。吴某甲构成行贿罪、受贿罪。

我们党和国家坚定不移深化反腐败斗争，依法惩治行贿受贿犯罪。

案例二

沈某，G 市某公立学校报账员。2019 年 9 月 30 日，沈某将存于其名下银行账户中的 28 万元公款用于购买银行理财产品。2019 年 10 月 9 日，沈某在该理财产品到期赎回归还单位并获取收益 203 元后，继续使用上述 28 万元公款购买新一批次理财产品。2019 年 10 月 19 日，沈某在第二批次理财产品到期赎回归还单位并获取收益后，第三次用上述 28 万元公款购买理财产品并获取收益。2019 年 10 月 30 日，沈某将公款 28 万元入账国库集中支付中心。①

问题：

多次反复挪用同一公款，数额如何认定？

参考意见：

本案中，沈某先后三次挪用公款购买理财产品，将所获取收益归自己所有，属于挪用公款归个人使用，从事营利活动。

关于本案中沈某挪用公款的数额认定，存在争议，其先后三次挪用的是同一笔公款，数额是按单次数额 28 万元计算还是 28×3 次数额计算存在争议。

观点一：沈某挪用公款数额应累计计算。沈某挪用公款获利后，到期

---

① 中央纪委国家监委网：《以案明纪释法 | 多次反复挪用同一公款数额如何认定》，2020 年 12 月 23 日。

赎回并归还单位、获取收益后再进行下一次的挪用，每次挪用单独成立挪用公款罪，应对每次犯罪数额累计计算。沈某挪用公款的数额，应为84万元。

观点二：沈某挪用公款数额以单次挪用金额为依据。本案中，虽然沈某前后三次挪用公款归个人理财使用，但每次挪用的都是同一笔数额款项，沈某挪用公款罪的数额，应以单次数额作为入罪依据，多次反复挪用作为量刑情节。因此，沈某挪用公款的数额为28万元。

第九章　渎职罪

【导学】

渎职者必须担责，制度、法律红线不容挑战。

渎职罪

> 理解刑法关于渎职罪的规定。只有让滥用职权、玩忽职守者得到应有的惩处，才能使权力不被滥用、不再任性，才能保护好人民群众生命财产安全。

> 理论：滥用职权罪，玩忽职守罪，本章其他罪名。
> 实务：案例分析

第一节　滥用职权罪

国家机关工作人员滥用职权，具有严重的社会危害性，是影响社会和谐稳定的突出问题之一。

一、滥用职权罪的概念与构成特征

（一）概念

滥用职权罪规定在《刑法》第 397 条，是指国家机关工作人员超越职权，违法决定、处理其无权处理、决定的事项，或者违反规定处理公务，致使公共财产、国家和人民利益遭受重大财产损失的行为。

（二）构成要件

1. 滥用职权罪侵犯的客体是国家机关的正常活动。国家机关工作人员滥用职权，致使国家机关的某项具体工作遭到破坏，给国家、集体和人民利益造成严重损害，从而危害了国家机关的正常活动。滥用职权罪侵犯的对象是公共财产或者公民的人身及其财产。

2. 滥用职权罪的客观方面是国家机关工作人员超越职权，违法决定、处理其无权处理、决定的事项，或者违反规定处理公务，致使公共财产、国家和人民利益遭受重大财产损失的行为。滥用职权的行为主要表现为以下几种情况：一是超越职权，擅自决定或处理没有具体决定、处理权限的事项；二是玩弄职权，随心所欲地对事项做出决定或者处理；三是故意不履行应当履行的职责，或者说任意放弃职责；四是以权谋私、假公济私，不正确地履行职责，也就是行为人具有滥用职权行为。滥用职权的行为，必须致使公共财产、国家和人民利益造成重大损失的结果时，才构成犯罪。所谓重大损失，是指给国家和人民造成的重大物质性损失和非物质性损失。物质性损失一般是指人身伤亡和公私财物的重大损失，是确认滥用职权犯罪行为的重要依据；非物质性损失是指严重损害国家机关的正常活动和声誉等。认定是否重大损失，应根据司法实践和有关规定，对所造成的物质性和非物质性损失的实际情况进行判定，并按直接责任人员的职权范围全面分析，以确定应承担责任的大小。

滥用职权行为与造成的重大损失结果之间，必须具有刑法上的因果关系。滥用职权行为与造成的严重危害结果之间的因果关系错综复杂，有直接原因，也有间接原因；有主要原因，也有次要原因；有领导者的责任，也有直接责任人员的过失行为。构成滥用职权罪，应当追究刑事责任的，则是指滥用职权行为与造成的严重危害结果之间有必然因果联系的行为，否则，一般不构成滥用职权罪，而是属于一般工作上的错误问题，这应由行政主管部门处理。

3. 滥用职权罪主体是国家机关工作人员。国家机关是指国家权力机关、各级行政机关和各级司法机关等，因此，国家机关工作人员，是指在各级人大及其常委会、各级人民政府和各级人民法院和人民检察院等机关中依法从事公务的人员。注意：2002 年 12 月 28 日全国人民代表大会常务委员会通过的《关于〈中华人民共和国刑法〉第九章渎职罪主体适用问题的解释》，规定：在依照法律、法规规定行使国家行政管理职权的组织中从事公务的人员，或者在受国家机关委托代表国家机关行使职权的组织中从事公务的人员，或者虽未列入国家机关人员编制但在国家机关中从事公务的人员，在代表国家机关行使职权时，有渎职行为，构成犯罪的，依照刑法关于渎职罪的规定追究刑事责任。

4. 滥用职权罪在主观方面表现为故意，行为人明知自己滥用职权的行为会发生致使公共财产、国家和人民利益遭受重大损失的结果，并且希望或者放任这种结果发生。从司法实践来看，对危害结果持间接故意的情况比较多见。至于行为人是为了自己的利益滥用职权，还是为了他人利益滥用职权，则不影响滥用职权罪的成立。

二、滥用职权罪的认定

（一）罪与非罪的界限

滥用职权行为的认定需要注意：首先，滥用职权以行为人拥有并行使某项职权为前提。滥用职权要求行为人自身拥有组织、领导、监督、管理等职权，行为人自身无职权则不存在职权的滥用问题。其次，滥用职权行为是在行使职权中实施的行为，如果行为人实施的行为与其职务活动无关则不存在职权滥用的问题。

行为人的滥用职权行为构成犯罪的关键是给公共财产、国家和人民利益遭受重大损失。关于致使公共财产、国家和人民利益遭受重大损失的认定，根据最高人民法院、最高人民检察院《关于办理渎职刑事案件适用法律若干问题的解释（一）》（法释〔2012〕18号），指符合下列任一情形：（1）造成死亡一人以上，或者重伤三人以上，或者轻伤九人以上，或者重伤二人、轻伤三人以上，或者重伤一人、轻伤六人以上的；（2）造成经济损失30万元以上的；（3）造成恶劣社会影响的；（4）其他致使公共财产、国家和人民利益遭受重大损失的情形。

（二）本罪与国有公司、企业、事业单位人员滥用职权罪的界限

两罪的相同点在于客观方面都有滥用职权的行为，主观方面都是出于故意。两罪的区别在于：首先，犯罪侵犯的客体有所不同，滥用职权罪侵

犯了国家机关的正常管理活动，后者侵犯了公司、企业、事业单位的正常管理秩序。其次，犯罪主体不同。滥用职权罪的主体是国家机关工作人员，后者的主体是公司、企业、事业单位工作人员。

三、滥用职权罪的处罚

《刑法》第 397 条规定，国家机关工作人员滥用职权，致使公共财产、国家和人民利益遭受重大损失的，处三年以下有期徒刑或者拘役，情节特别严重的处三年以上、七年以下有期徒刑。

国家机关工作人员徇私舞弊，犯前款罪的，处五年以下有期徒刑或者拘役，情节特别严重的处五年以上、十年以下有期徒刑。本法另有规定的，依规定。

"不矜细行，终累大德。"国家机关工作人员要从我做起、从小事做起，带头坚守正道，依法履行职责。谁以身试法，就要坚决纠正和查处。

第二节　玩忽职守罪

党员干部要严以律己，就是要心存敬畏、手握戒尺，慎独慎微、勤于自省，遵守党纪国法，做到为政清廉。国家机关工作人员不正确履行职责，玩忽职守造成严重损害后果，必然受到法律的惩罚。

一、概念和构成特征

（一）概念

国家机关工作人员严重不负责任，不履行或者不正确地履行指责，致使公共财产、国家和人民利益遭受重大损失的行为。

（二）构成特征

1. 本罪侵犯的客体是国家机关的正常活动。国家机关工作人员对本职工作严重不负责任，玩忽职守，不履行应尽的职责义务，给国家、集体和人民利益造成严重损害，从而危害了国家机关的正常活动。本罪侵犯的对象是公共财产或者公民的人身及其财产。

2. 本罪在客观方面表现为国家机关工作人员严重不负责任，不履行或者不认真履行职责，致使公共财产、国家和人民利益遭受重大损失的行为。注意：

（1）必须有违反国家工作纪律和规章制度，玩忽职守的行为，包括作为和不作为。所谓玩忽职守的作为，是指国家工作人员不正确履行职责义务的行为。有的工作马马虎虎，敷衍塞责，极不负责任；有的弄虚作假，欺上瞒下等。所谓玩忽职守的不作为，是指国家工作人员不尽职责义务的行为，即对于自己应当履行的，而且也有条件履行的职责，不尽自己应尽的职责义务。有的擅离职守，撒手不管；有的虽然未离职守，但却不尽职责。因此，玩忽职守的行为方式多样，涉及面广，在不同的领域、不同的部门，有不同的规定，有特定具体的玩忽职守罪名。如环境监管方面，有环境监管失职罪；放纵制售伪劣商品犯罪行为罪等。因此在处理某个具体领域的玩忽职守案件时，必须严格按照有关法律规定认定。

（2）必须具有因玩忽职守，致使公共财产、国家和人民利益造成重大损失的结果。重大损失是指给国家和人民造成的重大物质性损失和非物质性损失。物质性损失一般是指人身伤亡和公私财物的重大损失，是确认玩忽职守犯罪行为的重要依据；非物质性损失是指严重损害国家机关的正常活动和声誉等。认定是否重大损失，应根据司法实践和有关规定，对所造成的物质性和非物质性损失的实际情况进行判定，并按直接责任人员的职权范围全面分析，以确定应承担责任的大小。关于重大损失的标准，2013年1月9日起施行的最高人民法院、最高人民检察院《关于办理渎职刑事案件适用法律若干问题的解释（一）》有明确界定。详见滥用职权罪。

（3）玩忽职守行为与造成的重大损失结果之间，必须具有刑法上的因果关系。这是确定刑事责任的客观基础。玩忽职守行为与造成的严重危害结果之间的因果关系错综复杂，有直接原因，也有间接原因；有主要原因，也有次要原因；有领导者的责任，也有直接责任人员的过失行为。构成本罪，应当追究刑事责任的，则是指玩忽职守行为与造成的严重危害结果之间有必然因果联系的行为，否则，一般不构成玩忽职守罪，而是属于一般工作上的错误问题，应由行政主管部门处理。

3. 本罪的主体是特殊主体，国家机关工作人员。国家机关是指国家权力机关、各级行政机关和各级司法机关等，因此，国家机关工作人员，是指在各级人大及其常委会、各级人民政府、各级人民法院和人民检察院等机关中依法从事公务的人员。

4. 本罪在主观方面由过失构成，故意不构成本罪，也就是说，行为人对于其行为所造成的重大损失结果，在主观上并不是出于故意而是由于过失造成的。也就是他应当知道自己擅离职守或者在职守中马虎从事对待自己的职责，可能会发生一定的社会危害结果，但是他疏忽大意而没有预见，或者是虽然已经预见到可能会发生，但他凭借着自己的知识或者经验而轻信可以避免，以致发生了造成严重损失的危害结果。行为人主观上的过失是针对造成重大损失的结果而言，但并不排斥行为人对违反工作纪律和规章制度或对自己的作为和不作为行为可能是故意的情形。如果行为人在主观上对于危害结果的发生不是出于过失，而是出于故意，不仅预见到，而且希望或者放任它的发生，那就不拘于玩忽职守的犯罪行为，也构成其他的故意犯罪。

二、认定

（一）罪与非罪的区别

关键是在于是否造成了公共财产、国家和人民利益的重大损失。

（二）与滥用职权罪的区别

滥用职权罪在客观方面的本质属性是对职权的"滥用"。这种"滥用"主要表现为两种情形：一是超越职权的滥用；二是违法行使职权的滥用。玩忽职守罪在客观方面的本质属性是对职守的"玩忽"。这种"玩忽"行为，主要表现为两种情形：一是不履行职责；二是不认真履行职责。主观方面滥用职权罪的主观罪过，由故意构成，而玩忽职守是过失构成。

三、玩忽职守罪的处罚

规定在《刑法》第 397 条。国家机关工作人员玩忽职守，致使公共财产、国家和人民利益遭受重大损失的，处三年以下有期徒刑或者拘役，情节特别严重的处三年以上、七年以下有期徒刑。本法另有规定的，依规定。

国家机关工作人员徇私舞弊，犯前款罪的，处五年以下有期徒刑或者拘役，情节特别严重的处五年以上、十年以下有期徒刑，本法另有规定的，依规定。

各个机关、单位都有自己的活动原则、组织纪律和规章制度，国家工作人员应准确履行职责，必须遵守相应的工作纪律和规章制度。

第三节　本章其他罪名

渎职罪是国家机关工作人员在公务活动中滥用职权、玩忽职守、徇私舞弊、妨害国家管理活动，致使公私财产或者国家与人民的利益遭受重大损失的行为。规定在《刑法》第397—419条，目前一共37个具体罪名，其中食品、药品监管渎职罪，是《刑法修正案（十一）》的修改（第408条之一第1款）。

根据犯罪主体的不同，可以分为一般国家机关工作人员渎职罪、司法工作人员渎职罪、特定国家工作人员渎职罪。

渎职罪	**一般国家机关工作人员渎职罪**	滥用职权罪，玩忽职守罪，故意泄露国家秘密罪，过失泄露国家秘密罪，徇私舞弊不移交刑事案件罪，国家机关工作人员签订、履行合同失职被骗罪，非法批准征收、征用、占用土地罪，非法低价出让国有土地使用权罪，招收公务员、学生徇私舞弊罪，失职造成珍贵文物损毁、流失罪。
	司法工作人员渎职罪	徇私枉法罪，民事、行政枉法裁判罪，执行判决、裁定失职罪，执行判决、裁定滥用职权罪，枉法仲裁罪，私放在押人员罪，失职致使在押人员脱逃罪，徇私舞弊减刑、假释、暂予监外执行罪。
	特定国家机关工作人员渎职罪	滥用管理公司、证券职权罪，徇私舞弊不征、少征税款罪，徇私舞弊发售发票、抵扣税款、出口退税罪，违法提供出口退税凭证罪，违法发放林木采伐许可证罪，环境监管失职罪，食品、药品监管渎职罪，传染病防治失职罪，放纵走私罪，商检徇私舞弊罪，商检失职罪，动植物检疫徇私舞弊罪，动植物检疫失职罪，放纵制售伪劣商品犯罪行为罪，办理偷越国（边）境人员出入境证件罪，放行偷越国（边）境人员罪，不解救被拐卖、绑架妇女、儿童罪，阻碍解救被拐卖、绑架妇女、儿童罪，帮助犯罪分子逃避处罚罪。

适用本章罪名时注意：（1）《刑法》第397条是滥用职权罪、玩忽职

守罪的一般规定，第398—419条是具体规定，如果国家机关工作人员的滥用职权或者玩忽职守行为，不符合各条具体规定，但符合第397条一般规定，以滥用职权罪或者玩忽职守罪定罪处罚。（2）国家机关工作人员实施渎职犯罪并收受贿赂，同时构成受贿罪的，除刑法另有规定外，以渎职犯罪和受贿罪数罪并罚。（3）国家机关工作人员实施渎职行为，放纵他人犯罪或者帮助他人逃避刑事处罚，构成犯罪的，依照渎职罪的规定定罪处罚。（4）国家机关工作人员与他人共谋，利用其职务行为帮助他人实施其他犯罪行为，同时构成渎职犯罪和共谋实施的其他犯罪共犯的，依照处罚较重的规定定罪处罚。（5）国家机关工作人员与他人共谋，既利用其职务行为帮助他人实施其他犯罪，又以非职务行为与他人共同实施该其他犯罪行为，同时构成渎职犯罪和其他犯罪的共犯的，依照数罪并罚的规定定罪处罚。（6）以"集体研究"形式实施的渎职犯罪，应当依照刑法分则第9章的规定追究国家机关负有责任的人员的刑事责任。对于具体执行人员，应当在综合认定其行为性质、是否提出反对意见、危害结果大小等情节的基础上，决定是否追究刑事责任和应当判处的刑罚。[①]

案例分析

案例

2019年至2020年，卢某接受王某某请托，违反"三重一大"决策程序与相关审批规定，违规决定下属单位某粮油食品连锁有限公司对外投资，高价收购王某某实际控制的某经贸发展有限公司所持有的某商业银行股份有限公司股权，造成国有资产损失1030万元。

问题：

滥用职权与玩忽职守的区别？

参考意见：

滥用职权罪、玩忽职守罪，都属于渎职罪，规定在《刑法》同一条款。

[①] 最高人民法院、最高人民检察院《关于办理渎职刑事案件适用法律若干问题的解释（一）》。

两罪的犯罪主体、犯罪客体相同。两罪区别，主要体现在犯罪主观方面和客观方面。主观上，滥用职权罪由故意构成，玩忽职守罪则由过失构成。客观行为上，滥用职权罪，往往是擅权、越权等；玩忽职守罪，通常是怠于履职或履职不力，主要是由于严重不负责任，未能按规定或职责要求办事。滥用职权罪和玩忽职守罪都是典型的结果犯，要达到重大损失的程度。

本案中，依照规定，国有企业重大投资属于公司重大决策事项，应经主管部门审批后方可实施。卢某受王某某请托后，卢某未经报批、未依法委托评估，就要求下属单位某粮油公司收购某商行股权，属于典型的滥用职权，而且造成国有资产损失 1030 万元，属于造成重大损失，应认定为滥用职权犯罪。